1500

AF900986

Ministerio de Relaciones con las Cortes
y de la Secretaría del Gobierno

BOLETIN OFICIAL DEL ESTADO

JURISDICCION CONTENCIOSO-ADMINISTRATIVA

Referencia: TL.8

COLECCION TEXTOS LEGALES

Jurisdicción Contencioso Administrativa

BOLETIN OFICIAL DEL ESTADO

MADRID, 1992

Primera edición: mayo de 1959

Decimocuarta edición: diciembre 1992

Edición: Programación Editorial del BOE
NIPO: 007-92-053-4
ISBN: 84-340-0559-X
Depósito legal: M 672/1992
IMPRENTA NACIONAL DEL BOLETIN OFICIAL DEL ESTADO
TRAFALGAR, 29. 28071 MADRID

SUMARIO

Páginas

LEY DE 27 DE DICIEMBRE DE 1956, REGULADORA DE LA JURISDICCION CONTENCIOSO-ADMINISTRATIVA

Páginas

LEY DE 27 DE DICIEMBRE DE 1956 REGULADORA DE LA JURISDICCION CONTENCIOSO-ADMINISTRATIVA

(«BOE» núm. 363, de 28 de diciembre de 1956)

EXPOSICION DE MOTIVOS

I. **Justificación de la reforma**

La Ley de 13 de septiembre de 1888, reformada en 1894, fue la disposición básica de las refundidas en el texto vigente de la Ley de lo Contencioso-Administrativo, aprobado por Decreto de 8 de febrero de 1952.

La Ley supuso enorme avance para el imperio de la Justicia en las relaciones administrativas. Pero si se tienen en cuenta las transformaciones sociales y jurídicas producidas desde aquella fecha y que las variantes introducidas en el primitivo texto fueron accidentales y de detalle, queda justificada la necesidad de una reforma de nuestra jurisdicción contencioso-administrativa, que desde hace años viene siendo unánimemente exigida por la Magistratura, la Abogacía y la doctrina.

A ella tiende la presente Ley, reguladora de la Jurisdicción Contencioso-Administrativa y de los procesos cuya sustanciación y decisión a la misma corresponden.

Y como esta Jurisdicción no es más que una especie de la genérica función jurisdiccional, y la naturaleza de tales procesos no difiere esencialmente de los demás procesos de conocimiento, la Ley se limita a recoger las especialidades que una y otros ofrecen, remitiéndose en los demás a las leyes orgánicas y procesales comunes.

Estas razones aconsejan, también, prescindir de toda disposición reglamentaria, pues carece de razón de ser un Reglamento, como el de la vieja Ley de lo Contencioso, que en su mayor parte no es más que una innecesaria transcripción de preceptos de la Ley de Enjuiciamiento Civil.

Al redactarse el nuevo texto no se han olvidado las experiencias obtenidas en la aplicación de la Ley hasta ahora en vigor. Así, se han recogido aquellas orientaciones de la jurisprudencia realmente aprovechables y redactado los preceptos de la Ley de modo tendente a evitar interpretaciones formalistas que, al conducir a la inadmisión de numerosos recursos contencioso-administrativos, comportaban la subsistencia de infracciones administrativas, en pugna con la Justicia, contenido de verdadero interés público y fundamento básico de toda organización política.

II. **La Jurisdicción Contencioso-Administrativa**

1. El texto legal se inicia refiriéndose a la naturaleza, extensión y límites de la Jurisdicción Contencioso-Administrativa. Sus términos evidencian la comunidad plena entre esta Jurisdicción y las demás especies concretas de la función jurisdiccional.

La Jurisdicción Contencioso-Administrativa no debe entenderse ni desarrollarse como si estuviera instituida para establecer, sí, garantías de los derechos e intereses de los administrados, pero con menos grado de intensidad que cuando los derechos e intereses individuales son de naturaleza distinta y están bajo la tutela de otras Jurisdicciones. Si la Jurisdicción Contencioso-Administrativa tiene razón de ser, lo es precisamente en cuanto, por su organización, sus decisiones ofrecen unas probabilidades de acierto, de ser eficaz garantía de las situaciones jurídicas, de encarnar la Justicia, superiores a las que ofrecerían si las mismas cuestiones se sometieran a otra Jurisdicción.

En verdad, únicamente a través de la Justicia, a través de la observancia de las normas y principios del Derecho, es posible organizar la Sociedad y llevar a cabo la empresa de la Administración del Estado moderno.

En la complejidad y extensión de éste las normas, subordinadas entre sí jerárquicamente, proclaman y definen cuál es el contenido del interés público en todas y cada una de sus manifestaciones.

El acatamiento y cumplimiento de las normas se impone, por ende, cualquiera que sea el criterio subjetivo de las autoridades y funcionarios, como base de la existencia de un orden social y de la unidad de la acción administrativa.

Los principios de unidad y de orden quiebran ciertamente cuando, bajo pretexto de interés público, se pretende sustituir lo dispuesto por el ordenamiento jurídico por el sentimiento que del bien común tenga en cada caso el titular de la función, el imperio del Derecho por la arbitrariedad.

Y así, la necesidad de una Jurisdicción Contencioso-Administrativa eficaz trasciende de la órbita de lo individual y alcanza el ámbito colectivo. Porque las infracciones administrativas se muestran realmente no tan sólo como una lesión de las situaciones de los administrados, sino como entorpecimiento a la buena y recta administración y de ahí la certeza del aserto de que cuando la Jurisdicción Contencioso-Administrativa anula los actos ilegítimos de la Administración, no tan sólo no menoscaba su prestigio y eficacia, sino que, por el contrario, coopera al mejor desenvolvimiento de las funciones administrativas y afirma y cimenta la autoridad pública.

2. El texto legal configura la Jurisdicción Contencioso-Administrativa como aquella que tiene por objeto específico el conocimiento de las pretensiones que se deduzcan en relación con los actos de la Administración pública, sujetos al Derecho administrativo.

Conserva una terminología como la de recurso contencioso-administrativo, que, pese a las fundadas objeciones de que ha sido objeto, es la tradicional y comúnmente admitida, al mismo tiempo que sirve para poner de manifiesto la necesidad de que antes de acudir a la Jurisdicción Contencioso-Administrativa exista un acto administrativo.

Claro está que esto no significa que se haya querido concebir la Jurisdicción Contencioso-Administrativa como una segunda instancia ante ella; por el contrario, se sigue un auténtico juicio o proceso entre partes, cuya misión es examinar las pretensiones que deduzca la actora por razón de un acto administrativo.

La Jurisdicción Contencioso-Administrativa es, por tanto, revisora en cuanto requiere la existencia previa de un acto de la Administración, pero sin que ello signifique —dicho sea a título enunciativo— que sea impertinente la prueba, a pesar de que no exista conformidad en los hechos de la demanda ni que sea inadmisible aducir en vía contenciosa todo fundamento que no haya sido previamente expuesto ante la Administración.

El proceso ante la Jurisdicción Contencioso-Administrativa no es una casación, sino, propiamente, una primera instancia jurisdiccional.

3. Al referirse la Ley a la Administración lo hace en los términos más amplios y comprensivos.

Por tal entiende, desde luego, la Administración territorial del Estado y de las Entidades locales. Pero también las demás Corporaciones e Instituciones públicas sometidas a la tutela de aquélla.

4. Creada la Jurisdicción Contencioso-Administrativa para conocer de las cuestiones que se susciten respecto de los actos sujetos al Derecho administrativo, sus límites están determinados normalmente por la esencia de esta rama del Derecho, en cuanto parte del ordenamiento jurídico.

Con este criterio se definen, por exclusión, las cuestiones ajenas a esta Jurisdicción. Entre ellas se incluyen las relativas a los actos políticos que no constituyen una especie de género de los actos administrativos discrecionales, caracterizada por un grado máximo de discrecionalidad, sino actos esencialmente distintos, por ser una la función administrativa y otra la función política, confiada únicamente a los supremos órganos estatales.

5. Problema capital era el de la organización de los Tribunales a los que había de confiarse el conocimiento de los recursos contencioso-administrativos.

La Ley no ha acogido en toda su pureza ninguna de las dos posiciones tradicionales, que, sólo después de largo tiempo, pudieron ser conciliadas en la Ley de 1888, y que han subsistido, con más o menos variantes, en los distintos sectores críticos de la misma.

También se aparta del llamado sistema armónico mixto, al menos en la forma en que fue recogido en ella.

La Ley es judicialista, siguiendo la orientación que impuso la de 5 de abril de 1904, en cuanto confía la Jurisdicción Contencioso-Administrativa a verdaderos Tribunales encuadrados en la común organización judicial e integrados por Magistrados profesionales, con los deberes e incompatibilidades propios de los mismos.

Pero, creyendo esencial una especialización del personal de esta Jurisdicción, la ha procurado mediante la selección de los miembros de la Carrera Judicial a través no sólo de los correspondientes concursos, que habrán de ser debidamente regulados por el Gobierno para que cumplan verdaderamente su finalidad específica, sino también mediante oposición.

La Ley introduce una innovación importante; suprime los actuales Tribunales provinciales y lleva su jurisdicción a Salas especiales de lo Contencioso-Administrativo que se crean en las Audiencias Territoriales, con lo que se logrará la tan deseada celeridad en la tramitación de los procesos, al dedicarse sus miembros, de modo exclusivo, al despacho de los mismos.

Aun cuando se ha considerado, en principio, ser suficiente una Sala en cada Audiencia Territorial, se admite la posibilidad de que, en casos excepcionales, cuando el cúmulo de asuntos lo aconseje, se creen otras Salas; bien entendido que el Gobierno hará uso de tal facultad únicamente si el número de asuntos ante una Sala excede de las posibilidades de una rápida solución.

6. Se ha creído prudente conservar el sistema actual de doble instancia para los asuntos dimanantes de los órganos locales del Estado y de la Administración local, y de una instancia única para los dimanantes de la Administración Central.

La generalización de la instancia única, con la posibilidad de recurso de casación, ofrecía el grave riesgo de que, mediante una desnaturalización de la casación, hecho cada día más frecuente en casi todos los ordenamientos jurídicos, se hubiera consagrado, en realidad, una doble instancia en todos los casos, lo que hubiera implicado justamente lo contrario de lo que se pretendía.

Mantener el sistema actual viene a suponer una instancia única en la mayoría de los casos, aun cuando se mantenga, limitada todo lo posible, la apelación, a fin de que el Tribunal Supremo, al conocer de los asuntos de carácter local, pueda dar uniformidad a los criterios de los distintos Tribunales Territoriales.

III. **Las partes**

1. La regulación de las partes ha sido objeto de ciertas innovaciones, principalmente en el sentido de dar una redacción más precisa y técnica a los preceptos correspondientes.

2. En cuanto a la capacidad procesal, no parecía necesario repetir preceptos de la legislación común, que rige como supletoria. De ahí que la Ley se haya limitado a hacer una remisión a dichas normas.

Pero se ha creído prudente modificar el régimen general en aquellos casos en que la legislación administrativa permite al administrado menor o mujer casada el ejercicio de sus derechos sin la asistencia de las personas que integran civilmente su capacidad de obrar, reconociéndoles la posibilidad de que actúen por sí solos en el proceso contencioso-administrativo.

Con ello no se ha hecho otra cosa que trasladar a la esfera jurisdiccional lo que ya regía en la esfera administrativa.

3. La legitimación activa para demandar la anulación de actos y disposiciones de la Administración se reconoce a quien tuviere interés directo en ella.

No obstante, cuando se trata de la impugnación de disposiciones de carácter general de la Administración central que sólo hayan de ser cumplidas por los administrados, previo un acto de requerimiento o sujeción individual, se ha creído prudente restringir la legitimación a las Entidades, Corporaciones e Instituciones públicas y a cuantas entidades ostentaren la representación o defensa de interés de carácter general o corporativo, siempre que la disposición impugnada afectare directamente a los mismos. Los administrados están legitimados para impugnar los actos de aplicación de tales disposiciones ilegítimas, y también éstas mismas si hubieren de ser cumplidas sin previo acto de requerimiento o sujeción individual.

En principio, no parecía necesario hacer referencia alguna a aquellos casos en que el demandante no se limitara a solicitar la anulación del acto, pues, versando el proceso sobre una situación jurídica individualizada, la legitimación como en el proceso civil, venía generalmente ligada a la cuestión de fondo. Sin embargo, por respetar una tradición legislativa que arranca de las primeras leyes de lo contencioso-administrativo, se confirma que en estos casos únicamente estará legitimado el titular de un derecho dimanante del ordenamiento que se considere infringido por el acto o disposición impugnados.

En uno y otro supuesto, la Ley matiza, con la debida inexactitud, que la concurrencia de un interés o la titularidad de un derecho son simplemente los elementos que constituyen la legitimación de la parte actora, y no, como erróneamente se ha entendido muchas veces, las condiciones de procedencia de las pretensiones deducidas, ni los presupuestos de la competencia de la Jurisdicción Contencioso-Administrativa.

En cuanto a la legitimación pasiva, se considera parte demandada a la Administración de que proviniere el acto o disposición a que se refiera el recurso y, además, a las personas a cuyo favor derivaren derechos del propio acto que ostentan, por ende, una situación jurídica que será directamente afectada por la sentencia que se pronuncie. Su emplazamiento no entorpece el procedimiento de la norma contenida en el artículo 64. Ciertamente era anormal que quien en el proceso defendía derechos propios hubiera de aparecer como mero coadyuvante, por el hecho de haber sido aquéllos reconocidos por la Administración.

Se despeja así, a la vez, la problemática suscitada en torno a la intervención de terceros, y la figura del coadyuvante queda reducida a sus justos y propios límites.

4. Por lo que respecta a la postulación, se ha abandonado un criterio mantenido ininterrumpidamente en nuestra legislación de lo contencioso-administrativo acerca de la innecesariedad, como regla general, de asistencia de técnicos del Derecho. La Ley exige que los interesados acudan al proceso representados por Abogado o por Procurador asistido de Abogado, a excepción de aquellos casos en que se supone a la parte un conocimiento del Derecho que debe ser aplicado por los Tribunales: el de los funcionarios públicos, en el proceso especial regulado en el artículo 113.

La razón de ser de esta innovación radica en la consideración de que, de hecho, así venía ocurriendo ya en la práctica y que en aquellos otros casos en que la parte no aparecía públicamente representada y defendida por técnicos del Derecho, a la sombra de la misma existía siempre, o el profesional impedido de ejercer la profesión, o persona sin calidad de Letrado. La nueva disposición viene, por tanto, a salir al paso de una faceta del intrusismo.

El nuevo texto proclama el principio de que la defensa de la Administración ante la Jurisdicción Contencioso-Administrativa debe estar atribuida a sus propios Abogados, por lo que la representación y defensa de la Administración del Estado corresponderá siempre a los Abogados del Estado, y la de las demás entidades, Corporaciones e Instituciones públicas integradas en la Administración incumbirá a sus respectivos abogados.

IV. **Objeto del recurso contencioso-administrativo**

1. Como es natural, la Ley previene que la existencia de un acto o disposición de la Administración es presupuesto de admisibilidad de la acción contencioso-administrativa.

Se habla de acto, y no de acuerdo, resolución, providencia o de cualquier otro concepto semejante, por ser aquél más extenso y comprender todas las manifestaciones de la actividad administrativa.

El acceso a la Jurisdicción contenciosa, en efecto, no ha de ser posible únicamente cuando la Administración produce actos expresos y escritos, sino también cuando revisten cualquier otra forma de manifestación regulada por el Derecho, o son tácitos o presuntos, porque todos ellos, y no solamente los primeros, pueden incurrir en infracciones jurídicas que requieran la asistencia jurisdiccional.

Disposición equivale a precepto de carácter general con categoría inferior a Ley.

2. La existencia de un acto administrativo como presupuesto de admisibilidad de la acción contencioso-administrativa no debe erigirse en obstáculo que impida a las partes someter sus pretensiones a enjuiciamiento de la Jurisdicción Contencioso-Administrativa.

Por ello la Ley instituye un régimen general de silencio administrativo, mediante el cual, transcurrido cierto plazo, puede presumirse por el interesado la existencia de un acto que le permita el acceso, si lo desea, a la Jurisdicción Contencioso-Administrativa.

Acudir a ella se considera como una facultad y no como una obligación, con lo cual se restituye la figura del silencio administrativo al sentido que propiamente se le atribuyó originariamente, de garantía para los administrados frente a las demoras de la Administración.

El silencio administrativo, ciertamente, no puede ser conceptuado como un medio a través del cual la Administración pueda eludir su obligación de motivar las decisiones, como vendría a ser si por el silencio quedara exenta del deber de dictar un proveído expreso, debidamente fundado.

El régimen general instituido por la Ley carecerá, desde luego, de aplicación en aquellos supuestos en que otras disposiciones establezcan que, transcurrido cierto plazo, previa o no denuncia de mora, hayan de entenderse estimadas las pretensiones de los administrados, pues en otro caso la Ley, que tiene por objeto instituir garantías de las situaciones jurídicas de los administrados, vendría precisamente a minorarlas.

Lo mismo habrá que considerar, por idéntica razón, cuando otros textos legales o reglamentarios establezcan, en beneficio de los interesados, plazos más reducidos que los que se prevén en esta Ley para que se entienda producido acto presunto.

3. El presente texto legal, encaminado a establecer un eficaz sistema de garantía de la Justicia, ha considerado aconsejable reducir al mínimo los actos que, a pesar de tener naturaleza administrativa, están excluidos de impugnación jurisdiccional. En su conjunto, el nuevo texto permite el acceso a los Tribunales con una generalidad que sólo se da en los ordenamientos jurídicos más avanzados.

Así, la Ley admite expresamente la impugnación directa de las disposiciones generales que infringieren otras de superior jerarquía. Bien entendido que el no ejercicio de la facultad de impugnación directa no obstará al recurso frente a los actos que se dictaren en aplicación de las disposiciones, fundado en que éstas no son conformes a Derecho; sin que sea exigible, al interponer y formalizar el recurso contra el acto individual, declarar formalmente recurridas las normas que aplique.

Realmente, carecía de sentido excluir de la impugnación jurisdiccional las disposiciones que dictare la Administración en cualquiera de sus grados. Pues si, en la mayoría de los casos, el recurso indirecto previsto en la vigente Ley de lo Contencioso-Administrativo constituye garantía suficiente de los derechos e intereses de las personas afectadas, al hacer posible la impugnación de los actos en que se individualice la disposición general, no lo es, en cambio, para salvaguardar el principio de jerarquía de las fuentes, básico en la organización del Estado y solemnemente proclamado en el Fuero de los Españoles.

El principio de unidad de la Administración pública y la autoridad de los órganos superiores exige la creación de un instrumento idóneo para anular las disposiciones que infringieren otras de superior jerarquía, dado que su mantenimiento implica la aplicación de aquéllas por los órganos inferiores de la Administración y que alcancen mayor efectividad que preceptos revestidos de formas más solemnes.

Esta característica del recurso directo contra las disposiciones se traduce en las especialidades que sobre la legitimación activa se contienen en el artículo 28, párrafo primero, apartado *b)*, al mismo tiempo que impone la admisibilidad, en todo caso, del recurso, frente al acto de aplicación individual, establecido no tanto en defensa del principio de unidad de la Administración como de los derechos e intereses de los administrados.

Al relacionar los actos excluidos de fiscalización contencioso-administrativa, la Ley no menciona los actos discrecionales. La razón estriba en que, como la misma jurisprudencia ha proclamado, la discrecionalidad no puede referirse a la totalidad de los elementos de un acto, a un acto en bloque, ni tiene su origen en la inexistencia de normas aplicables al supuesto de hecho, ni es un *prius* respecto de la cuestión de fondo de la legitimidad o ilegitimidad del acto.

La discrecionalidad, por el contrario, ha de referirse siempre a alguno o algunos de los elementos del acto, con lo que es evidente la admisibilidad de la impugnación jurisdiccional en cuanto a los demás elementos; la determinación de su existencia está vinculada al examen de la cuestión de fondo, de tal modo que únicamente al juzgar acerca de la legitimidad del acto cabe concluir sobre su discrecionalidad; y, en fin, ésta surge cuando el ordenamiento jurídico atribuye a algún órgano competencia para apreciar, en un supuesto dado, lo que sea de interés público.

La discrecionalidad, en suma, justifica la improcedencia, no la inadmisibilidad, de las pretensiones de anulación; y aquélla no en tanto el acto es discrecional, sino en cuanto, por delegar el ordenamiento jurídico en la Administración la configuración según el interés público del elemento del acto de que se trata y haber actuado el órgano con arreglo a Derecho, el acto impugnado es legítimo.

4. Determinados los actos en relación con los cuales es admisible demandar a la Administración, se imponía regular las pretensiones deducibles por las partes, lo que planteaba la cuestión de si era o no pertinente, recibiendo la técnica del Derecho francés, instituir dos recursos distintos, calificados de anulación y de plena jurisdicción.

La Ley no lo ha considerado necesario ni conveniente por varias y fundamentales razones.

Aquella doble calificación, carente de tradición en nuestro Derecho —se incorpora al mismo por la Ley Municipal de 1935, pues el Estatuto Municipal de 1924, si bien sentó que cualquier interesado estuviera legitimado ante la Jurisdicción Contencioso-Administrativa, no dio a los recursos las aludidas denominaciones—, corresponde a la técnica peculiar de su país de origen, que dista mucho de haber sido recibida en España.

Por otra parte, la gama de las ilicitudes posibles es mucho más amplia y variada de lo que suponen las categorías elaboradas por el ordenamiento jurídico francés: la diferenciación de «motivos» que constituye su contenido responde a un fundamento de división artificioso y falto de rigor lógico, premisa inexcusable para la certeza de toda clasificación, y, con la misma razón, para propugnar se incorporara definitivamente a nuestro Derecho, podría defenderse también la recepción en el mismo de las clasificaciones que han levantado otros ordenamientos jurídicos semejantes y tan avanzados.

Nada justifica, por otra parte, enunciar una clasificación de las infracciones y que en las demandas tengan que subsumirse la ilicitud denunciada en uno de esos tipos abstractos: lo que importa es si existe infracción jurídica, y ante ella más interesa hacer expeditiva la Justicia que dificultarla con la imposición de un requisito puramente formal, como el de calificar la infracción precisamente con un nombre determinado, máxime si el error en la calificación puede determinar que prevalezca el acto, a pesar de no ser conforme a Derecho.

En definitiva, la Ley no considera que el fundamento de la procedencia de la acción contencioso-administrativa sea distinto, según los casos. Esencialmente es siempre el mismo: que el acto no sea conforme a Derecho. Tanto la incompetencia como el vicio de forma, la desviación de poder o violación de ley —causa que propiamente comprende a las anteriores— pueden servir de fundamento a las pretensiones de anulación y a las de plena jurisdicción, y, en cualquiera de las hipótesis, la sentencia estimatoria siempre contiene idéntico pronunciamiento básico: la declaración de ilicitud del acto y, en su caso, su anulación.

Sobre esta unidad sustancial las diferencias que puedan señalarse no son suficientes para configurar dos recursos autónomos, máxime no siendo cualitativas, sino sólo de grado.

5. La estimación o desestimación de la pretensión básica —es decir, la declaración de ilicitud y, en su caso, la anulación del acto o disposición— depende de que el acto impugnado sea o no conforme a Derecho.

La Ley lo determina así, tanto por afirmar la unidad sustancial de todas las Jurisdicciones como porque, existiendo la falta de conformidad a Derecho, se da la condición suficiente para que se declare la ilicitud del acto o disposición, y siendo de entidad adecuada, se pronuncie la anulación de los mismos.

Y refiere la conformidad o disconformidad del acto genéricamente al Derecho, al ordenamiento jurídico, por entender que reconducirla simplemente a las leyes equivale a incurrir en un positivismo superado y olvidar que lo jurídico no se encierra y circunscribe a las disposiciones escritas, sino que se extiende a los principios y a la normatividad inmanente en la naturaleza de las instituciones.

La fórmula adoptada comprende, pues, cualquier modalidad de infracción jurídica y, desde luego, como una de ellas, la desviación de poder, según puntualiza el texto legal, saliendo al paso de la tesis que la configura sólo como una infracción de la moralidad, pero no de la legalidad administrativa.

6. La Ley otorga a los Tribunales poderes para enjuiciar la legitimidad de los actos y disposiciones que se sometan a su conocimiento, no tan sólo a través de los fundamentos aducidos por las partes, sino por otros que estimen puedan ser tomados en consideración. Esta amplitud de las facultades del juzgador no debe significar, sin embargo, la eliminación del principio de contradicción, y, por tanto, se ordena que siempre que hagan uso de esta facultad deben previamente someterse a las partes los motivos correspondientes.

7. Aun cuando la Ley de Enjuiciamiento Civil contiene normas relativas a la acumulación y a la determinación cuantitativa de la pretensión, por las especialidades que ofrecen una y otra en el proceso administrativo, se ha creído necesario incluir algunas normas sobre ellas; normas que, como las demás reguladoras de esta Jurisdicción, tendrán su debido complemento en la Ley Procesal Civil.

Sobre acumulación, se ha prescindido de aquellos preceptos del viejo Reglamento de lo Contencioso-Administrativo que no eran más que una transcripción de los de la Ley de Enjuiciamiento. Los que contenían normas específicas sobre el proceso administrativo han sufrido modificaciones importantes: por un lado, se ha admitido expresamente la llamada en nuestro Derecho positivo acumulación de acciones, a fin de evitar las dudas que se habían planteado a la jurisprudencia sobre su admisibilidad en el proceso administrativo; por otro, se admite la acumulación en aquellos casos en que los recursos objeto de la misma se hubieren deducido con ocasión de actos que, aun no siendo unos ejecución o confirmación de otros, tengan íntima conexión entre ellos.

Y, por último, se permite que, deducido un recurso, pueda ampliarse después y dirigirse contra acto distinto del primeramente impugnado, cuando entre ellos se dé la conexión exigida para la acumulación, por la misma razón de economía procesal.

En orden a la determinación de la cuantía, se recogen algunas normas generales, aparte de las esenciales que respecto de asuntos fiscales se contenían en el Reglamento de Procedimiento Económico-Administrativo, remitiéndose en lo demás a la Ley de Enjuiciamiento.

V. **Procedimiento contencioso-administrativo**

1. Con carácter de requisito previo se instituye un recurso de reposición, a fin de que el órgano administrativo que dictó el acto pueda, si lo reconoce justo, acceder a las pretensiones del demandante y evitar el proceso.

Sin embargo, a fin de superar ciertas interpretaciones formalistas, el artículo 55 deja bien sentado que el recurso contencioso-administrativo podrá deducirse indistintamente contra el acto objeto del de reposición, contra el desestimatorio de ésta o contra ambos a la vez, salvo aquellos casos en que, al decidir el recurso de reposición, se reformase el acuerdo impugnado, en cuyo supuesto la acción contencioso-administrativa deberá dirigirse precisamente contra el acto resolutorio de la reposición.

Cuando una Entidad pública hubiere de demandar la anulación de sus actos declarados lesivos, será requisito previo a la declaración de lesividad, que se preceptúa en términos análogos a la legislación anterior.

2. En la regulación del procedimiento en sentido estricto se distinguen las siguientes fases o períodos:

a) Un primer período de «interposición y admisión» en el que se ha mantenido, en lo fundamental, la normativa anterior sobre el escrito de interposición del recurso.

Sin embargo, se ha creído prudente crear un trámite de admisión con carácter radicalmente distinto a la facultad reconocida al Tribunal en la legislación anterior de no admitir el escrito de interposición cuando al mismo no se acompañaban los documentos en ella exigidos.

El Tribunal, con arreglo a las nuevas normas, podrá declarar la inadmisión del escrito de interposición si observare la falta de alguno de los requisitos procesales enumerados en el artículo 62, es decir, aquellos cuya subsanación no es posible.

También son importantes las innovaciones en orden a las medidas coercitivas que se ponen en manos de los Tribunales para que se cumpla por los órganos administrativos, en tiempo y forma, con la obligación de remitir el expediente.

Respecto del plazo para la interposición del recurso contencioso-administrativo, la Ley, unificando la diversidad de plazos existentes respecto de los actos de la Administración central y la local, ha señalado el de dos meses a un año, según el recurso se refiera a un acto expreso o dictado por el silencio administrativo.

Esta diferenciación, formulada en el ámbito de la legislación local, es de indudable pertinencia; se acomoda perfectamente al nivel de formación y conocimiento de la gran mayoría de los administrados, a quienes no puede exigirse que obren como sólo sería posible hacerlo si la técnica del acto presunto, realizado por silencio administrativo, y los casos y plazos de éste fueran de dominio general. No siéndolo, fijar un plazo de dos meses para que puedan deducirse las reclamaciones correspondientes a las desestimaciones por silencio administrativo, equivale a condenar a indefensión a la gran masa de administrados españoles y admitir que, para ellos, habrán de prevalecer casi siempre, por no interponer el recurso oportunamente, los actos no conformes a Derecho realizados en virtud de la sutil figura del silencio administrativo.

Por otra parte, nada más fácil para la Administración que reducir ese plazo al de dos meses: le basta el sencillo procedimiento de dictar un acto expreso.

b) La fase de «alegaciones» viene a regularse en términos análogos a la Ley anterior.

El demandante puede formular alegaciones en lo que se sigue denominando escrito de demanda, por conservar la terminología de la Ley de Enjuiciamiento Civil, y el demandado, en el de contestación a la demanda. Los plazos para formular estas alegaciones se fijan en veinte días, porque su cómputo se inicia sólo desde la entrega del expediente a la parte.

La demandada está facultada para que, con anterioridad al escrito de contestación, alegue cuantos defectos procesales puedan dar lugar a la inadmisión del recurso, excepto la falta de legitimación, si bien con las modificaciones siguientes, en relación con la Ley en vigor: se sustituye la impropia terminología de excepciones por la más correcta de alegaciones previas y se permite al demandante la subsanación en todo caso —no sólo cuando creyese que no debía imputársele— de los efectos procesales susceptibles de ello —no sólo el de falta de personalidad— y en un plazo fijo.

Se parte para ello de un principio: que las formalidades procesales han de entenderse siempre para servir a la Justicia, garantizando el acierdo en la decisión jurisdiccional; jamás como obstáculos encaminados a dificultar el pronunciamiento de sentencia acerca de la cuestión de fondo, y así obstruir la actuación de lo que constituye la razón misma de ser de la Jurisdicción.

c) La admisibilidad de la «prueba» se modula en función de dos circunstancias: la conformidad o discrepancia de las partes sobre los hechos, y que éstos sean o no de trascendencia para el fallo. Este régimen no supondrá una complicación en la tramitación de los recursos contencioso-administrativos, porque será innecesaria en la mayoría de ellos al haber conformidad entre las partes acerca de los hechos relevantes en el juicio. Mas, no siendo así, nada justifica una denegación de la prueba.

Con ella se confieren a este proceso las garantías necesarias para que constituya un perfecto instrumento de la Administración de Justicia, que no puede impartirse con la mediatización de las posibilidades probatorias de las partes ante el órgano jurisdiccional.

d) En la fase de «conclusiones» se sustituye el trámite de la vista por el escrito en que las partes puedan resumir sus posiciones respectivas.

Unicamente se conserva la vista en aquellos casos en que el Tribunal lo considere necesario y cuando lo soliciten ambas partes, con lo que se logrará una mayor flexibilidad en el procedimiento.

3. En orden a la «terminación del proceso», al regular la sentencia, se han procurado salvar los inconvenientes derivados de la actual normativa, que conducían a que, en multitud de casos, terminara indiferenciadamente con una declaración de incompetencia de la Jurisdicción. De ahí que se puntualicen cuáles son los supuestos que pueden conducir a la inadmisibilidad del recurso contencioso-administrativo. Bien entendido que lo dispuesto en los apartados *b), c), f)* y *g)* del artículo 82 se aplicarán únicamente cuando los correspondientes defectos no se hubiesen subsanado de acuerdo con el artículo 129.

La Ley precisa también las condiciones de estimación o desestimación de las pretensiones deducidas por el demandante, así como la extensión y efectos de la sentencia, según los casos.

Después de precisar los distintos aspectos de la sentencia, el nuevo texto contempla, recogiendo la doctrina elaborada por una jurisprudencia reiterada, los supuestos de terminación anormal del proceso, y provee sobre el desistimiento, el allanamiento, la satisfacción extraprocesal de las pretensiones y la caducidad.

4. En líneas generales, la «ordenación de los recursos» se mantiene en el nuevo texto en términos análogos a la Ley antigua.

Innovaciones puramente técnicas son las de calificar debidamente los que anteriormente se denominaban recursos de aclaración y nulidad de actuaciones, y que, al no ser propiamente recursos, se regulan en las secciones correspondientes.

5. Respecto de la «ejecución de sentencias», se tiende a aumentar las garantías del administrado en dos direcciones; por un lado, limitando las causas de suspensión o inejecución a las que tradicionalmente se habían mantenido en nuestra legislación al suprimir la causa quinta que introdujera la Ley de 18 de marzo de 1944; por otro, reforzando las medidas indirectas que el ordenamiento jurídico pone en manos del que ha obtenido una sentencia favorable, a fin de lograr la plena efectividad de lo dispuesto en el fallo.

Aun cuando se mantiene el precepto que cierra la posibilidad de suspender o inejecutar las sentencias que, habiendo examinado la cuestión de fondo, sean confirmatorias de actos de la Administración, se introduce en el mismo una importante excepción cuando hubieren sido dictadas en un proceso de lesividad. Pues si aquel precepto tiene su fundamento en la salvaguardia del interés público, no parece prudente aplicarlo en aquellos casos en que la propia Administración, en la realización del mismo, estima necesaria la anulación del acto administrativo.

6. Tres son los «procedimientos especiales» que se regulan en el capítulo del título cuarto de la Ley (1). El primero se refiere a la tramitación de los recursos sobre cuestiones de personal, no sólo de las Administraciones locales, sino de la Administración central, de que antes conocía el Consejo de Ministros, previo dictamen del de Estado, en vía de agravios, pues se ha considerado pertinente volver al sistema tradicional y atribuir el conocimiento de los recursos a esta materia, como en todas las demás administrativas, a la Jurisdicción Contencioso-Adminis-

(1) Debería decir: «capítulo IV del título cuarto de la ley».

trativa, si bien con la modificación necesaria, en cuanto al procedimiento, para que estos recursos, que presentan una problemática por lo general sencilla, puedan tener una resolución tan rápida como la que han obtenido bajo el régimen actual de agravios.

En el artículo 118 se regula el procedimieto en los casos de suspensión de acuerdos de las Corporaciones locales, por infracción manifiesta de las Leyes. En él se invierten los preceptos de la Ley de Régimen Local, con las aclaraciones necesarias para evitar que, como actualmente venía en general sucediendo, estos procedimientos se tramiten en primera instancia, sin audiencia ni intervención de la Corporación directamente interesada, ni la de las demás personas a las que pudiera afectar la suspensión y, en su caso, anulación del acuerdo.

Por último, se recogen las disposiciones de la Ley de Régimen Local sobre procedimiento de impugnación de la validez de las elecciones de Concejales y Diputados provinciales, lo que es una consecuencia ineludible del carácter general del nuevo texto al regular unitariamente los distintos procesos administrativos y derogar cuantas disposiciones vigentes hacen referencia a los mismos.

7. Cierra la Ley un capítulo dedicado a regular el régimen de los plazos, la suspensión de la ejecución del acto objeto de recurso, los incidentes y la invalidez de los actos procesales y las costas.

En orden a la suspensión, la Ley la admite cuando la ejecución hubiere de ocasionar daños de reparación imposible o difícil. Al juzgar sobre su procedencia se debe ponderar, ante todo, la medida en que el interés público exija la ejecución, para otorgar la suspensión con mayor o menor amplitud, según el grado en que el interés público esté en juego. Respecto de la dificultad de la reparación, no cabe excluirla sin más por la circunstancia de que el daño o perjuicio que podría derivar de la ejecución sea valorable económicamente.

Se puntualiza que el plazo para reclamar indemnización por daños producidos por la suspensión de actos confirmados por la sentencia es de un año, por tratarse de un caso de responsabilidad extracontractual.

Finalmente, merece destacarse el artículo 129, que, siguiendo la orientación del nuevo texto, permite la subsanación de todos aquellos defectos que pudieran concurrir en los actos de las par-

1 tes. La Ley considera que los requisitos formales se instituyen para asegurar el acierto de las decisiones jurisdiccionales y su conformidad con la Justicia; no como obstáculos que hayan de ser superados para alcanzar la realización de la misma.

En su virtud, de conformidad con la propuesta elaborada por las Cortes Españolas dispongo:

TITULO PRIMERO

La Jurisdicción Contencioso-Administrativa (2)

CAPITULO PRIMERO

NATURALEZA, EXTENSIÓN Y LÍMITES DE LA JURISDICCIÓN CONTENCIOSO-ADMINISTRATIVA

1. 1. La Jurisdicción Contencioso-Administrativa conocerá de las pretensiones que se deduzcan en relación con los actos de la Administración pública sujetos al Derecho administrativo y con las disposiciones de categoría inferior a la Ley (3).

2. Se entenderá a estos efectos por Administración pública (4):

---

(2) Véanse la disposición derogatoria de la Ley Orgánica del Poder Judicial (apéndice 1) y la Ley de Demarcación y de Planta Judicial (apéndice 2).

(3) El artículo 106.1 de la Constitución Española de 27 de diciembre de 1978 establece: «Los Tribunales controlan la potestad reglamentaria y la legalidad de la actuación administrativa, así como el sometimiento de ésta a los fines que la justifican».

Véanse los artículos 9-4 y 24 de la Ley Orgánica del Poder Judicial (apéndice 1).

(4) El artículo 153 de la Constitución Española precisa: «El control de la actividad de los órganos de las Comunidades Autónomas se ejercerá: ... *c)* por la Jurisdicción Contencioso-Administrativa, el de la administración autónoma y sus normas reglamentarias».

La Ley 34/1981, de 5 de octubre («BOE» núm. 250, de 19 de octubre), por la que se dictan normas complementarias sobre legitimación en el recurso contencioso-administrativo, dispone:

«Artículo 1.° A todos los efectos a que se refiere la vigente Ley reguladora de la Jurisdicción Contencioso-Administrativa, se entenderá como Administración pública la Administración de las Comunidades Autónomas. Las Entidades sometidas a la tutela de estas Comunidades tendrán igual consideración.

Art. 2.° La Administración del Estado estará legitimada para recurrir, ante la Jurisdicción Contencioso-Administrativa, las disposiciones generales y actos emanados de la Administración de las Comunidades Autónomas y entidades sujetas a la tutela de éstas.

Art. 3.° Las Comunidades Autónomas podrán impugnar las disposiciones de carácter general que, dictadas por la Administración del Estado, afecten al ámbito de su autonomía.

DISPOSICION TRANSITORIA

En tanto subsistan los actuales regímenes provisionales de autonomía, serán aplicables a los Entes Preautonómicos y al Estado respecto de ellos los criterios establecidos en la presente Ley para las Comunidades Autónomas.

DISPOSICION FINAL

Quedan derogados cuantos preceptos se opongan a lo dispuesto en la presente Ley, que entrará en vigor el día de su publicación en el «Boletín Oficial del Estado».

Véanse los artículos 1 a 3 de la Ley 30/1992, de 26 de noviembre, de Régimen Jurídico de las Administraciones Públicas y del Procedimiento Administrativo Común (apéndice 15).

Véanse los artículos 24, 58-1, 66 y 74 de la Ley Orgánica del Poder Judicial (apéndice 1).

(Tb CCAA)

a) La Administración del Estado en sus diversos grados. 3
b) Las entidades que integran la Administración local.
c) Las Corporaciones e Instituciones públicas sometidas a la tutela del Estado o de alguna Entidad local (5).

2. No corresponderán a la Jurisdicción Contencioso-Administrativa:

a) Las cuestiones de índole civil o penal atribuidas a la jurisdicción ordinaria y aquellas otras que, aunque relacionadas con actos de la Administración pública, se atribuyan por una Ley a la jurisdicción social o a otras jurisdicciones (6).
b) Las cuestiones que se susciten en relación con los actos políticos del Gobierno, como son los que afecten a la defensa del territorio nacional, relaciones internacionales, seguridad interior del Estado y mando y organización militar, sin perjuicio de las indemnizaciones que fueren procedentes, cuya determinación sí corresponde a la Jurisdicción Contencioso-Administrativa (7).
c) Las decisiones de cuestiones de competencia entre la Administración y las jurisdicciones ordinarias o especiales y las de conflictos de atribuciones (8).

3. La Jurisdicción Contencioso-Administrativa conocerá de:

a) Las cuestiones referentes al cumplimiento, inteligencia, resolución y efectos de los contratos, cualquiera que sea su naturaleza jurídica, celebrados por la Administración pública, cuan-

---

(5) Véanse los artículos 1, 8 y 9 de la Ley 2/1974, de 13 de febrero («BOE» núm. 40 de 15 de febrero), de Colegios Profesionales, y 35 y 37 de la presente Ley.

(6) Véase el artículo 10 de la Ley Orgánica del Poder Judicial (apéndice 1).
El artículo 3 del texto articulado de la Ley de Procedimiento Laboral, aprobado por Real Decreto Legislativo 521/1990, de 27 de abril («BOE» núm. 105, de 2 de mayo; corrección de errores en «BOE» núm. 123, de 23 de mayo), dispone:

«No conocerán los órganos jurisdiccionales del orden social:

a) De las pretensiones que versen sobre impugnación de los actos de las Administraciones públicas sujetos al derecho administrativo en materia laboral.
b) De las resoluciones dictadas por la Tesorería General de la Seguridad Social en materia de gestión recaudatoria o, en su caso, por las entidades gestoras en el supuesto de cuotas de recaudación conjunta.
c) De la tutela de los derechos de libertad sindical y del derecho de huelga relativa a los funcionarios públicos y al personal a que se refiere el artículo 1.3*a)* de la Ley 8/1980, de 10 de marzo, del Estatuto de los Trabajadores.

(7) Véase el artículo 3 de la Ley Orgánica del Poder Judicial (apéndice 1).
Téngase en cuenta que el artículo 24-1 de la Constitución Española establece:
«Todas las personas tienen derecho a obtener la tutela efectiva de los Jueces y Tribunales en el ejercicio de sus derechos e intereses legítimos, sin que, en ningún caso, pueda producirse indefensión».

(8) Véanse los artículos 38 a 52 y disposición adicional 4.ª de la Ley Orgánica del Poder judicial (apéndice 1) y la Ley de Conflictos Jurisdiccionales (apéndice 13). Véase el último párrafo del preámbulo de esta última Ley.

4 do tuvieren por finalidad obras y servicios públicos de toda especie (9).

b) Las cuestiones que se susciten sobre la responsabilidad patrimonial de la Administración pública (10).

c) Las cuestiones que una Ley le atribuya especialmente.

4. 1. La competencia de la Jurisdicción Contencioso-Administrativa se extenderá al conocimiento y decisión de las cuestiones prejudiciales e incidentales no pertenecientes al orden administrativo, directamente relacionadas con un recurso contencioso-administrativo, salvo las de carácter penal (11).

2. La decisión que se pronuncie no producirá efecto fuera del proceso en que se dicte y podrá ser revisada por la jurisdicción correspondiente.

5. 1. La Jurisdicción Contencioso-Administrativa es improrrogable.

2. Los órganos de la jurisdicción podrán apreciar, incluso de oficio, la falta de jurisdicción, previa audiencia de las partes sobre la misma.

3. En todo caso, esta declaración será fundada y se efectuará siempre indicando la concreta jurisdicción que se estime competente, y si la parte demandante se personara ante ella en el plazo de un mes, se entenderá haberlo efectuado en la fecha en que se inició el plazo para interponer el recurso contencioso-administrativo, si hubiere formulado éste siguiendo las indicaciones de la notificación del acto o ésta fuera defectuosa (12).

6. Los conflictos jurisdiccionales que se suscitaren entre la Jurisdicción Contencioso-Administrativa y la Administración u otras jurisdicciones se resolverán a tenor de lo dispuesto en la legislación aplicable (13).

---

(9) El artículo 19 del texto articulado de la Ley de Contratos del Estado, conforme a la redacción dada al mismo por la Ley 5/1973, de 17 de marzo, dispone: «Las cuestiones litigiosas surgidas sobre la interpretación, modificación, resolución y efectos de los contratos administrativos serán resueltos por el órgano de contratación competente, cuyos acuerdos pondrán fin a la vía administrativa, y contra los mismos habrá lugar a recurso contencioso-administrativo, conforme a lo dispuesto por la Ley reguladora de dicha jurisdicción».

(10) Véanse los artículos 139 a 146 de la Ley 30/1992, de 26 de noviembre, de Régimen Jurídico de las Administraciones Públicas y del Procedimiento Administrativo Común (apéndice 15), 121 y 122 de la Ley de Expropiación Forzosa, 292 a 197 de la Ley Orgánica del Poder Judicial (apéndice 1) y 223 a 225 del Reglamento de Organización, Funcionamiento y Régimen Jurídico de las Entidades Locales (apéndice 8).

(11) Véanse los artículos 10 y 24 de la Ley Orgánica del Poder Judicial (apéndice 1).

(12) Véanse los artículos 62-1, *a)*, y 82. *a)*, de la presente Ley y 9 de la Ley Orgánica del Poder Judicial (apendice 1).

(13) Véanse la Ley de Conflictos Jurisdiccionales (apéndice 13) y los artículos 38 a 52 de la Ley Orgánica del Poder Judicial (apéndice 1).

CAPITULO II

ORGANOS DE LA JURISDICCIÓN CONTENCIOSO-ADMINISTRATIVA (14)

Sección 1.ª Disposición general

7. *La Jurisdicción Contencioso-Administrativa se ejercerá por los siguientes órganos:*

a) *Salas de lo Contencioso-Administrativo de las Audiencias Territoriales.*
b) *Salas de lo Contencioso-Administrativo del Tribunal Supremo.*
c) *Salas de Revisión de lo Contencioso-Administrativo del Tribunal Supremo.*

8. 1. Los órganos de la Jurisdicción Contencioso-Administrativa que fueren competentes para conocer de un asunto la tendrán también para todas sus incidencias y para fiscalizar la ejecución de las sentencias que dictaren (15).

2. La competencia de las Salas de lo Contencioso-Administrativo no será prorrogable y podrá ser apreciada por las mismas, incluso de oficio, previa audiencia de las partes (16).

3. Cuando se declare la incompetencia de la Sala con anterioridad a la sentencia, se remitirán las actuaciones a la que sea competente para que siga ante ella el curso de los autos (17).

---

(14) Véanse los artículos 53 a 79, 90, 91, 98 y la disposición derogatoria de la Ley Orgánica del Poder Judicial (apéndice 1) y la Ley de Demarcación y de Planta Judicial (apéndice 2).

(15) Véanse los artículos 18, 2, de la Ley Orgánica del Poder Judicial (apéndice 1), y 103 a 112 de la presente Ley.

(16) Véase el artículo 5.° de la presente Ley.

(17) La Sentencia 78/1991, de 15 de abril, del Tribunal Constitucional (suplemento del «BOE» núm. 115, de 14 de mayo), en su fundamento jurídico 4 dice:

«Dentro de la economía general de la Ley de la Jurisdicción Contencioso-Administrativa, y puesto en relación con otros preceptos de la misma (de modo especial con los arts. 5.3 y 129), el artículo 8.3 tiene como finalidad la subsanación de los errores cometidos por el recurrente en orden al presupuesto procesal de la competencia territorial. El órgano judicial que, una vez sustanciado el oportuno incidente, declare su incompetencia por razón de territorio remitirá las actuaciones a la Sala que estime competente para que en ella se siga el curso de los autos. La imperatividad de la locución "se remitirán las actuaciones") no permite interpretar que tal remisión sólo pueda o deba hacerse en caso de información incorrecta al recurrente en fase de instrucción de recursos, sino que obliga a entender que la remisión ha de hacerse en todo caso. La no indicación de un plazo para interponer *ex novo* el recurso y, por el contrario, la expresión "para que siga" el curso de los autos, permiten interpretar que el plazo dentro del cual se interpuso el recurso ante la Sala que se declara incompetente es el que rige la temporaneidad de la interposición. Esta es, si no la única interpretación posible del citado artículo 8.3, sí la más conveniente para la más amplia intelección del derecho a la tutela judicial. Esencial para el respeto a este derecho fundamental es una interpretación de las normas que rigen el acceso a los Tribunales del modo más favorable para la acción (principio *pro actione)* y no de tal manera que la

Sección 2.ª Salas de lo Contencioso-Administrativo de las Audiencias Territoriales (18)

9. 1. *En cada Audiencia Territorial se constituirá una Sala de lo Contencioso-Administrativo, con la misma competencia territorial y sede que aquélla.*

2. *Cuando el número de asuntos procedentes de determinadas provincias lo requieran, el Gobierno podrá crear, con carácter excepcional, en la Audiencia Territorial respectiva, otras Salas de lo Contencioso-Administrativo, cuya jurisdicción podrá limitarse a una o varias provincias, y su sede radicará en la capital de cualquiera de ellas.*

10. 1. Las Salas de lo Contencioso-Administrativo de las *Audiencias Territoriales* conocerán, en única o primera instancia, según las reglas que se contienen en el artículo 94 (19), de los recursos que se formulen en relación a:

a) Los actos no susceptibles de recurso administrativo ordinario de los órganos de la Administración pública cuya competencia no se extienda a todo el territorio nacional, y de las cuestiones que susciten los Gobernadores civiles y los Presidentes de las Corporaciones locales al decretar la suspensión de acuerdos adoptados por éstas.

b) Los actos y resoluciones dictados por órganos de la Administración pública cuya competencia se extienda a todo el territorio nacional, y cuyo nivel orgánico sea inferior a Ministro en materias de personal, propiedades especiales y expropiación forzosa.

c) Los actos, expresos o presuntos, de Ministros, autoridades y órganos centrales de inferior jerarquía, resolutorios de recursos administrativos, incluido el económico-administrativo, y los que se dicten en el ejercicio de la función fiscalizadora sobre órganos o Entidades cuya competencia no se extienda a todo el territorio nacional, cualquiera que sea la materia a que

---

obtención de una resolución sobre el fondo (que debe entenderse como el modo normal de finalización de un proceso y de cumplimiento de la tutela judicial) sea dificultada u obstaculizada con interpretaciones rigoristas o indebidamente restrictivas de aquellas normas procesales.»

(18) Véanse los artículos 70 a 79 de la Ley Orgánica del Poder Judicial que regulan los Tribunales Superiores de Justicia (apéndice 1) y la Ley de Demarcación y de Planta Judicial (apéndice 2).

(19) El artículo citado, en su antigua redacción, se refería al recurso de apelación. Véanse las disposiciones transitorias tercera y derogatoria segunda de la Ley 10/1992, de 30 de abril, de Medidas Urgentes de Reforma Procesal (apéndice 14).

se refiera y el contenido de la decisión que se dicte. Se exceptúan las resoluciones de los Ministros que reformaren el acto del inferior.

2. Asimismo, conocerán de los recursos sobre responsabilidad patrimonial de la Administración pública, autoridades o funcionarios civiles, y los que se entablen por éstos cuando hubieren sido declarados responsables por la Administración, por actos o hechos realizados en el ejercicio de sus cargos, si en uno y otro caso la competencia no corresponde al Tribunal Supremo (20).

11. La competencia de las Salas de lo Contencioso-Administrativo de las *Audiencias Territoriales* se determinará conforme a las siguientes reglas:

1.ª En los supuestos de los apartados *a)* y *c)* del artículo 10 será competente aquella en cuya circunscripción se hubiere realizado el acto originariamente impugnado.

2.ª En los supuestos del apartado *b)* del artículo 10 será competente, a elección del demandante, la Sala de la *Audiencia Territorial* en cuya circunscripción tenga su domicilio el recurrente o se hubiere realizado el acto originario.

3.ª Cuando se trate exclusivamente de la responsabilidad patrimonial o disciplinaria de las autoridades o funcionarios, será competente la Sala de la *Audiencia Territorial* en cuya circunscripción se hubiere dictado el acto originario que se impugna.

4.ª Cuando fueran varios los recurrentes que no hubiesen formulado conjuntamente el escrito de interposición y diversas las Salas competentes de conformidad con la regla 2.ª de este artículo, corresponderá conocer el recurso a la Sala de la *Audiencia Territorial* en cuya circunscripción se haya realizado el acto impugnado (20).

12. *Las Salas de lo Contencioso-Administrativo de las Audiencias Territoriales se compondrán de un Presidente y dos Magistrados* (18).

---

(20) Artículo redactado conforme a la Ley 10/1973, de 17 de marzo («BOE» núm. 69, de 21 de marzo).
Véase el artículo 57 de la Ley de Demarcación y de Planta Judicial (apéndice 2).

Sección 3.ª Salas de lo Contencioso-Administrativo del Tribunal Supremo (21)

13. *En el Tribunal Supremo existirán las Salas de lo Contencioso-Administrativo que determinen las disposiciones orgánicas del mismo y de las dictadas en ejecución de la presente Ley* (22).

14. 1. *Las Salas de lo Contencioso-Administrativo del Tribunal Supremo conocerán de los asuntos siguientes:*

A. *En única instancia:*

a) *De los recursos contencioso-administrativos que impugnen directamente las disposiciones de carácter general emanadas de órganos de la Administración del Estado, general o institucional, cuya competencia se extienda a todo el territorio nacional, en los casos a que se refieren los párrafos 1 y 3 del artículo 39 de esta Ley.*

b) *De los recursos contencioso-administrativos que se formulen respecto de los actos emanados del Consejo de Ministros, de las Comisiones Delegadas y de los Ministros, excepto, en este último caso, cuando se refieran a los comprendidos en el apartado* c) *del artículo 10.*

c) *De los actos y resoluciones dictados por órganos de la Administración pública cuya competencia se extienda a todo el territorio nacional y cuyo nivel orgánico sea inferior a Ministro, en las materias no incluidas en el apartado* b) *del artículo 10.*

d) *De la responsabilidad patrimonial de la Administración pública cuando proceda conforme a la regla del apartado* b) *de este artículo; y, en todo caso de los recursos que se entablen por los Gobernadores civiles, autoridades o funcionarios cuyo nivel orgánico sea equivalente o superior al de Director general, declarados responsables por la Administración por hechos o actos realizados en el ejercicio de su cargo.*

e) *De los recursos contencioso-administrativos que se formulen contra actos dictados previo informe preceptivo del Consejo de Estado.*

f) *De los actos adoptados por el Consejo Supremo de Justicia Militar o a propuesta o con informe del mismo.*

---

(21) Véanse los artículos 55, 58, 60 y 61 de la Ley Orgánica del Poder Judicial (apéndice 1), y la Ley de Demarcación y de Planta Judicial (apéndice 2).

(22) Véase el artículo 28 de la Ley de Demarcación y de Planta Judicial (apéndice 2).

B. *En segunda instancia, de los recursos que se deduzcan en relación con las decisiones susceptibles de apelación pronunciadas por las Salas de lo Contencioso-Administrativo de las Audiencias Territoriales.*

2. *También conocerán:*

a) *De los recursos de revisión contra sentencias firmes de las Salas de lo Contencioso-Administrativo de las Audiencias Territoriales.*

b) *De los recursos de queja por la inadmisión del recurso de apelación.*

c) *De las cuestiones de competencia que surjan entre dos o más Salas de lo Contencioso-Administrativo de otras tantas Audiencias Territoriales, o de la misma, si tuvieren su sede en distinto lugar* (23).

15. 1. *La distribución de asuntos entre las Salas será acordada por la del Gobierno del Tribunal Supremo, teniendo en cuenta la naturaleza y homogeneidad de la materia a que se refieren los recursos.*

2. *El acuerdo se adoptará cada dos años y se comunicará al Ministerio de Justicia al solo efecto de su publicación en el* Boletín Oficial del Estado *antes de la apertura de Tribunales* (23).

16. 1. *Cada Sala estará integrada por un Presidente y el número de Magistrados que fijen las disposiciones orgánicas del Tribunal Supremo.*

2. *Las Salas actuarán divididas en Secciones, presididas por el que lo fuera de la Sala o el Magistrado más antiguo de los que integren la Sección.*

3. *Para la deliberación o vista, cuando proceda, y fallo será necesaria la concurrencia del que presida y los Magistrados siguientes:*

a) *Todos los que componen la Sala para decidir los recursos de revisión interpuestos contra sentencias firmes de las Audiencias Territoriales* (24).

b) *Seis Magistrados cuando se trate de incidentes de nulidad y recurso extraordinario de apelación, así como para dictar sentencias en los casos de discordia.*

---

(23) Artículo redactado conforme a la Ley 10/1973, de 17 de marzo («BOE» núm. 69, de 21 de marzo).

(24) Véase el artículo 128 de esta Ley.

17 c) *Cuatro Magistrados cuando el acto impugnado proceda del Consejo de Ministros, de las Comisiones Delegadas o de un Ministro, y aquellos otros referentes a actos sobre los que hubiese informado el Consejo de Estado.*

d) *Dos en los demás casos.*

4. *Para el despacho ordinario será suficiente la concurrencia del Presidente y dos Magistrados* (23).

Sección 4.ª Sala de Revisión de lo Contencioso-Administrativo del Tribunal Supremo

17. *La Sala de Revisión de lo Contencioso-Administrativo del Tribunal Supremo conocerá de los recursos de esta índole que se formularen contra sentencias firmes de cualquiera de las Salas de lo Contencioso-Administrativo del Tribunal Supremo* (25).

18. *La Sala de Revisión de lo Contencioso-Administrativo del Tribunal Supremo se formará con el Presidente de este Tribunal, los Presidentes de las Salas de lo Contencioso-Administrativo y el Magistrado de mayor antigüedad en cada una de ellas.*

CAPITULO III

PERSONAL DE LAS SALAS DE LO CONTENCIOSO-ADMINISTRATIVO

Sección 1.ª Magistrados (26)

19. *El Presidente y los Magistrados de las Salas de lo Contencioso-Administrativo del Tribunal Supremo y los de las Audiencias Territoriales serán nombrados por el Gobierno, a propuesta del Ministro de Justicia, con arreglo a las normas de esta Sección.*

20. 1. *Los Presidentes de las Salas de lo Contencioso-Administrativo del Tribunal Supremo serán nombrados entre Magistrados de dicho Tribunal con tres años de servicios efectivos como mínimo en el cargo.*

(25) Véase el artículo 61 de la Ley Orgánica del Poder Judicial (apéndice 1).
(26) Véanse los artículos 301 y siguientes de la Ley Orgánica del Poder Judicial (apéndice 1).

2. *Los Magistrados de las Salas de lo Contencioso-Administrativo del Tribunal Supremo se nombrarán* (27): **20**

a) *La tercera parte, entre Magistrados, con arreglo a las normas que rijan la promoción de los mismos al Tribunal Supremo.*

b) *Otra tercera, entre los Magistrados adscritos permanentemente a la Jurisdicción Contencioso-Administrativa con diez años de servicios en la misma que tengan, además, la categoría y condiciones requeridas por las normas generales que rijan la promoción al Tribunal Supremo y que presten sus servicios en la Jurisdicción Contencioso-Administrativa al ser promovidos a dicho Tribunal.*

c) *El resto entre Licenciados en Derecho en quienes concurran alguna de las condiciones siguientes, con las categorías mínimas que se expresan:*

Primero. Catedráticos de la Facultad de Derecho o de disciplinas Jurídicas de la de Ciencias Políticas, Económicas y Comerciales, con diez años en el desempeño de la cátedra.

Segundo. Letrados de término del Consejo de Estado.

Tercero. Abogados del Estado, Jefes Superiores de primera.

Cuarto. Letrados Mayores del Cuerpo Técnico de Letrados del Ministerio de Justicia y Letrados Superiores del Cuerpo Especial Facultativo de la Dirección General de los Registros y del Notariado.

Quinto. Oficiales Letrados de las Cortes con categoría de Jefes Superiores de Administración.

Sexto. Auditores del Cuerpo Jurídico del Ejército, Armada y Aire con categoría de Generales.

Séptimo. Jefes Superiores de Administración con quince años de servicios efectivos al Estado, dos de ellos en dicha categoría.

Octavo. Secretarios de Administración local de primera categoría con veinte años de servicios efectivos en la Administración local, cinco de ellos en capitales de provincia de más de 200.000 habitantes.

Noveno. Abogados que hubieren ejercido profesión durante veinte años y satisfecho durante cinco la primera cuota de la Contribución Industrial.

---

(27) Véanse los artículos 342 a 347 y la disposición transitoria 12.ª de la Ley Orgánica del Poder Judicial (apéndice 1).

3. *Las plazas que resultaren fracción indivisible se cubrirán por turno, con arreglo a los distintos sistemas de designación.*

21. 1. *El Presidente de las Salas de lo Contencioso-Administrativo de las Audiencias Territoriales será nombrado entre los Magistrados a que se refiere el párrafo siguiente, con arreglo al procedimiento que rija para la designación de los Presidentes de Sala de las propias Audiencias.*

2. *Los Magistrados de las Salas de lo Contencioso-Administrativo se nombrarán:*

a) *Dos terceras partes, entre Magistrados con categoría para serlo de la Audiencia Territorial respectiva, por concurso, en el que se estimará como mérito preferente la especialización en Derecho administrativo.*

b) *El resto, por oposición entre funcionarios de las carreras Judicial y Fiscal con tres años de servicios efectivos.*

3. *La oposición tenderá a verificar, además de los conocimientos jurídicos generales, la especialización jurídico-administrativa, y se celebrará con arreglo a las normas que se dicten, según la disposición adicional cuarta de la presente Ley.*

4. *Los ingresados en virtud de la oposición a que se refiere el párrafo anterior, una vez que tomen posesión de su cargo, serán promovidos a la categoría de Magistrados de ascenso, colocándose en el escalafón en los últimos números correspondientes a dicha categoría; pero quedarán permanentemente adscritos a la Jurisdicción Contencioso-Administrativa, conservando, asimismo, sus derechos en la carrera de origen.*

Sección 2.ª Secretarios

22. 1. *Las Salas de lo Contencioso-Administrativo del Tribunal Supremo tendrán el número de Secretarios que sea necesario.*

2. *Las Salas de las Audiencias Territoriales tendrán un Secretario cada una* (28).

23. *Las plazas que vacaren se cubrirán por concurso entre Secretarios de la Administración de Justicia.*

---

(28) Véase el artículo 34-5 de la Ley de Demarcación y de Planta Judicial (apéndice 2).

Sección 3.ª Oficiales y Auxiliares de las Salas de lo Contencioso-Administrativo

24. *En cada Sala de lo Contencioso-Administrativo del Tribunal Supremo y de las Audiencias Territoriales habrá los Oficiales y Auxiliares, nombrados por el Ministerio de Justicia, adecuados al número de asuntos sometidos a conocimiento de ella.*

Sección 4.ª Disposiciones comunes

25. 1. *Los Presidentes, Magistrados y Secretarios de las Salas de lo Contencioso-Administrativo del Tribunal Supremo deberán abstenerse y, en su defecto, podrán ser recusados cuando concurra justa causa.*

2. *Se entenderán justas causas de abstención y recusación, además de las señaladas por la Ley de Enjuiciamiento Civil* (29), *las siguientes:*

a) *Tener parentesco de consanguinidad o afinidad, dentro del cuarto grado civil, con autoridad o, dentro del segundo grado, con funcionario con categoría de Jefe de Administración que estuvieren al servicio en la circunscripción territorial del mismo ramo de la Administración General del Estado de que emanase el acto o de la Corporación o Institución de que proviniere.*

b) *Encontrarse con la autoridad o funcionarios que hubieren dictado el acto informado, respecto del mismo, en alguna de las circunstancias mencionadas por la Ley de Enjuiciamiento Civil, respecto de los litigantes.*

26. *Las disposiciones vigentes y cuantas en el futuro se dictaren acerca de honores, incapacidades, incompatibilidades, premios y sanciones, traslados y, en general, derechos y deberes del personal de la jurisdicción ordinaria, serán aplicables a los que presten sus servicios en la contencioso-administrativa, con la limitación establecida en el párrafo 4 del artículo 21.*

---

(29) Véanse los artículos 217 a 228 y 461 de la Ley Orgánica del Poder Judicial (apéndice 2).

TITULO II

Las partes

CAPITULO PRIMERO

Capacidad procesal

27. Tendrán capacidad procesal ante la Jurisdicción Contencioso-Administrativa, además de las personas que la ostenten con arreglo a la Ley de Enjuiciamiento Civil (30), la mujer casada y los menores de edad en defensa de aquellos de sus derechos cuyo ejercicio esté permitido por el Ordenamiento jurídico-administrativo sin la asistencia del marido o persona que ejerza la patria potestad o tutela, respectivamente (31).

CAPITULO II

Legitimación

28. 1. Estarán legitimados para demandar la declaración de no ser conformes a Derecho, y, en su caso, la anulación de los actos y disposiciones de la Administración (32):

---

(30) El artículo 2 de la Ley de Enjuiciamiento Civil dispone: «Sólo podrán comparecer en juicio los que estén en el pleno ejercicio de sus derechos civiles.

Por los que no se hallen en este caso comparecerán sus representantes legítimos, o los que deban suplir su incapacidad con arreglo a derecho.

Por las corporaciones, sociedades y demás entidades jurídicas, comparecerán las personas que legalmente las representen».

(31) A partir de la reforma del Código Civil operada por la Ley 30/1981, de 7 de julio, la mujer casada tiene capacidad procesal ante cualquier jurisdicción sin necesidad de licencia del marido.

Con respecto a la capacidad procesal de los menores, véanse los artículos 162 y 163 del Código Civil, redactados conforme a la Ley 11/1981, de 13 de mayo.

(32) Véase el artículo 304 del texto refundido de la Ley sobre Régimen del Suelo y Ordenación Urbana (apéndice 11).

El artículo 8 de la Ley 16/1985, de 25 de junio («BOE» núm. 155, de 29 de junio), del Patrimonio Histórico Español, establece:

«2. Será pública la acción para exigir ante los órganos administrativos y los Tribunales Contencioso-Administrativos el cumplimiento de lo previsto en esta Ley para la defensa de los bienes integrantes del Patrimonio Histórico Español».

Y el artículo 109 de la Ley 22/1988, de 28 de junio («BOE» núm. 181, de 29 de julio), de Costas, dispone:

«1. Será publica la acción para exigir ante los órganos administrativos y los Tribunales la observancia de lo establecido en esta Ley y en las disposiciones que se dicten para su desarrollo y aplicación.

2. La Administración, comprobada la existencia de la infracción y siempre que el hecho denunciado no sea materia de un expediente sancionador ya finalizado o en trámite, abonará a los particulares denunciantes los gastos justificados en que hubieran incurrido».

a) Los que tuvieren interés directo en ello (33). **28**

b) Si el recurso tuviere por objeto la impugnación directa de disposiciones de carácter general de la Administración central, las Entidades, Corporaciones e Instituciones de Derecho público y cuantas entidades ostentaren la representación o defensa de intereses de carácter general o corporativo, siempre que la disposición impugnada afectare directamente a los mismos, salvo en el supuesto previsto en el artículo 39, párrafo 3, en que bastará la legitimación a que se refiere el apartado *a)* (34).

2. Si se pretendiere, además, el reconocimiento de una situación jurídica individualizada y el restablecimiento de la misma, únicamente estará legitimado el titular de un derecho derivado del ordenamiento que se considere infringido por el acto o disposición impugnados (35).

3. La Administración autora de algún acto que, en virtud de lo previsto en las Leyes, no pudiera anularlo o revocarlo por sí misma, estará legitimada para deducir cualquiera de las pretensiones a que se refieren los párrafos que anteceden (36).

4. No podrán interponer recurso contencioso-administrativo en relación con los actos y disposiciones de una Entidad pública:

a) Los órganos de la misma, salvo en el caso previsto en la Ley de Régimen Local sobre la suspensión de acuerdos de las Corporaciones locales (37).

---

(33) Sobre legitimación en el recurso contra la concesión de patentes y modelos de utilidad, véanse los artículos 47, 48 y 151 de la Ley 11/1986, de 20 de marzo («BOE» núm. 73, de 26 de marzo), de Patentes.

Véase el artículo 110 de la Ley Orgánica Electoral (apéndice 10).

(34) Véase la Ley 34/1981, de 5 de octubre, transcrita en nota al artículo 1-2 de la presente Ley.

Véanse también los artículos 68 y 102, *b)*, de la presente Ley, 63 y 65 a 67 de la Ley 7/1985, de Bases del Régimen Local; 214 y siguientes del Reglamento de Organización, Funcionamiento y Régimen Jurídico de las Entidades Locales, y 18 y 151 de la Ley de Haciendas Locales (apéndices 7 a 9).

Véase, por último, el artículo 7-3 de la Ley Orgánica del Poder Judicial (apéndice 1).

La Sentencia de 16 de noviembre de 1992 («BOE» núm. 303, de 18 de diciembre) del Tribunal Constitucional, en su fundamento jurídico 2, dice:

«Concretamente, respecto al interés directo previsto en el art. 28.1, a), L.J.C.A., como criterio de legitimación necesario para formular recurso contencioso-administrativo, hemos dicho que después de la Constitución, y a la luz del art. 24.1 de la misma, hay que entenderlo sustituido por el criterio más amplio de interés legítimo, identificable con cualquier ventaja o utilidad jurídica derivada de la reparación pretendida (SSTC 60/1982, 62/1983, 257/1988 y 97/1991, y ATC 356/1989). Debiéndose entender igualmente, después de la vigencia de la Constitución, que para impugnar una Disposición de carácter general es aplicable como regla común de legitimación la del apartado a) del mencionado art. 28.1 L.J.C.A. y no la del apartado b) del mismo precepto legal (SSTC 160/1985 y 24/1987, y ATC 520/1987).»

(35) Véase el artículo 42 de la presente Ley.

(36) Véanse los artículos 106 a 112 de la Ley 30/1992, de 26 de noviembre (apéndice 15), de Régimen Jurídico de las Administraciones Públicas y del Procedimiento Administrativo Común.

(37) Véanse los artículos 51, 66 y 67 de la Ley de Bases de Régimen Local y 208, 216 y 217 del Reglamento de Organización, Funcionamiento y Régimen Jurídico de las Entidades Locales (apéndices 7 y 8).

b) Los particulares, cuando obraren por delegación o como meros agentes o mandatarios de ella.

29. 1. Se considerarán parte demandada:

a) La Administración de que proviniere el acto o disposición a que se refiere el recurso, y

b) Las personas a cuyo favor derivaren derechos del propio acto (38).

2. A los efectos de lo dispuesto en el apartado *a)* del párrafo anterior, cuando una Corporación o Institución dictaren algún acto o disposición, pero éstos no fueren firmes sin previa autorización, aprobación o conocimiento de oficio o a instancia de parte, de la Administración estatal o de otra Entidad Administrativa, se entenderá por Administración demandada:

a) La Corporación o Institución que dictare el acto o disposición fiscalizados, si el resultado de la fiscalización fuere aprobatorio del mismo, y

b) La que ejerza la fiscalización, si mediante ella no se aprobare el acto o la disposición (39).

30. 1. Podrá intervenir en el proceso, como parte coadyuvante del demandado, cualquier persona que tuviere interés directo en el mantenimiento del acto o disposición que motivaren la acción contencioso-administrativa.

2. También podrá intervenir como coadyuvante de la Administración que demandare la anulación de sus propios actos lesivos quien tuviere interés directo en dicha pretensión.

31. Cuando la legitimación de las partes derivare de alguna relación jurídica transmisible, el causahabiente podrá suceder en cualquier estado del proceso a la persona que inicialmente hubiere actuado como parte (40).

32. Los Colegios Oficiales, Sindicatos, Cámaras, Asociaciones y demás entidades constituidas legalmente para velar por intereses profesionales o económicos determinados, estarán legitimados, como parte, en defensa de estos intereses o derechos (41).

---

(38) Véanse los artículos 36, 64, 68.2 y 115.2 de la presente Ley.

(39) Véase el artículo 306 del texto refundido de la Ley sobre el Régimen del Suelo y Ordenación Urbana (apéndice 11).

(40) Véase el artículo 57-2, *b)*, de la presente Ley.

(41) Véase el artículo 5.°, *g)*, de la Ley 2/1974, de 13 de febrero («BOE» núm. 40, de 15 de febrero), sobre Colegios Profesionales, y el artículo 7.3 de la Ley Orgánica del Poder Judicial (apéndice 1).

Véase también el artículo 102, *b)*, de la presente Ley.

CAPITULO III

REPRESENTACIÓN Y DEFENSA DE LAS PARTES

33. 1. Las partes deberán conferir su representación a un Procurador o valerse tan sólo de Abogado con poder al efecto.

2. Cuando actuaren representadas por un Procurador deberán ser asistidas por Abogado, sin lo cual no se dará curso a ningún escrito, salvo lo previsto en el artículo 10, número 4, de la Ley de Enjuiciamiento Civil (42).

3. Podrán, no obstante, comparecer por sí mismos los funcionarios públicos en el procedimiento especial regulado en la sección primera del capítulo IV (43).

34. 1. La representación y defensa de la Administración General del Estado ante la Jurisdicción Contencioso-Administrativa corresponderá a los Abogados del Estado, bajo la dependencia de la Dirección General *de lo Contencioso del Estado* (44).

---

(42) El artículo 10 de la Ley de Enjuiciamiento Civil dispone:

«Los litigantes serán dirigidos por Abogado habilitado legalmente para ejercer su profesión en el Juzgado o Tribunal que conozca del proceso. No podrá proveerse a ninguna solicitud que no lleve la firma del Abogado.

Exceptúanse solamente:

....

4.° Los escritos que tengan por objeto personarse en el juicio, pedir la suspensión de vistas y cualquier otro de mera tramitación.

Cuando la suspensión de vistas o diligencias que se pretenda se funde en causas que se refieren especialmente al Abogado, también deberá éste firmar el escrito si fuere posible».

(43) Artículos 113 a 117.

(44) Suprimida por Real Decreto 850/1985, de 5 de junio («BOE» núm. 138, de 10 de junio; corrección de errores en «BOE» núm. 139, de 11 de junio), que creó la Dirección General del Servicio Jurídico del Estado.

Véase el artículo 447.1 de la Ley Orgánica del Poder Judicial (apéndice 1).

La Circular 2/1987, sin fecha, de la Dirección General del Servicio Jurídico del Estado («B. Inf. Ministerio de Justicia» núm. 1463, de 5 de agosto), sobre reglas a observar en las actuaciones que se sigan ante los Tribunales de los distintos órdenes, y que sustituye y deja sin efecto la de 25 de junio de 1957, dispone:

....

«III. EN EL ORDEN CONTENCIOSO-ADMINISTRATIVO

15. *Consultas.*–La contestación a demandas contencioso-administrativas y la intervención en piezas de suspensión no necesitarán consulta previa a la Dirección General.

No obstante, los Letrados Jefes podrán elevar consulta cuando lo consideren necesario por la importancia económica o dificultad del asunto, por su trascendencia política, social o jurídica, porque se trate de litigios que puedan plantearse idéntica y simultáneamente en varias provincias –de suerte que sea aconsejable unificar los criterios de los distintos Servicios Jurídicos intervinientes–, o por cualquier otra circunstancia.

16. *Ejercicio de acciones.*–Los Letrados Jefes quedan autorizados para interponer todo tipo de recursos contencioso-administrativos previa instancia del órgano legitimado, pero podrán solicitar autorización singular en los mismos casos previstos en el apartado anterior para formular consulta facultativa.

17. *Clave «A».*–Los asuntos en que se formule consulta o se pida autorización para interponer recurso, y los demás que a lo largo del procedimiento cobren la necesaria importancia, a

34 2. El Abogado del Estado no podrá allanarse a las demandas dirigidas frente a la Administración estatal sin estar autorizado para ello por el Gobierno (45).

3. Si estimare que el acto no se ajusta a Derecho, lo hará presente en comunicación razonada al Ministro del que dependa el Organo autor del acto, para que acuerde lo que estime procedente, en cuyo caso podrá solicitar la suspensión del proceso por el plazo de treinta días (46).

---

juicio del Letrado Jefe o de la Dirección General, se distinguirán añadiendo la clave «A» al número del registro del expediente del Servicio Jurídico. El número y dicha clave figurará en todos los escritos del Servicio Jurídico relativos a estos asuntos.

18. *Desistimientos.*–Los Letrados Jefes quedan autorizados para desistir de los recursos contencioso-administrativos cuando entiendan que no cabe razonablemente sostenerlos a la vista de circunstancias conocidas después de su interposición, pero necesitarán autorización singular y expresa de la Dirección General en litigios que merezcan la clave «A».

19. *Información a la Dirección General.*–La información que se curse a la Dirección General sobre los diferentes procedimientos se graduará en función de la importancia que la misma pueda tener –sea por la importancia del propio pleito, por la novedad jurisprudencial que se haya introducido, etc.–. Así, de asuntos de gran trascendencia nacional se tendrá puntualmente informado al Centro directivo con carácter incluso diario, y de asuntos de tipo rutinario bastará la información estadística.

Le Letrado Jefe decidirá qué información debe remitir al Centro directivo, teniendo especialmente presente la conveniencia de que aquélla sea conocida por otros Servicios Jurídicos.

20. *Comunicación de sentencias.*–Sólo se remitirán a la Dirección General las sentencias y demás resoluciones judiciales que por su trascendencia jurídica, económica, social o política considere el Letrado Jefe que deben ser enviados al Centro directivo, y en particular todas las de los asuntos «A».

En ese mismo tipo de asuntos se remitirá copia de la sentencia recaída al órgano administrativo más directamente interesado en el litigio –indicando en su caso si es firme o ha sido recurrida–, así como al Servicio Jurídico que hubiese intervenido ante el Tribunal inferior que conoció de la anterior instancia.

21. *Allanamiento, lesividad, interés de la Ley y revisión.*–Será obligatoria la consulta previa e instrucciones de esta Dirección General.

a) Para formular allanamiento a las demandas: la comunicación a que se refiere el artículo 34, punto 3, de la Ley de la Jurisdicción Contencioso-Administrativa se cursará por conducto de esta Dirección General.

b) Para la interposición de recursos de lesividad.

c) Para la interposición de recurso extraordinario de apelación en interés de Ley.

d) Para la interposición de recurso de revisión.

Los procedimientos a que se refieren las anteriores letras *b), c)* y *d)* se distinguirán, en todo caso, con la clave «A».

22. *Recursos.*–Los Letrados Jefes quedan autorizados a no interponer, no formalizar o desistir de los recursos contra resoluciones judiciales desfavorables, cuando entiendan que no pueden razonablemente prosperar.

Se exceptúan los siguientes casos:

1.° Los asuntos «A», en los que siempre se necesitará autorización de la Dirección General.

2.° Cuando el recurso tenga que ser resuelto por un órgano judicial ante el que intervenga distinto Servicio Jurídico del que actuó en instancia, en cuyo caso se interpondrá el recurso, acompañando, al remitir la cédula de emplazamiento al Servicio Jurídico ante el Tribunal Superior, nota explicativa de las razones para desistir, quedando en todo caso reservada la decisión a este último Servicio Jurídico. Como contraexcepción a este apartado 2.°, el Letrado Jefe, ante el Tribunal «a quo», podrá decidir la no interposición de recurso en asuntos sobre inscripciones en el Registro de la Propiedad Industrial.

Todas las decisiones que, requieran o no autorización, los Letrados Jefes tomen al amparo de este apartado deberán constar por escrito en el respectivo expediente, con nota explicativa».

(45) Véase el apartado 21 de la Circular transcrita en la nota anterior.

(46) Véanse el artículo 115 de la presente Ley y los apartados 15 y 21 de la Circular 2/1987, transcrita en nota 42.

35. 1. La representación y defensa de las *Entidades*, Corporaciones e Instituciones a que se refiere el artículo 1.°, párrafo 2, apartados *b)* y *c)*, será ejercida por los Abogados del Estado, salvo que aquéllas designen Letrado que las represente o litiguen entre sí o contra la Administración del Estado o con otras Corporaciones o Instituciones públicas (47). **35**

---

(47) Sobre representación y defensa de las Comunidades Autónomas y de las Entidades Locales, véanse los artículos 447.2 de la Ley Orgánica del Poder Judicial (apéndice 1) y el artículo 221 del Reglamento de Organización, Funcionamiento y Régimen Jurídico de las Entidades Locales (apéndice 8).

La Circular 3/1985, de 5 de septiembre «B. Inf. Ministerio de Justicia» núm. 1.405, de 25 de diciembre), precisa:

«1. El título IV del libro V –art. 447– de la Ley Orgánica 6/1985, de 1 de julio, del Poder Judicial, ha modificado sustancialmente los preceptos anteriormente vigentes sobre representación y defensa del Estado y demás Entes Públicos, afectando de manera especial a la de las Corporaciones Locales y de las Comunidades Autónomas, lo que obliga a fijar los criterios para su aplicación en lo que a dichas Corporaciones y Comunidades se refiere».

El número 2 del citado artículo 447, dice, a este respecto, textualmente:

«La representación y defensa de las Comunidades Autónomas y las de los Entes Locales corresponderán a los Letrados que sirvan en los servicios jurídicos de dichas Administraciones públicas, salvo que designen Abogado colegiado que las represente y defienda. Los Letrados integrados en los servicios jurídicos del Estado podrán representar y defender a las Comunidades Autónomas en los términos que se establecerán reglamentariamente».

2. En cuanto a las Corporaciones Locales, la entrada en vigor de este precepto implica la derogación de lo establecido a tal efecto en el artículo 35 de la Ley de 27 de diciembre de 1956, reguladora de la Jurisdicción Contencioso-Administrativa, por lo que no corresponde ya a los Letrados del Estado, en ningún supuesto, la representación y defensa de los Entes Locales.

No obstante, la defensa del interés general que constituía el fundamento de representación y defensa por parte de los Abogados del Estado en los términos del precepto derogado, así como la ausencia de normas transitorias en la nueva Ley, hace necesaria la adopción de los oportunos criterios de transitoriedad que garanticen la continuidad en la proteccion de dicho interés.

Procede, por tanto, a juicio de este Centro directivo, que los Letrados de los Servicios Jurídicos del Estado, actúen de conformidad con los siguientes criterios:

a) Ya en vigor la Ley Orgánica del Poder Judicial (citada), los Letrados de los Servicios Jurídicos del Estado no asumirán en los procesos que se inicien en el futuro la defensa y representación de las Corporaciones Locales, poniendo en conocimiento del Juzgado o Tribunal correspondiente tal falta de postulación si fuesen emplazados en representación de las mismas; dando cuenta de dicha actuación a la Corporación correspondiente.

b) Respecto de los procesos en tramitación, los Letrados del Estado pondrán en conocimiento de la Corporación Local correspondiente el cese «ex lege» en su representación y defensa, distinguiendo estos supuestos:

– Si la Corporación local tuviese Servicios Jurídicos propios, junto a tal comunicación se le enviará los antecedentes del pleito –conservando copia de los mismos–, entendiendo que a partir de ese momento son los Letrados de tales Servicios quienes deben continuar como representantes y defensores de su Corporación.

– Si la Corporación local careciese de Servicios Jurídicos propios, se le comunicará igualmente la situación creada por la Ley Orgánica 6/1985, de 1 de julio, en orden a su representación y defensa en juicio, para que aquélla adopte las previsiones que considere más convenientes a sus intereses. No obstante, a fin de que éstos no resulten perjudicados, se continuará en la representación y defensa de la Corporación siempre que medie acuerdo expreso del Pleno de la misma confirmando la intervención del Letrado del Estado, y sin perjuicio de la decisión que el Juzgado o Tribunal correspondiente pueda adoptar al respecto.

Transcurrido un plazo desde la comunicación a la Corporación sin acuerdo de ésta, el Letrado del Estado se abstendrá de intervenir, notificando su abstención a la Entidad Local y al Juez o Tribunal.

3. En cuanto a las Comunidades Autónomas se refiere, resulta asimismo afectada la Ley 34/1981, en virtud de la cual cabía que la representación y defensa de las mismas ante la jurisdición contencioso-administrativa fuera asumida por los Abogados del Estado.

De acuerdo con el precepto de la Ley Orgánica 6/1985 (citada), anteriormente transcrito, sólo subsidiariamente, y en los términos en que reglamentariamente se establezca corresponderá

2. El Abogado del Estado no podrá allanarse a las demandas, pero sí abstenerse de intervenir, en cuyo caso deberá expresar las razones en que funde su abstención.

3. En este caso se notificará la abstención a la *Entidad*, Corporación o Institución demandada, juntamente con copia de la demanda, para que, en el plazo de veinte días, pueda designar representante en juicio o comunicar al Tribunal, por escrito, los fundamentos por los que estimare improcedente la pretensión del actor (48).

36. 1. Las personas que actúen como demandados, en virtud de lo dispuesto en el apartado *b)* del párrafo 1 del artículo 29, o como coadyuvantes, deberán litigar unidos y bajo una misma representación y dirección, cuando sus posiciones no sean contradictorias.

2. Si en el plazo que se les concediere no se pusieren de acuerdo para ello, el Tribunal resolverá lo que estime procedente.

---

la representación y defensa de las Comunidades Autónomas a los Letrados de los Servicios Jurídicos del Estado.

En aplicación de la nueva Ley, en tanto no se produzca el desarrollo reglamentario previsto, han de seguirse los siguientes criterios:

– Los Letrados de los Servicios Jurídicos del Estado deberán abstenerse de actuar en representación y defensa de las Comunidades Autónomas y de las Entidades sometidas a su tutela, en aquellos procesos en los que pudieran ser emplazados en el futuro, poniendo en conocimiento de la Comunidad respectiva y del Juzgado o Tribunal su abstención.

– Tratándose de procesos en tramitación, los servicios jurídicos del Estado comunicarán a la Comunidad Autónoma respectiva la situación creada por la nueva normativa, continuando en la representación y defensa de la Comunidad Autónoma en tanto no reciban instrucciones de la misma en sentido contrario, en cuyo momento cesarán en su representación y defensa, poniéndolo en conocimiento del Juzgado o Tribunal correspondiente.

4. Por último, se encarece muy especialmente la necesidad de dar cuenta inmediata de cualquier resolución de los Juzgados y Tribunales, contraria a los criterios expuestos, tanto a la Corporación Local o Comunidad Autónoma afectada, para que pueda adoptar las medidas que estime oportunas, como a este Centro directivo, para la recepción y divulgación, en su caso, de la doctrina jurisprudencial que al efecto pudiera originarse».

(48) Véase el artículo 115 de la presente Ley.

TITULO III

Objeto del recurso contencioso-administrativo

CAPITULO PRIMERO

ACTOS IMPUGNABLES

37. 1. El recurso contencioso-administrativo será admisible en relación con las disposiciones y con los actos de la Administración que hayan puesto fin a la vía administrativa, de conformidad con lo previsto en la Ley de Régimen Jurídico de las Administraciones Públicas y del Procedimiento Administrativo Común (49).

2. Los actos de las Corporaciones e Instituciones a que se refiere el artículo 1.°, párrafo 2, apartado *c)*, podrán ser objeto directamente del recurso contencioso-administrativo, salvo que, de modo expreso, fueran susceptibles de recurso en vía administrativa ante cualquier otro organismo o entidad (50).

3. La impugnación de disposiciones de carácter general se atendrá a lo previsto en el artículo 39.

38. 1. Cuando se formule alguna petición ante la Administración y ésta no notificare su decisión en el plazo de tres meses, el interesado podrá denunciar la mora y, transcurridos tres meses desde la denuncia, podrá considerar desestimada su petición, al efecto de formular frente a esta denegación presunta el correspondiente recurso administrativo o jurisdiccional, según proceda, o esperar la resolución expresa de su petición.

2. En todo caso, la denegación presunta no excluirá el deber de la Administración de dictar una resolución expresa, debidamente fundada (51).

39. 1. Las disposiciones de carácter general que dictaren la Administración del Estado, así como las Entidades locales y las Corporaciones e Instituciones públicas, podrán ser impugnadas directamente ante la Jurisdicción Contencioso-Adminis-

---

(49) Apartado redactado conforme a la Ley 30/1992, de 26 de noviembre, citada en el mismo (apéndice 15). Véanse sus artículos 107 a 119.

(50) Véase el artículo 8.° de la Ley 2/1974, de 13 de febrero («BOE» núm. 40, de 15 de febrero), sobre Colegios Profesionales.

(51) Véanse los artículos 42 a 44 de la Ley 30/1992, de 26 de noviembre (apéndice 15). Véase también el artículo 8.1 de la Ley 62/1978, de 26 de diciembre (apéndice 3).

trativa, una vez aprobadas definitivamente en vía administrativa (52).

2. También será admisible la impugnación de los actos que se produjeren en aplicación de las mismas, fundada en que tales disposiciones no son conformes a Derecho (53).

3. No obstante, serán asimismo impugnables, en todo caso, las disposiciones de carácter general que hubieren de ser cumplidas por los administrados directamente, sin necesidad de un previo acto de requerimiento o sujeción individual (54).

4. La falta de impugnación directa de una disposición o la desestimación del recurso que frente a ella se hubiere interpuesto no impedirán la impugnación de los actos de aplicación individual, fundada en el supuesto previsto en el párrafo 2 (55).

40. No se admitirá recurso contencioso-administrativo respecto de (56):

a) Los actos que sean reproducción de otros anteriores que sean definitivos y firmes y los confirmatorios de acuerdos consentidos por no haber sido recurridos en tiempo y forma.

b) Los actos dictados en ejercicio de la función de policía sobre la *prensa*, radio, *cinematografía y teatro* (57).

---

(52) Véase el artículo 28.1, *b)*.

La Orden de la Presidencia de 10 de julio de 1961 («BOE» núm. 169, de 17 de julio), por la que se determina que las resoluciones dictadas por los organismos inferiores de la Administración, en virtud de desconcentración de atribuciones a que se refiere la Ley de Régimen Jurídico de la Administración del Estado, pone fin a la vía administrativa, dispone:

«Artículo 1.° Las resoluciones dictadas por los órganos inferiores de la Administración, en virtud de la delegación de atribuciones prevista en el capítulo IV del título II de la Ley de Régimen Jurídico de la Administración del Estado, pondrán fin a la vía administrativa en los mismos casos y términos que corresponderían a la actuación del Organo delegante.

Art. 2.° Las resoluciones dictadas por los órganos inferiores en virtud de la desconcentración de funciones previstas en la disposición adicional primera de la Ley de Régimen Jurídico, podrán ser objeto de recurso de alzada ante el Organo superior, en los mismos casos y términos que las restantes resoluciones emanadas de la competencia propia del Organo inferior».

Téngase en cuenta que en el articulo 22 de la Ley de Régimen Jurídico de la Administración del Estado, que constituye el capítulo IV citado, han sido derogados los apartados 3 y 5 por la Ley 30/1992, de 26 de noviembre, de Régimen Jurídico de las Administraciones Públicas y del Procedimiento Administrativo Común, que regula la delegación de competencias en su artículo 13 (apéndice 15).

Véase el artículo 115 del Reglamento de Organización, Funcionamiento y Régimen Jurídico de las Entidades Locales (apéndice 8).

(53) Véase el artículo 93, 3, de la presente Ley.

(54) Véanse los artículos 28.1, *b*, y 53, *e)*, de la presente Ley.

(55) Véanse los artículos 62.1, *b)*, y 93.3 de la presente Ley.

(56) Véase el artículo 62.1, *b)*, de la presente Ley.

(57) Por Ley 14/1966, de 18 de marzo, fue derogado este apartado en lo que se refiere al ejercicio de la función sobre la prensa. Asimismo, por la Ley 46/1967, de 22 de julio, se derogó en lo relativo a la función de policía sobre cinematografía y teatro.

Respecto a la radio, téngase en cuenta que el artículo 20 de la Constitución establece:

«1. Se reconocen y protegen los derechos:

a) A expresar y difundir libremente los pensamientos, ideas y opiniones mediante la palabra, el escrito o cualquier otro medio de reproducción».

c) Las Ordenes ministeriales que se refieran a ascensos y recompensas de Jefes, Oficiales y Suboficiales de los Ejércitos de Tierra, Mar y Aire, por merecimientos contraídos en campaña y hechos de armas. **40**

d) *Las resoluciones dictadas como consecuencia de expedientes gubernativos, seguidos a Oficiales, Suboficiales y clases de tropa o marinería con arreglo al artículo 1.011 y siguientes del Código de Justicia Militar; las demás resoluciones que tengan origen en otros procedimientos establecidos por el mismo Código, y las que se refieran a postergaciones impuestas reglamentariamente* (58).

e) Las resoluciones que pongan término a la vía gubernativa como previa a la judicial.

f) *Los actos que se dicten en virtud de una Ley que expresamente les excluya de la vía contencioso-administrativa* (59).

---

(58) El Tribunal Constitucional, en auto 60/1980, de 22 de octubre, declara:

«... la excepción contenida en el artículo 40, *d)*, de la Ley de 27 de diciembre de 1956, en cuanto dejaría fuera de control de la legalidad a determinados actos de la Administración Militar, es contraria al artículo 106.1 de la C.E., y en cuanto impediría que en tales casos algunos ciudadanos pudieran obtener la tutela judicial de sus derechos es contraria al artículo 24.1 de la misma: y como la disposición derogatoria tercera de la Constitución Española deroga a "cuantas disposiciones se opongan a lo establecido en esta Constitución", el artículo 40, *d)*, de la Ley de 27 de diciembre de 1956 ha quedado derogado, y no puede ser invocado por ningún poder público –pues todos ellos están sometidos a la Constitución, según el artículo 9.1 de ésta– para impedir el acceso a la vía contencioso-administrativa».

La Ley Orgánica 12/1985, de 27 de noviembre («BOE» núm. 286, de 29 de noviembre), de Régimen Disciplinario de las Fuerzas Armadas, deroga los artículos citados del Código de Justicia Militar.

El recurso contencioso disciplinario militar se regula por la Ley Orgánica 2/1989, de 13 de abril, Procesal Militar (apéndice 12).

(59) La sentencia 39/1983, de 16 de mayo, del Tribunal Constitucional (suplemento al «BOE» núm. 144, de 17 de junio), declara:

«... Ahora bien, el artículo 2, *a)* de la LJCA dispone que no corresponderán a la jurisdicción contencioso-administrativa "las cuestiones de índole civil o penal atribuidas a la jurisdicción ordinaria y aquellas otras que, aunque relacionadas con actos de la Administración pública, se atribuyen por una Ley a la jurisdicción social o a otras jurisdicciones". La interpretación sistemática de este precepto y del contenido en el artículo 40, *f)*, de la misma Ley, conduce a la conclusión de que cuando el artículo 40, *f)*, no admite el recurso contencioso-administrativo contra "los actos que se dicten en virtud de una Ley que expresamente los excluya de la vía contencioso-administrativa", se está refiriendo a los casos en que la Ley a que remite no admite ninguna vía de recurso por ninguna otra jurisdicción, pues en la hipótesis contraria estaríamos ante el supuesto de no sujeción al procedimiento contencioso-administrativo previsto en el citado artículo 2 de la LJCA. Es decir, el 40, *f)*, excluía del recurso contencioso-administrativo actos que normalmente debieran permitirlo y contra los que no se admite ninguna otra clase de tutela judicial. En este sentido, el artículo 40, *f)*, ha de entenderse derogado por la disposición derogatoria tercera de la Constitución...»

Véanse los artículos 62.1, *b)*, y 82, *c)*, de la presente Ley.

CAPITULO II

PRETENSIONES DE LAS PARTES

41. El demandante podrá pretender la declaración de no ser conforme a Derecho y, en su caso, la anulación de los actos y disposiciones susceptibles de impugnación, según el capítulo precedente (60).

42. La parte demandante legitimada, conforme a lo dispuesto en el párrafo segundo del artículo 28, podrá pretender, además de lo previsto en el artículo anterior, el reconocimiento de una situación jurídica individualizada y la adopción de las medidas adecuadas para el pleno restablecimiento de la misma, entre ellas la indemnización de los daños y perjuicios, cuando proceda (61).

43. 1. La Jurisdicción Contencioso-Administrativa juzgará dentro del límite de las pretensiones formuladas por las partes y de las alegaciones deducidas para fundamentar el recurso y la oposición.

2. No obstante, si el Tribunal, al dictar sentencia, estimare que la cuestión sometida a su conocimiento pudiera no haber sido apreciada debidamente por las partes, por existir en apariencia otros motivos susceptibles de fundar el recurso o la oposición, lo someterá a aquéllas mediante providencia en que, advirtiendo que no se prejuzga el fallo definitivo, los expondrá y concederá a los interesados un plazo común de diez días para que formulen las alegaciones que estimen oportunas, con suspensión del plazo para pronunciar el fallo.

CAPITULO III

ACUMULACIÓN

44. 1. Serán acumulables en un proceso las pretensiones que no sean incompatibles entre sí y se deduzcan en relación con un mismo acto o disposición.

2. Lo serán también las que se refieran a varios actos o disposiciones, cuando unos sean reproducción, confirmación o eje-

(60) Véanse los artículos 84, *a)*, y 86.2 de la presente Ley.
(61) Véanse los artículos 79.3 y 84, *b)* y *c)*, de la presente Ley.

cución de otros o exista entre ellos cualquier otra conexión directa (62). 49

45. 1. El actor podrá acumular en su demanda cuantas pretensiones reúnan los requisitos señalados por el artículo anterior.

2. Si el Tribunal no estimare pertinente la acumulación, ordenará a la parte que interponga por separado los recursos, en el plazo de treinta días, y si no lo efectuare, se tendrá por caducado aquel recurso respecto del cual no se hubiere dado cumplimiento a lo ordenado.

46. 1. Si antes de formalizarse la demanda se dictare algún acto o disposición que guardare la relación a que refiere el artículo 44 con otro que sea objeto de un recurso contencioso-administrativo en tramitación, el demandante podrá solicitar la ampliación del recurso a aquel acto administrativo o disposición, dentro del plazo que señala el artículo 58.

2. Solicitada la ampliación, se suspenderá la tramitación del proceso en tanto no se publiquen, respecto de la ampliación, los anuncios que preceptúa el artículo 60 y se remita al Tribunal el expediente administrativo a que se refiere el nuevo acto o disposición.

47. Interpuestos varios recursos contencioso-administrativos con ocasión de actos o disposiciones en los que concurra alguna de las circunstancias señaladas en el artículo 44, el Tribunal podrá en cualquier momento procesal, y previa audiencia de las partes, decretar la acumulación de oficio o a instancia de alguna de ellas.

48. Contra el auto del Tribunal denegando o accediendo a la acumulación o ampliación no se dará recurso alguno.

CAPITULO IV

CUANTÍA DEL RECURSO

49. 1. La cuantía del recurso contencioso-administrativo se fijará en el escrito de interposición.

2. Cuando así no se hiciere, el Tribunal, de oficio o a instancia de parte, requerirá al demandante para que fije la cuantía,

(62) Véase el artículo 50.3 de esta Ley.

concediéndole al efecto un plazo no superior a diez días, transcurrido el cual sin haberlo realizado se estará a la que fije el Tribunal, previa audiencia del demandado.

3. Cuando el demandado no estuviere de acuerdo con la cuantía fijada por el demandante, lo expondrá por escrito al Tribunal dentro de los cuatro días primeros del plazo concedido para contestar la demanda, tramitándose el incidente con arreglo a lo dispuesto para estos casos en la Ley de Enjuiciamiento Civil (63).

4. Contra el auto que dicte el Tribunal no se dará recurso alguno, pero la parte perjudicada podrá, en su día, fundar el de queja en la indebida fijación de la cuantía, si no se admitiere el de apelación.

50. 1. La cuantía del recurso contencioso-administrativo vendrá determinada por el valor de la pretensión objeto del mismo (64).

2. Cuando existan varios demandantes, se atenderá al valor de la pretensión deducida por cada uno de ellos y no a la suma de todos.

3. En los supuestos de acumulación la cuantía vendrá determinada por la suma del valor de las pretensiones objeto de aquélla; pero no comunicará a las de cuantía inferior la posibilidad de apelación.

51. 1. Para fijar el valor de la pretensión se tendrán en cuenta las normas de la legislación procesal civil (65), con las especialidades siguientes:

a) Cuando el demandante solicite solamente la anulación del acto, se atenderá al contenido económico del mismo, para lo cual se tendrá en cuenta el débito principal, pero no los recargos, las costas ni cualquier otra clase de responsabilidad.

b) Cuando el demandante solicite, además de la anulación, el reconocimiento de una situación jurídica individualizada, la cuantía vendrá determinada:

Primero, por el valor íntegro del objeto de la reclamación, si la Administración pública hubiere denegado totalmente, en vía administrativa, las pretensiones del demandante.

---

(63) Artículos 492 a 494 de la citada Ley.
(64) Véanse los artículos 93.2, *b)*, y 102, *a)*, 2, de la presente Ley.
(65) Artículo 489 de la Ley de Enjuiciamiento Civil.

Segundo, por la diferencia del valor entre el objeto de la reclamación y el del acto que motivó el recurso, si la Administración hubiere reconocido parcialmente, en vía administrativa, las pretensiones del demandante.

2. En todo caso se reputarán de cuantía indeterminada los recursos dirigidos a impugnar directamente las disposiciones generales y los que se refieran a los funcionarios públicos, cuando no versen sobre sus derechos económicos o sobre sanciones valorables económicamente.

TITULO IV

Procedimiento contencioso-administrativo

CAPITULO PRIMERO

PROCEDIMIENTO DE PRIMERA O ÚNICA INSTANCIA

Sección 1.ª Diligencias preliminares

52. 1. *Como requisito previo a la interposición del recurso contencioso-administrativo deberá formularse recurso de reposición, en el que se expondrán los motivos en que se funden.*

2. *Se presentará ante el órgano que hubiere de resolverlo, en el plazo de un mes, a contar de la notificación o publicación del acto con los requisitos a que se refiere el artículo 59* (66).

53. *Se exceptuarán del recurso de reposición:*

a) *Los actos que implicaren resolución de cualquier recurso administrativo, incluso el económico-administrativo.*

b) *Los dictados en ejercicio de la potestad de fiscalización sobre actos provenientes de otro Organo, Corporación o Institución si fueren aprobatorios del acto fiscalizado.*

c) *Los actos presuntos, en virtud de silencio administrativo, regulado en el artículo 38.*

d) *Los actos no manifestados por escrito.*

e) *Las disposiciones de carácter general, en el supuesto previsto en el artículo 39, párrafo primero* (66).

---

(66) Artículo derogado por la Ley 30/1992, de 26 de noviembre (apéndice 15), de Régimen Jurídico de las Administraciones Públicas y del Procedimiento Administrativo Común.

Véase el artículo 37-1.

54. 1. *Transcurrido un mes desde la interposición del recurso de reposición sin que se notificare su resolución, se entenderá desestimado y quedará expedita la vía contencioso-administrativa.*

2. *Si recayere resolución expresa, el plazo para formularlo se contará desde la notificación de la misma* (66).

55. 1. *El recurso contencioso-administrativo se deducirá, indistintamente, contra el acto que sea objeto del de reposición, el que resolviere ésta expresamente o por silencio administrativo, o contra ambos a la vez.*

2. *No obstante, si el acto que decidiere el recurso de reposición reformare el impugnado, el recurso contencioso-administrativo se deducirá contra aquél, sin necesidad de nueva reposición* (66).

56. 1. Cuando la propia Administración autora de algún acto pretendiere demandar ante la Jurisdicción Contencioso-Administrativa su anulación, deberá previamente declararlo lesivo a los intereses públicos, de carácter económico o de otra naturaleza, en el plazo de cuatro años, a contar de la fecha en que hubiere sido dictado.

2. Si el acto emanare de la Administración del Estado, la declaración de lesividad deberá revestir la forma de Orden ministerial, y en los demás casos habrá de reunir los requisitos establecidos para la adopción de acuerdos por el órgano supremo de la Entidad, Corporación o Institución correspondiente.

3. Los actos dictados por un Departamento ministerial no podrán ser declarados lesivos por Ministro de distinto ramo, pero sí en virtud de Orden acordada en Consejo de Ministros (67).

Sección 2.ª Interposición y admisión del recurso

57. 1. El recurso contencioso-administrativo, cuando no sea la propia Administración autora del acto que lo motive quien

---

(67) Véanse los artículos 102 a 106 de la Ley 30/1992, de 26 de noviembre, de Régimen Jurídico de las Administraciones Públicas y del Procedimiento Administrativo Común (apéndice 15).

Sobre anulación por la Administración tributaria de sus propios actos declarativos de derecho, téngase en cuenta los artículos 153 a 156 de la Ley General Tributaria de 28 de diciembre de 1963. Este último artículo 159 determina: «Fuera de los casos previstos en los artículos 153 al 156, la Administración tributaria no podrá anular sus propios actos declarativos de derecho, y para conseguir su anulación deberá previamente declararlos lesivos para el interés público e impugnarlos en vía contencioso-administrativa, con arreglo a la Ley de dicha jurisdicción».

Véase el artículo 110 de la Ley reguladora de las Bases del Régimen Local (apéndice 7).

lo interponga, se iniciará por un escrito reducido a citar el acto por razón del cual se formule y a solicitar que se tenga por interpuesto el recurso.

2. A este escrito se acompañará:

a) El documento que acredite la representación del compareciente, cuando no sea el mismo interesado, salvo si figurase unido a las actuaciones de otro recurso pendiente ante el mismo Tribunal, en cuyo caso podrá solicitarse que se expida certificación a costa del demandante y su unión a los autos.

b) El documento o documentos que acrediten la legitimación con que el actor se presente en juicio cuando la ostente por habérsela transmitido otro por herencia o por cualquier otro título (68).

c) La copia o traslado del acto o disposición, o, cuando menos, indicación del expediente en que haya recaído o del periódico oficial en que se haya publicado.

d) El documento que acredite el cumplimiento de las formalidades que para entablar demandas exijan a las Corporaciones o Instituciones sus leyes respectivas (69).

e) El documento acreditativo del pago en las Cajas del Tesoro público o de las Corporaciones locales en los asuntos sobre contribuciones, impuestos, arbitrios, multas y demás rentas públicas y créditos definitivamente liquidados en favor de la Hacienda, en los casos en que proceda con arreglo a las Leyes, excepto en el supuesto previsto en el artículo 132, párrafo 2 (70), y cuando el pago se hubiere hecho durante el curso de procedimiento administrativo y en él constare el documento que lo justifique, en cuyo caso se manifestará así en el escrito de interposición.

f) Acreditación de haber efectuado al órgano administrativo autor del acto impugnado, con carácter previo, la comunicación a que se refiere el artículo 110.3 de la Ley de Régimen Jurídico de las Administraciones Públicas y del Procedimiento Administrativo Común (71).

3. Si con el escrito de interposición no se acompañan los documentos anteriores expresados o los presentados son incom-

---

(68) Véase el artículo 31 de la presente Ley.

(69) Véanse los artículos 219 a 221 del Reglamento de Organización, Funcionamiento y Régimen Jurídico de las Entidades Locales (apéndice 8).

(70) En la actualidad, párrafo 4.

(71) Este apartado *f)* ha sido añadido por la Ley 30/1992, de 26 de noviembre, de Régimen Jurídico de las Administraciones Públicas y del Procedimiento Administrativo Común (apéndice 15).

pletos, y, en general, siempre que el Tribunal estime que no concurren los requisitos exigidos por esta Ley para la validez de la comparecencia, señalará un plazo de diez días para que el recurrente pueda subsanar el defecto, y si no lo hace ordenará el archivo de las actuaciones.

4. El recurso contencioso-administrativo formalizado por la propia Administración autora de algún acto declarado lesivo se iniciará con la presentación de la demanda a que se refiere el artículo 67, a la que se acompañará el expediente administrativo (72).

58. 1. El plazo para interponer el recurso contencioso-administrativo será de dos meses, contados desde el día siguiente a la notificación del acuerdo resolutorio del recurso de *reposición* si es expreso (73).

2. Si no lo fuere, el plazo será de un año, a contar de la fecha de interposición del recurso de reposición.

3. En los casos en que no sea preceptivo el recurso de reposición, el plazo de dos meses deberá contarse:

a) Cuando el acto impugnado deba notificarse personalmente desde el día siguiente al de la notificación.

---

(72) Véase el apartado 21 de la Circular 2/1987, transcrita en nota al artículo 35 de la presente Ley.

(73) La sentencia del Tribunal Constitucional 32/1989, de 13 de febrero (suplemento del «BOE» núm. 52, de 2 de marzo), en su fundamento jurídico 3, dice:

«3. En el caso debatido, la sentencia impugnada computa el plazo de dos meses establecido en el artículo 58.1 de la Ley de Jurisdicción Contencioso-Administrativa de acuerdo con el sistema de "fecha a fecha", según el cual el plazo se inicia al día siguiente de la notificación y tiene como último día hábil el del mes correspondiente que coincida con aquel en que se realizó la notificación, a no ser que este último día fuera inhábil. En aplicación de este sistema, la sentencia objeto de amparo, con base en una muy razonada fundamentación de conformidad con jurisprudencia plenamente consolidada, declara que, notificado el acto administrativo recurrido el día 5 de enero, el último día hábil fue el día 5 de marzo y, por tanto, el recurso incurrió en extemporaneidad al haber sido interpuesto el día 6 de marzo.

Los demandantes enfrentan a este sistema del cómputo el suyo propio, según el cual el día inicial del cómputo –6 de enero– debe descontarse por ser inhábil, en aplicación analógica con el tratamiento que en la Ley se concede al día final, debiendo por ello entenderse que el último hábil fue el 6 y no el 5 del mes de marzo.

Esta tesis de los recurrentes no es aceptable, puesto que los términos en que se expresan los preceptos legales de aplicación no consienten calificarla de susceptible de ser utilizada como solución alternativa a la realizada por el órgano judicial y así lo ponen de manifiesto, *ab initio,* los propios demandantes al invocar una vía analógica que no viene justificada en ausencia de norma directamente aplicable, sino en un intento de introducir una interpretación distinta a la que, de manera clara, merece la aludida normativa legal, constituida por los artículos 5 del Código Civil, 305 de la Ley de Enjuiciamiento Civil y 185 de la Ley Orgánica del Poder Judicial.

Tales preceptos distinguen los plazos procesales señalados por días y los señalados por meses o años, estableciendo para los primeros el sistema de cómputo de día a día, con exclusión de los inhábiles, y para los segundos, el sistema de "fecha a fecha", en el que el cómputo se realiza por meses o años naturales, no admitiendo más descuento que el referido al día final del plazo para el supuesto de que sea inhábil, sin consentir ninguna otra clase de prórroga o descuento».

b) En el caso en que no proceda la notificación personal, desde el día siguiente al de la última publicación oficial del acto o disposición.

4. En el supuesto previsto en el apartado *c)* del artículo 53, el plazo será de un año desde el día siguiente a aquel en que se entienda desestimada la petición, salvo si con posterioridad recae acuerdo expreso, en cuyo caso será el del párrafo 1 (74).

El plazo para que la Administración autora de algún acto utilice el recurso contencioso-administrativo será también de dos meses, a partir del día siguiente al en que la resolución impugnada se declare lesiva para los intereses públicos (75).

59. 1. Las notificaciones y publicaciones deberán reunir los requisitos ordenados por las leyes y reglamentos sobre procedimiento administrativo, y los exigidos por las que regulen la publicación de disposiciones de carácter general (76).

2. Sin el cumplimiento de los expresados requisitos no se tendrán por válidas ni producirán efectos legales ante la Jurisdicción Contencioso-Administrativa, salvo si los interesados, dándose por enterados, utilizaren en tiempo y forma el recurso contencioso-administrativo.

60. El Tribunal, en el siguiente día hábil a la interposición del recurso, acordará que se anuncie en el *Boletín Oficial del Estado* o en el de la provincia, según se trate del Tribunal Supremo o de las Salas de las *Audiencias Territoriales* (77).

61. 1. El Tribunal, al ordenar lo previsto en el artículo anterior, acordará también reclamar el expediente administrativo a la Administración que hubiere dictado el acto o la disposición.

2. El expediente deberá ser remitido en el plazo máximo e improrrogable de veinte días, a contar del requerimiento bajo la personal y directa responsabilidad del jefe de la dependencia en la que obrare el expediente.

---

(74) Téngase en cuenta que el artículo 53 ha sido derogado por la Ley 30/1992, de 26 de noviembre (apéndice 15).

(75) Véase el artículo 132.3.

(76) Las normas que preceptúan los requisitos que deben reunir las notificaciones y publicaciones se contienen en los artículos 52 y 58 a 61 de la Ley 30/1992, de 26 de noviembre (apéndice 15).

(77) Véase el artículo 64 de la presente Ley.
Véase también el artículo 46.2.

62 3. Si en el plazo señalado no se hubiere recibido el expediente, el Tribunal, de oficio, lo recordará nuevamente para que lo efectúe en un plazo de diez días con apercibimiento de multa de 500 a 5.000 pesetas al jefe aludido en el párrafo 2 y a cualesquiera otros responsables de la demora.

4. Si transcurrido este último plazo no se hubiere recibido el expediente, se impondrá la multa, dentro de los límites señalados, y se hará efectiva por la vía de apremio por el Tribunal, que acordará lo demás que proceda para exigir a quien corresponda las responsabilidades a que diera lugar la desobediencia (78).

62. 1. El Tribunal, previa reclamación y examen del expediente administrativo, si lo considera necesario, declarará no haber lugar a la admisión del recurso, cuando constare de modo inequívoco y manifiesto:

a) La falta de jurisdicción o la incompetencia del Tribunal, con arreglo a los capítulos primero y segundo del título primero.

b) Deducirse el recurso frente a alguno de los actos relacionados en el artículo 40 o excluidos de reclamación directa en el artículo 39.

c) No haberse interpuesto recurso *previo de reposición,* en los casos en que es preceptivo, según lo dispuesto en la Sección primera del Capítulo primero de este Título, y no se hubiese subsanado la omisión en la forma que establece el párrafo 3 del artículo 129 (79).

d) Haber caducado el plazo de interposición del recurso.

2. El Tribunal, antes de declarar la inadmisión, hará saber a las partes el motivo en que pudiere fundarse para que, en el plazo común de diez días, aleguen lo que estimen procedente y acompañen los documentos a que hubiere lugar.

3. Contra el auto que acuerde la inadmisión del recurso podrá interponerse recurso de súplica, y contra el desestimatorio de éste, el de apelación, cuando hubiere sido dictado por las Salas de las *Audiencias Territoriales* en asuntos de que conocieren en primera instancia (80).

---

(78) Véase el artículo 10.4 de la Ley 62/1978, de 26 de diciembre (apéndice 3). Véanse también artículo 70.4 de la presente Ley y el artículo 17 de la Ley Orgánica de Poder Judicial (apéndice 1).

(79) Téngase en cuenta que la Ley 30/1992, de 26 de noviembre (apéndice 15), ha derogado los artículos 52 a 55.

(80) Sobre recurso de súplica, véase el artículo 92. En cuanto al de apelación, téngase en cuenta lo establecido en las disposiciones transitoria tercera y derogatoria segunda de la Ley 10/1992, de 30 de abril, de Medidas Urgentes de Reforma Procesal (apéndice 14).

63. 1. El emplazamiento de la Administración que dictó el acto o la disposición objeto del recurso se entenderá efectuado por la reclamación del expediente.

2. Cuando sea demandada la Administración del Estado se entenderá personada y parte por el envío del expediente.

64. 1. La resolución de la Administración autora del acto o la disposición impugnadas por la cual se acuerde la remisión del expediente administrativo al Tribunal, se notificará de inmediato a cuantos aparezcan como interesados en el mismo, emplazándoles para que puedan comparecer y personarse en los autos en el plazo de nueve días. Practicadas las notificaciones, se enviará el expediente administrativo al Tribunal, incorporando al mismo las notificaciones para emplazamiento efectuadas.

2. Recibido el expediente, el Tribunal comprobará, a la vista del resultado de las actuaciones administrativas, que se han efectuado los emplazamientos mencionados en el párrafo anterior y si advirtiere que son incompletos ordenará que se practiquen los necesarios.

3. La publicación de los anuncios ordenada en el artículo 60 servirá de emplazamiento de aquellos interesados que no hubieran podido ser emplazados personalmente (81).

65. El emplazamiento de los demandados, en los casos en que el recurso se formule por la misma Administración autora de un acto declarado lesivo, se efectuará individualmente por el Tribunal, en la forma dispuesta para el proceso civil (82).

66. 1. Los demandados y coadyuvantes podrán personarse en los autos dentro del término del emplazamiento. Si lo hicieran con posterioridad, se les tendrá por parte, sin que por ello deba retrotraerse ni interrumpirse el curso del procedimiento.

2. Si no se personaren oportunamente continuará el procedimiento por sus trámites, sin que haya lugar a practicarles, en estrados o en cualquier otra forma notificaciones de clase alguna (81).

---

(81) Redactado este artículo conforme a la Ley 10/1992, de 30 de abril, de Medidas Urgentes de Reforma Procesal (apéndice 14).

(82) Véanse los artículos 270 y siguientes de la Ley de Enjuiciamiento Civil.

67. 1. Recibido el expediente administrativo en el Tribunal, éste acordará que se entregue al demandante para que deduzca la demanda en el plazo de veinte días.

2. Si la demanda no se hubiere presentado en el plazo concedido para ello, se declarará de oficio caducado el recurso (83).

68. 1. Presentada la demanda, se dará traslado de la misma, con entrega del expediente administrativo, a las partes legitimadas como demandadas y coadyuvantes que hubieren comparecido, para que la contesten en el plazo de veinte días.

2. La contestación se formulará primero por la Administración demandada, en su caso, y, sucesivamente, por las personas que tengan el carácter de demandadas, según el apartado *b)* del párrafo 1 del artículo 29, y por los coadyuvantes (84).

3. No obstante, cuando hubieren de contestarla, además de la Administración, en su caso, más de un demandado o un coadyuvante, y no actuaren bajo una misma representación, el demandante podrá solicitar, para que no se demore la decisión de sus pretensiones, que la contestación se formule simultáneamente por los demandados y después por los coadyuvantes, de igual modo.

4. En el caso previsto en el párrafo anterior no habrá lugar a la entrega del expediente administrativo, que se les pondrá de manifiesto en la Secretaría del Tribunal.

5. Si no hubiere comparecido la Entidad local o Corporación demandada, se le dará traslado de la demanda, para que, dentro del plazo de quince días, si lo estima oportuno, suministre al Abogado del Estado antecedentes para la mejor defensa de la resolución reclamada.

6. Si la parte no contestare la demanda en el plazo concedido al efecto, se la tendrá por decaída de su derecho a contestar, y, en su caso, será declarada en rebeldía, sin perjuicio de que pueda comparecer en cualquier estado del pleito, entendiéndose con ella la sustanciación, pero sin que ésta pueda retroceder en ningún caso.

69. 1. En los escritos de demanda y de contestación se consignarán con la debida separación los hechos, los fundamen-

---

(83) Véanse los artículos 57.4 y 121 de la presente Ley.

(84) Véase el apartado 15 de la Circular 2/1987, transcrita en nota al artículo 35 de la presente Ley.

tos de Derecho y las pretensiones que se deduzcan, en justificación de las cuales podrán alegarse cuantos motivos procedan aunque no se hubieran expuesto en el previo recurso de reposición o con anterioridad a éste.

2. Con la demanda y la contestación, la parte respectiva acompañará los documentos en que directamente funde su derecho, y si no obraren en su poder, designará el archivo, oficina, protocolo o persona en cuyo poder se encuentren.

3. Después de la demanda y de la contestación no se admitirán al actor, ni al demandado, ni a los coadyuvantes, si los hubiere, más documentos de la naturaleza expresada que los que se hallen en alguno de los casos previstos para el proceso civil, y al demandante, sólo aquellos otros que tengan por objeto desvirtuar las alegaciones del demandado o coadyuvante (85).

70. 1. Si las partes estimaren que el expediente administrativo no está completo, podrán solicitar, dentro de los diez días primeros del plazo concedido para formular la demanda y contestación, que se reclamen los antecedentes adecuados para completarlo.

2. La solicitud a que se refiere el párrafo anterior suspenderá el curso del plazo correspondiente.

3. El Tribunal proveerá lo pertinente en el plazo de tres días.

4. La Administración deberá, en su caso, completar el expediente en el plazo y forma previstos en el artículo 61.

Sección 5.ª Alegaciones previas

71. Las partes demandadas y coadyuvantes podrán alegar, dentro de los cinco días siguientes al emplazamiento para la contestación, los motivos que, con arreglo al artículo 82, pudieren determinar la falta de jurisdicción, la incompetencia del Tribunal o la inadmisibilidad del recurso, sin perjuicio de que tales motivos puedan, asimismo, ser alegados en la contestación.

72. 1. Del escrito correspondiente se dará traslado por cinco días al actor, el cual podrá ejercitar la facultad a que se refiere el artículo 129.

---

(85) Véanse el artículo 82, *g)*, de la presente Ley y los artículos 504 a 507 de la Ley de Enjuiciamiento Civil.

2. Evacuado el traslado, se seguirá la tramitación prevista para los incidentes.

3. El auto deberá ser dictado por la Sala, constituida del modo previsto para dictar sentencia.

4. Contra el auto que desestime las alegaciones previas no cabrá recurso alguno, y contra el que las estime, los que determinan los artículos 92 y 93 (86).

73. 1. Una vez firme el auto estimatorio de las alegaciones previas, se declarará sin curso la demanda y se ordenará la devolución del expediente administrativo a la oficina de donde procediere.

2. Si fuesen desestimadas las alegaciones, se dispondrá que la parte que las hubiere propuesto conteste la demanda en el plazo de quince días.

Sección 6.ª Prueba (87)

74. 1. Solamente se podrá pedir el recibimiento del proceso a prueba por medio de otrosí en los escritos de demanda y contestación.

---

(86) Los citados artículos han sido objeto de nueva redacción por la Ley 10/1992, de 30 de abril.

(87) La Circular 4/1985, de 6 de septiembre («B. Inf. Ministerio de Justicia» núm. 1405, de 25 de diciembre), de la Dirección General del Servicio Jurídico del Estado, sobre actividad probatoria en los procesos en que sea parte la Administración pública, establece:

«..

Tratándose de litigios en que es parte la Administración pública, la propia complejidad de la estructura administrativa implica, en ocasiones, dificultades en la utilización de determinados medios probatorios, necesitados de una actividad difícilmente compaginable con las exigencias del actuar administrativo. Ello obliga a insistir en la necesidad de realizar los máximos esfuerzos para evitar que, en aquellos litigios en que sea parte el Estado, tales dificultades puedan colocarle en una situación jurídica de desequilibrio procesal frente a una prueba preparada con mayor facilidad por la parte contraria.

En este sentido, este Centro directivo considera conveniente insistir en los siguientes criterios en torno a la prueba en los procesos en que sea parte la Administración Pública.

....

C) Tratándose de recursos contencioso-administrativos, ha de cuidarse de manera especial que los expedientes remitidos al Tribunal contengan todos los documentos necesarios para una sólida defensa de la Administración, debiendo procederse, en caso contrario, a solicitar que se complete el expediente.

D) En cuanto a los medios de prueba se refiere, deberá el Servicio Jurídico utilizar todos aquellos que regulan nuestras leyes procesales. Conviene en este sentido destacar:

– La necesidad de una adecuada coordinación con el órgano administrativo correspondiente, que es quien deberá suministrar las pruebas necesarias para que pueda prosperar la acción o la oposición que se ejercita, insistiendo en la trascendencia de una sólida demostración de los hechos que constituyen el soporte fáctico de la postura defendida por el Servicio Jurídico del Estado.

– La importancia de la asistencia personal del Letrado del Estado a las pruebas que se practiquen.

....

2. La solicitud no será admisible si no expresare los puntos de hecho sobre los cuales haya de versar la prueba o hubiere conformidad acerca de los mismos entre las partes.

3. Se recibirá el proceso a prueba cuando exista disconformidad en los hechos y éstos fueran de indudable transcendencia, a juicio del Tribunal, para la resolución del pleito.

4. La prueba se desarrollará con arreglo a las normas establecidas para el proceso civil ordinario, si bien el plazo será de treinta días comunes para proponer y practicar (88).

5. El Tribunal podrá delegar en uno de sus Magistrados o en un Juzgado de Primera Instancia la práctica de todas o algunas de las diligencias probatorias, y el representante en autos de la Administración podrá, a su vez, delegar en un funcionario público de la misma la facultad de intervenir en la práctica de pruebas.

75. 1. El Tribunal podrá también acordar, de oficio, el recibimiento a prueba y disponer la práctica de cuantas estime pertinentes para la más acertada decisión del asunto.

2. Concluida la fase probatoria, el Tribunal podrá también acordar, antes o después de la vista o señalamiento para fallo, la práctica de cualquier diligencia de prueba que estimare procedente.

3. Las partes tendrán intervención en las pruebas que se practiquen por iniciativa del Tribunal.

4. Si éste hiciera uso de su facultad después de celebrarse la vista o señalamiento para fallo, el resultado de las diligencias de pruebas se pondrá de manifiesto a las partes, las cuales podrán, en el plazo de tres días, alegar cuanto estimen conveniente acerca de su alcance e importancia.

Se recuerda, por otra parte, la sustitución –conforme al artículo 595 de la Ley de Enjuiciamiento Civil– de la prueba de confesión por informe del Organismo correspondiente, debiendo el Servicio Jurídico, cuando sea procedente este medio de prueba, cuidar de que dicho informe responda a las exigencias probatorias.

E) Debe insistirse igualmente en el cuidado que ha de ponerse en el trámite de conclusiones o de vista para hacer un detenido examen del resultado de la prueba practicada.

F) Por último, al remitir los antecedentes al Servicio Jurídico en el Tribunal Superior con ocasión de los recursos que se formularen habrán de informarse, entre otros extremos, acerca de la forma en que a juicio del Letrado actuante se han apreciado las distintas pruebas practicadas, y ello tanto para poder combatir la resolución judicial dictada como para facilitar el mejor conocimiento del proceso a un posible desistimiento de considerar inviable el recurso».

(88) Artículos 550 a 665 de la Ley de Enjuiciamiento Civil y artículo 11 de la Ley Orgánica del Poder Judicial (apéndice 1).

Véase el artículo 112.4 de la Ley Orgánica del Régimen Electoral General (apéndice 10).

76. 1. Habrá lugar a la celebración de la vista cuando lo pidan las dos partes o el Tribunal lo estime necesario (89).

2. La solicitud de vista se formulará por medio de otrosí en los escritos de demanda y contestación, o en el plazo de tres días, contados desde que se notifique la providencia que declare concluso el período de prueba.

77. 1. Si el Tribunal acordare la celebración de vista, señalará la fecha de la audiencia por riguroso orden de antigüedad de los asuntos, excepto los recursos contencioso-administrativos referentes a la materia de expropiación forzosa (90) y aquellos otros que por prescripción de la Ley o, por acuerdo de la Sala, fundado en circunstancias excepcionales, deban tener preferencia, los cuales, estando conclusos, podrán ser antepuestos a los demás cuyo señalamiento aún no se hubiera hecho (91).

2. El Tribunal podrá acordar que la Secretaría redacte una nota suficiente del asunto, y que se distribuyan ejemplares de ella a los Magistrados con la antelación necesaria.

78. 1. Si el Tribunal no acordase la celebración de vista, dispondrá, en sustitución de la misma, que las partes presenten unas conclusiones sucintas acerca de los hechos alegados, la prueba practicada, en su caso, y los fundamentos jurídicos en que, respectivamente, apoyen sus pretensiones, de las que acompañarán tantas copias como Magistrados hayan de fallar el asunto.

2. El plazo para formular el escrito será de quince días, sucesivos para las partes demandante, demandada y coadyuvante, y simultáneos para cada uno de estos tres grupos de partes si en algunos de ellos hubiere comparecido más de una persona y no actuaren unidos bajo una misma representación.

3. Presentadas las conclusiones, se distribuirán las copias a los Magistrados, y el Tribunal señalará día para la votación y fallo, por el orden expresado en el artículo anterior.

---

(89) Véase el artículo 101 de la presente Ley.

(90) Véase el artículo 126.4 de la Ley de Expropiación Forzosa, de 16 de diciembre de 1954.

(91) Véanse los artículos 10.1 de la Ley 62/1978, de 26 de diciembre, de protección jurisdiccional de los derechos fundamentales de la persona (apéndice 3), y 116 de la Ley del Régimen Electoral General (apéndice 10).

79. 1. En el acto de la vista o en los escritos de conclusiones no podrán plantearse cuestiones no suscitadas en los escritos de demanda y contestación.

2. Cuando el Tribunal juzgue oportuno que en el acto de la vista o en las conclusiones se traten cuestiones que no hayan sido planteadas en los escritos de las partes, lo pondrán en conocimiento de éstas, dictando oportunamente providencia al efecto, que deberá ser notificada con tres días de antelación.

3. En el acto de la vista o en el escrito de conclusiones el demandante podrá solicitar que la sentencia formule pronunciamiento concreto sobre la existencia y cuantía de los daños y perjuicios de cuyo resarcimiento se trate, si constaren ya probados en autos (92).

Sección 8.ª Sentencia

80. 1. La sentencia se dictará en el plazo de diez días desde la celebración de la vista o del señalamiento para la votación y fallo, según los casos, y decidirá todas las cuestiones controvertidas en el proceso.

81. 1. La sentencia pronunciará alguno de los fallos siguientes:

a) Inadmisibilidad del recurso contencioso-administrativo.

b) Estimación o desestimación del recurso contencioso-administrativo (93).

2. La sentencia contendrá, además, el pronunciamiento que corresponda respecto de las costas (94).

82. La sentencia declarará la inadmisibilidad del recurso contencioso-administrativo en los casos siguientes (95):

a) Que se hubiere interpuesto ante un Tribunal que carezca de jurisdicción o *de competencia para ello,* por corresponder el

---

(92) Véanse los artículos 42 y 84, *c),* de esta Ley.
(93) Véase el artículo 102.
(94) Véase el artículo 131 de la presente Ley.
(95) Véase el apartado V, número 3, de la exposición de Motivos, en el que se señala que lo dispuesto en los apartados *b), c), f)* y *g)* de este artículo 82, únicamente se aplicará cuando los correspondientes defectos no se hubiesen subsanado de acuerdo con el artículo 129 de esta misma Ley.
Véase también el artículo 116.

83 asunto a otra jurisdicción *o a otro órgano de la Jurisdicción Contencioso-Administrativa, respectivamente* (96).

b) Que se hubiere interpuesto por persona incapaz, no representada debidamente o no legitimada (97).

c) Que tuviere por objeto actos no susceptibles de impugnación, a tenor del capítulo primero del título tercero (98).

d) Que recayere sobre cosa juzgada (99).

e) Que no se hubiere interpuesto, si fuere preceptivo, el recurso previo de reposición (100).

f) Que se hubiere presentado el escrito inicial del recurso contencioso-administrativo fuera del plazo establecido o en forma defectuosa (101).

g) Que al formalizar la demanda no se hubieren cumplido los requisitos de forma dispuestos en el artículo 69 (102).

83. 1. La sentencia desestimará el recurso contencioso-administrativo cuando se ajustare a Derecho el acto o la disposición a que se refiera.

2. La sentencia estimará el recurso contencioso-administrativo cuando el acto o la disposición incurriere en cualquier forma de infracción del Ordenamiento jurídico, incluso la desviación de poder.

3. Constituirá desviación de poder el ejercicio de potestades administrativas para fines distintos de los fijados por el Ordenamiento jurídico (103).

84. Cuando la sentencia estimare el recurso contencioso-administrativo:

---

(96) La sentencia de 9 de mayo de 1986 del Tribunal Constitucional (suplemento del «BOE» núm. 120, de 20 de mayo) declara:

Tercero. Tanto el recurrente como el Ministerio Fiscal señalan, finalmente, que el artículo 82, *a)*, de la LJCA, en el que se funda la sentencia de inadmisibilidad por incompetencia de la Sala, ha sido derogado por el artículo 24.1 de la Constitución, según ha declarado ya este Tribunal Constitucional en las sentencias 29/1985 y 39/1985. En efecto, debemos recordar que el mencionado precepto de la Ley jurisdiccional carece de justificación razonable al erigir un obstáculo impeditivo del pronunciamiento de fondo que lesiona al derecho a la tutela judicial efectiva, por lo que, como ocurre en el caso que ahora contemplamos, vulnera tal derecho la sentencia que hace uso de la facultad prevista en el mismo».

Las sentencias citadas fueron publicadas en los suplementos del «BOE» núms. 55 y 74, de 5 y 27 de marzo de 1985.

(97) Artículos 27, 28 y 31 a 36 de la presente Ley.
(98) Artículos 37 a 40.
(99) Véase el artículo 1.252 del Código Civil.
(100) Véanse los artículos 52, 53 y 129.3 de esta Ley.
(101) Véanse los artículos 57 y 58 de la presente Ley.
(102) Véanse los artículos 71 y 116 de la presente Ley.
(103) Véase el artículo 8 de la Ley Orgánica del Poder Judicial (apéndice 1).

a) Declarará no ser conforme a Derecho y, en su caso, anulará total o parcialmente el acto o la disposición recurridos.

b) Si se hubieren deducido las pretensiones a que se refiere el artículo 42, reconocerá la situación jurídica individualizada y adoptará cuantas medidas sean necesarias para el pleno restablecimiento de la misma.

c) Si se hubiere pretendido el resarcimiento de daños o la indemnización de perjuicios, la sentencia se limitará a declarar el derecho en el supuesto de que hayan sido causados y quedará diferida al período de ejecución de sentencia la determinación de la cuantía de los mismos, salvo lo previsto en el artículo 79, párrafo 3.

85. Los fallos que dictaren las Salas de lo Contencioso-Administrativo en materia de Ordenanzas fiscales, si anularen el acto objetivo del recurso (104), deberán expresar concretamente la forma en que han de quedar redactados los preceptos impugnados.

86. 1. La sentencia que declare la inadmisibilidad o desestimación del recurso contencioso-administrativo sólo producirá efectos entre las partes.

2. La sentencia que anulare el acto o la disposición producirá efectos entre las partes y respecto de las personas afectadas por los mismos.

87. Las partes podrán solicitar la aclaración de las sentencias en los términos previstos en la Ley de Enjuiciamiento Civil (105).

Sección 9.ª Otros modos de terminación del procedimiento

88. 1. El demandante podrá desistir del recurso contencioso-administrativo.

2. Para que el desistimiento del representante en juicio produzca efectos será necesario que lo ratifique el demandante o que esté autorizado por poder especial, y, si lo fuese de la Administración pública, habrá de presentarse testimonio expedido por funcionario competente del acto en que se acuerde el desistimiento, con arreglo a los requisitos exigidos por las Leyes respectivas.

---

(104) Debería decir: «el acto objeto del recurso».
(105) Artículo 363 de la citada Ley. Véase el artículo 267 de la Ley Orgánica del Poder Judicial (apéndice 1).

3. El desistimiento será admisible en cualquier momento del procedimiento antes de dictarse sentencia.

4. El Tribunal dictará auto en el que declarará terminado el procedimiento y ordenará el archivo de los autos y la devolución del expediente administrativo a la oficina de que procediera.

5. El desistimiento no implicará la condena en costas.

6. Si fueren varios los demandantes, el procedimiento continuará respecto de aquellos que no hubieren desistido (106).

89. 1. Los demandados podrán allanarse al recurso contencioso-administrativo, con los requisitos exigidos en el párrafo 2 del artículo anterior (107).

2. Allanado el demandado, el Tribunal, sin más trámites, dictará sentencia, de conformidad con las pretensiones del demandante, salvo si ello supusiere una infracción manifiesta del ordenamiento jurídico o fuere demandada la Administración pública, en cuyo caso dictará la sentencia que estime justa.

3. Si fueren varios los demandados, el procedimiento seguirá respecto de aquellos que no se hubieren allanado.

90. 1. Si, interpuesto recurso contencioso-administrativo, la Administración demandada reconociese totalmente en vía administrativa las pretensiones del demandante, cualquiera de las partes podrá ponerlo en conocimiento del Tribunal si la Administración no lo hiciera.

2. El Tribunal, previa comprobación de lo alegado, dictará auto en el que declarará terminado el procedimiento y ordenará el archivo del recurso y la devolución del expediente administrativo.

3. Si se abandonare el recurso o se desistiera de él por haber dictado la Administración el acto a que se refiere el párrafo 1, y después la Administración dictare un nuevo acto revocatorio de aquél, el actor podrá interponer de nuevo recurso contencioso-administrativo, sin previo recurso de reposición, contándose el plazo desde el día siguiente a la notificación del acto revocatorio.

91. 1. Presentada la demanda, si se detuviera el procedimiento durante un año por culpa del demandante, se declarará caducada la instancia.

---

(106) Véanse los apartados 18 y 22 de la Circular 2/1987, transcrita en nota al artículo 35 de la presente Ley.

(107) Téngase presente lo dispuesto en los artículos 34.2 y 35.2 de esta Ley. Véase también el apartado 21 de la Circular 2/1987, transcrita en nota al artículo 35 de la presente Ley.

2. En este caso, el Tribunal dictará auto en los términos previstos en el párrafo 4 del artículo 88 (108).

CAPITULO II

Recursos contra providencias, autos y sentencias (109)

Sección 1.ª Recursos contra providencias y autos (109)

92. 1. El recurso de súplica será admisible contra las providencias y autos que dictaren los órganos de la Jurisdicción Contencioso-Administrativa.

2. Se exceptúan los autos que resuelvan recursos de súplica, los de aclaración y los de inadmisión del recurso de casación.

3. El recurso de súplica se interpondrá en el plazo de cinco días a contar desde el siguiente al de la notificación de la resolución impugnada.

Del escrito de interposición se dará traslado a las demás partes, por término común de tres días, a fin de que aleguen lo que a su derecho convenga. Transcurrido dicho plazo, con o sin alegaciones, el Tribunal decidirá (110).

Sección 2.ª Del recurso de casación (109)

93. 1. Las sentencias de la Sala de lo Contencioso-Administrativo de la Audiencia Nacional y las dictadas en única instancia por las Salas de lo Contencioso-Administrativo de los Tribunales Superiores de Justicia serán susceptibles de recurso de casación ante la Sala de lo Contencioso-Administrativo del Tribunal Supremo (111).

2. Se exceptúan de lo establecido en el apartado anterior:

a) Las sentencias que se refieran a cuestiones de personal al servicio de la Administración pública, salvo que, estrictamente, afecten a la extinción de la relación de servicio de los que ya tuvieren la condición de funcionarios públicos.

---

(108) Véase el artículo 67 de esta Ley.

(109) Rúbrica redactada conforme a la Ley 10/1992, de 30 de abril, de Medidas Urgentes de Reforma Procesal (apéndice 14).

(110) Artículo redactado conforme a la Ley 10/1992, de 30 de abril (apéndice 14). Véase el artículo 94.2.

(111) Véase el artículo 58 de la Ley Orgánica del Poder Judicial (apéndice 3).

93 *b)* Las recaídas, cualquiera que fuere la materia, en asuntos cuya cuantía no exceda de 6.000.000 de pesetas.

c) Las dictadas en el recurso contencioso-administrativo regulado en el artículo 7.6 de la Ley 62/1978, de 26 de diciembre (112).

d) Las dictadas en recursos contencioso-electorales (113).

3. Las sentencias que se dicten en virtud del recurso interpuesto al amparo de los párrafos 2 y 4 del artículo 39 de esta Ley serán susceptibles, en todo caso, de recurso de casación.

4. Las sentencias dictadas en única instancia por las Salas de lo Contencioso-Administrativo de los Tribunales Superiores de Justicia no comprendidas en el apartado 2 de este artículo, respecto a actos o disposiciones de las Comunidades Autónomas, sólo serán susceptibles de recurso de casación cuando el recurso se funde en infracción de normas no emanadas de los órganos de aquéllas que sea relevante y determinante del fallo de la sentencia (114).

5. Las resoluciones del Tribunal de Cuentas en materia de responsabilidad contable serán susceptibles de recurso de casación en los casos establecidos en la Ley 7/1988, de 5 de abril, de Funcionamiento del Tribunal de Cuentas (115).

---

(112) Apéndice 3.

(113) Véase el apéndice 10.
Véase también el artículo 102-*a*, 2, de la presente Ley.

(114) Véase el artículo 96.2.

(115) Artículo redactado conforme a la Ley 10/1992, de 30 de abril (apéndice 14).
Los artículos 81 y 82 de la Ley 7/1988, de 5 de abril («BOE» núm. 84, de 7 de abril), de funcionamiento del Tribunal de Cuentas, disponen:

«Artículo 81. 1. El conocimiento del recurso de casación en materia de responsabilidad contable corresponde exclusivamente a la Sala de lo Contencioso-Administrativo del Tribunal Supremo.

2. Son susceptibles de recurso de casación:

1.° Las sentencias definitivas pronunciadas por las Salas del Tribunal en apelación o en única instancia cuando la cuantía del procedimiento exceda de 3.000.000 de pesetas.

Esta cuantía se entenderá, en su caso, elevada o disminuida, sin necesidad de precepto legal que así lo exprese, en la medida en que lo sea para el recurso de casación en el proceso civil.

2.° Los autos dictados por las Salas del Tribunal de Cuentas, en asuntos de que conozcan en única instancia, por virtud de los cuales no se dé lugar a la incoación del procedimiento jurisdiccional correspondiente.

3.° Los autos dictados por las mismas Salas en apelación, confirmatorios de los pronunciados en primera instancia por los Consejeros de Cuentas, no dando lugar a la incoación del procedimiento jurisdiccional que corresponda.

3. El recurso de casación podrá interponerse por el Ministerio Fiscal, o por quienes, siendo actores o figurando como demandados en el procedimiento jurisdiccional de que traigan causa puedan resultar perjudicados por la sentencia o resolución recurrida, siempre que no hubieren consentido otra previamente recaída sobre igual objeto y en el mismo proceso.

Artículo 82. 1. El recurso de casación habrá de fundarse en alguno o algunos de los motivos siguientes:

1.° Abuso, exceso o defecto en el ejercicio de la jurisdicción contable.

2.° Incompetencia o inadecuación del procedimiento.

94. 1. También serán susceptibles de recurso de casación, en los mismos casos previstos en el artículo anterior, los autos siguientes:

a) Los que declaren la inadmisión del recurso contencioso-administrativo o hagan imposible su continuación.

b) Los que pongan término a la pieza separada de suspensión.

c) Los recaídos en ejecución de sentencia siempre que resuelvan cuestiones no decididas, directa o indirectamente, en aquélla o que contradigan lo ejecutoriado.

2. Para que pueda prepararse el recurso de casación en los casos previstos en el número anterior es requisito necesario interponer previamente el recurso de súplica (116).

95. 1. El recurso de casación habrá de fundarse en alguno o algunos de los siguientes motivos:

1.° Abuso, exceso o defecto en el ejercicio de la jurisdicción (117).

2.° Incompetencia o inadecuación del procedimiento (117).

3.° Quebrantamiento de las formas esenciales del juicio por infracción de las normas reguladoras de la sentencia o de las que rigen los actos y garantías procesales, siempre que, en este último caso, se haya producido indefensión para la parte (118).

4.° Infracción de las normas del ordenamiento jurídico o la jurisprudencia que fueren aplicables para resolver las cuestiones objeto de debate.

2. La infracción de las normas relativas a los actos y garantías procesales que producen indefensión sólo podrá alegarse cuando se haya pedido la subsanación de la falta o transgresión

---

3.° Quebrantamiento de las normas esenciales del proceso o de los principios de audiencia y defensa, siempre que, en este último caso, se haya producido efectiva indefensión.

4.° Error evidente en la apreciación de la prueba basado en documentos que obren en el procedimiento, que demuestren la equivocación del órgano del Tribunal sin resultar contradichos por otros elementos de prueba.

5.° Infracción de las normas de la Constitución y del resto del ordenamiento jurídico o de la jurisprudencia que fueren aplicables para resolver las pretensiones de las partes.

2. La infracción de las normas relativas a los actos y garantías procesales que producen indefensión requiere que se haya pedido la subsanación de la falta o transgresión en la instancia en que se hubiere cometido y que, de haberlo sido en la primera instancia, se reproduzcan en la segunda, con la salvedad, en cuanto a las faltas cometidas en segunda instancia, de que fuere ya imposible la reclamación.»

(116) Artículo redactado conforme a la Ley 10/1992, de 30 de abril (apéndice 14).

(117) Véase el artículo 102.1, 1.°

(118) Véase el artículo 102.1, 2.°

en la instancia de existir momento procesal oportuno para ello (119).

96. 1. El recurso de casación se preparará ante el mismo órgano jurisdiccional que hubiere dictado la resolución recurrida en el plazo de diez días computado desde el siguiente a la notificación de aquélla, mediante escrito en el que deberá manifestarse la intención de interponer el recurso con sucinta exposición de la concurrencia de los requisitos exigidos.

2. En el supuesto previsto en el artículo 93.4 de la presente Ley, habrá de justificarse que la infracción de una norma no emanada de los órganos de la Comunidad Autónoma ha sido relevante y determinante del fallo de la sentencia.

3. Están legitimados para interponer recurso de casación quienes hubieran sido parte en el procedimiento a que se contraiga la sentencia o resolución recurrida.

4. Transcurrido el plazo de diez días sin haberse preparado el recurso de casación, la sentencia o resolución quedará firme (120).

97. 1. Si el escrito presentado cumple los requisitos previstos en el artículo anterior y se refiere a una resolución susceptible de recurso de casación, la Sala de lo Contencioso-Administrativo de la Audiencia Nacional o del Tribunal Superior de Justicia lo tendrá por preparado y, dentro del plazo de cinco días, remitirá los autos originales. Al mismo tiempo emplazará a las partes para su comparecencia, mediante Procurador, en el plazo de treinta días ante la Sala de lo Contencioso-Administrativo del Tribunal Supremo.

2. Si no se cumplen los requisitos señalados o la resolución impugnada no es susceptible de recurso de casación, dictará auto motivado en el que denegará la remisión de los autos a la Sala Tercera del Tribunal Supremo y el emplazamiento de las partes. Contra el auto denegatorio podrá interponerse recurso de queja, que se sustanciará en la forma prevista por la Ley de Enjuiciamiento Civil (121).

---

(119) Artículo redactado conforme a la Ley 10/1992, de 30 de abril (apéndice 14). Véase el artículo 100.2, *b)*.
(120) Artículo redactado conforme a la Ley 10/1992, de 30 de abril (apéndice 14). Véase el artículo 100.2 *a)*.
(121) Artículo redactado conforme a la Ley 10/1992, de 30 de abril (apéndice 14). Véase el artículo 100.2, *a)*.
El recurso de queja se regula en los artículos 398 a 400 de la Ley de Enjuiciamiento Civil.

98. 1. La preparación del recurso de casación no impedirá la ejecución de la resolución recurrida.

2. La Sala de lo Contencioso-Administrativo de la Audiencia Nacional o del Tribunal Superior de Justicia, cuando tenga por preparado un recurso de casación, dejará testimonio bastante de los autos y de la resolución recurrida para proceder a su ejecución (122).

99. 1. Dentro del término del emplazamiento, el recurrente habrá de personarse y formular ante la Sala de lo Contencioso-Administrativo del Tribunal Supremo el escrito de interposición del recurso, en el que se expresará razonadamente el motivo o motivos en que se ampare, citando las normas o la jurisprudencia que considere infringidas.

2. Transcurrido dicho plazo sin presentar el escrito de interposición, el recurso se declarará desierto, ordenándose la devolución de las actuaciones recibidas a la Sala de que procedieren.

3. Si el recurrente es el Abogado del Estado o el Ministerio Fiscal, en cuanto se reciban los autos, se dictará providencia dándoles traslado de los mismos por plazo de treinta días para que manifiesten si sostienen o no el recurso y, en caso afirmativo, formulen el escrito de interposición ajustado a lo que previene el número 1 de este artículo.

Si el recurso no se sostuviera o no se formulara el escrito de interposición en el plazo antes señalado, se declarará desierto (122).

100. 1. Interpuesto el recurso de casación, se pasarán las actuaciones al Magistrado ponente para que se instruya y dé cuenta a la Sala, sometiendo a su deliberación lo que haya de resolverse sobre la admisibilidad o inadmisibilidad del recurso interpuesto.

2. La Sala dictará auto de inadmisión en los siguientes casos:

a) Si, no obstante haberse tenido por preparado el recurso, se estimare en este trámite la inobservancia de las previsiones de los artículos 96 ó 97 o el carácter no recurrible de las resoluciones a que se refiere.

b) Si el motivo o motivos invocados en el escrito de interposición del recurso no se encuentran comprendidos entre los que

(122) Artículo redactado conforme a la Ley 10/1992, de 30 de abril (apéndice 14).

 se relacionan en el artículo 95; si no se citasen las normas que se reputan infringidas; si las citadas no guardasen relación alguna con las cuestiones debatidas o si, siendo necesario haber pedido la subsanación de la falta, no hubiere constancia de haberse hecho.

c) Si el recurso careciera manifiestamente de fundamento o se hubieran desestimado en el fondo otros recursos sustancialmente iguales. En este caso, antes de dictar el auto de inadmisión, se oirá a la parte recurrente por plazo de diez días, poniéndole sucinta y previamente de manifiesto la posible causa de inadmisión.

3. La inadmisión del recurso comportará la imposición de las costas al recurrente.

4. Si la Sala estimara que concurre alguna de las causas de inadmisión, dictará auto motivado declarando la inadmisión del recurso y la firmeza de la resolución recurrida. Si la inadmisión no fuera de todos los motivos aducidos, así lo resolverá la Sala mediante auto motivado, continuando la tramitación del recurso respecto de los motivos no afectados por el auto de inadmisión parcial.

5. Contra los autos a que se refiere el presente artículo no se dará recurso alguno (122).

101. 1. De admitirse el recurso por todos o algunos de sus motivos, se entregará copia del mismo a la parte o partes recurridas y personadas para que formalicen por escrito su oposición en el plazo de treinta días. Durante dicho plazo se les pondrán de manifiesto las actuaciones en la Secretaría.

2. Transcurrido el mismo, háyanse o no presentado escritos de oposición, la Sala señalará día y hora para la celebración de la vista o, en su caso, para la votación y fallo.

Habrá lugar a la celebración de la vista cuando lo pidan todas las partes o la Sala lo estime necesario, atendida la índole del asunto. La solicitud de vista se formulará en los escritos de interposición del recurso y de oposición a éste (123).

3. La Sala dictará sentencia en el plazo de diez días desde la celebración de la vista o del señalado para la votación y fallo (124).

---

(123) Véanse los artículos 76 a 79 de la presente Ley.
(124) Este artículo figura redactado conforme a la Ley 10/1992, de 30 de abril (apéndice 14).

102. 1. Si se estimare el recurso por todos o algunos de los motivos aducidos, la Sala, en una sola sentencia, casando la recurrida, resolverá conforme a Derecho, teniendo en cuenta lo siguiente:

1.° De estimarse por los motivos 1.° y 2.° del apartado 1 del artículo 95, se anulará la sentencia o resolución recurrida, dejando a salvo el derecho de ejercitar las pretensiones ante quien corresponda o por el procedimiento adecuado.

2.° De estimarse la existencia de las infracciones procesales mencionadas en el motivo 3.° del apartado 1 del artículo 95, se mandarán reponer las actuaciones al estado y momento en que se hubiera incurrido en la falta, salvo si la infracción consistiera en vulneración de las normas reguladoras de la sentencia, en cuyo caso se estará a lo dispuesto en el número siguiente.

3.° En los demás casos, la Sala resolverá lo que corresponda dentro de los términos en que apareciera planteado el debate.

2. En la sentencia que declare haber lugar al recurso, la Sala resolverá en cuanto a las costas de la instancia conforme a las reglas generales y en cuanto a las del recurso, que cada parte satisfaga las suyas.

3. Si no se estimase procedente ningún motivo, la sentencia declarará no haber lugar al recurso con imposición de las costas al recurrente (124).

Sección 3.ª Del recurso de casación para la unificación de doctrina (125)

102-a. 1. Serán recurribles en casación para la unificación de doctrina las sentencias de las Salas de lo Contencioso-Administrativo de los Tribunales Superiores de Justicia cuando, respecto de los mismos litigantes u otros diferentes en idéntica situación y, en mérito a hechos, fundamentos y pretensiones sustancialmente iguales, se hubiere llegado a pronunciamientos distintos sin existir doctrina legal sobre la cuestión.

También serán recurribles en este mismo concepto las sentencias dictadas en única instancia por el Tribunal Supremo, así como las sentencias de la Audiencia Nacional y de los Tribunales

(125) Rúbrica redactada conforme a la Ley 10/1992, de 30 de abril (apéndice 14).

102a Superiores de Justicia cuando la contradicción se produzca con sentencias del Tribunal Supremo en las mismas circunstancias señaladas en el párrafo anterior de identidad de partes o situación y en mérito de hechos, fundamentos y pretensiones sustancialmente iguales (126).

2. Sólo serán susceptibles de recurso de casación para la unificación de doctrina aquellas sentencias que no sean susceptibles del recurso de casación ordinario a tenor del artículo 93.2 de la presente Ley, siempre que su cuantía exceda de 1.000.000 de pesetas.

En ningún caso serán recurribles las sentencias a que se refieren los apartados *a)*, *c)* y *d)* del apartado 2 del artículo 93.

3. Del recurso de casación para la unificación de doctrina previsto en este artículo, conocerá dentro de la Sala de lo Contencioso-Administrativo del Tribunal Supremo, la Sección que corresponda de acuerdo con las reglas generales de organización de la misma Sala.

Ello no obstante, cuando se trate de sentencias dictadas en única instancia por el Tribunal Supremo, del recurso conocerá una Sección compuesta por el Presidente del Tribunal Supremo, el de la Sala Tercera y cinco Magistrados de esta misma Sala que serán los dos más antiguos y los tres más modernos.

Del recurso conocerá la Sección a que se refiere el párrafo anterior cuando la sentencia del Tribunal Supremo que se cite como infringida provenga y se haga constar así por el recurrente en el escrito de preparación, de una Sección distinta de aquella a la que corresponda conocer de acuerdo con lo dispuesto en el párrafo primero de este apartado y esta última tenga una doctrina contraria en las mismas circunstancias de identidad de partes y situación, y en mérito de hechos, fundamentos y pretensiones sustancialmente idénticas (126).

---

(126) El acuerdo de 21 de julio de 1992 («BOE» núm. 183, de 31 de julio) de la Comisión Permanente del Consejo General del Poder Judicial establece:

«La Comisión Permanente del Consejo General del Poder Judicial, en su reunión del día 21 de julio de 1992, acordó hacer público el acuerdo de la Sala de Gobierno del Tribunal Supremo de 14 de mayo, en cumplimiento de lo dispuesto en el artículo 152, 1, 2.°, de la Ley Orgánica 6/1985, del Poder Judicial, del siguiente tenor literal:

Se establecen las siguientes normas de funcionamiento y reparto de asuntos en la Sala Tercera, con carácter provisional y a reserva de que la experiencia hasta el 31 de diciembre del corriente año aconseje la adopción de otras que se estimen más convenientes.

Primera.—La Sección Primera conocerá de las siguientes materias:

Recursos de casación para unificiación de doctrina previstos en el número 1 del artículo 102, *a)* de la Ley Jurisdiccional, a excepción de los casos en que su conocimiento corresponde a la

4. El escrito de preparación se presentará en el plazo de diez días a partir de la notificación de la sentencia, ante la Sala de lo Contencioso-Administrativo del Tribunal sentenciador y deberá contener la fundamentación de la infracción legal cometida en la sentencia impugnada con relación precisa y circunstanciada de la contradicción alegada, aportando certificación de la sentencia o sentencias contrarias. La no aportación de certificación de la sentencia o sentencias contrarias deberá subsanarse en el plazo de diez días, a menos que la parte acredite haberla solicitado en tiempo oportuno y no habérsele expedido, en cuyo caso la Sala la reclamará de oficio. En todo caso, se aportará copia simple del texto completo de la sentencia o sentencias alegadas. **102a**

5. Presentado el escrito, la Sala lo tramitará de conformidad con lo dispuesto en la sección segunda del capítulo II de la presente Ley.

6. Los pronunciamientos del Tribunal Supremo al resolver estos recursos en ningún caso alcanzarán las situaciones jurídicas creadas por las resoluciones precedentes a la impugnada. Si la sentencia declara que ha lugar al recurso, casará y anulará la impugnada y resolverá el debate planteado con pronunciamientos ajustados a Derecho, modificando las declaraciones contenidas y las situaciones creadas por la sentencia impugnada. Lo mismo hará, resolviendo las cuestiones objeto del recurso conforme a Derecho, cuando no haya doctrina previa (127).

---

sección que preside el Presidente del Tribunal Supremo y cuya composición detalla el número 3 de dicho artículo.

Recursos de casación en interés de la Ley.

Recursos de revisión, a salvo la competencia atribuida en esta materia a la Sala, del artículo 61 de la Ley Orgánica del Poder Judicial.

Segunda.—Las Secciones Segunda a Séptima conocerán de los recursos de casación en las materias que tienen actualmente atribuidas, además de los recursos contenciosos-administrativos en única instancia relativos a las mismas.

La Sección Segunda conocerá también de los recursos de casación contra las resoluciones del Tribunal de Cuentas en materia de responsabilidad contable con arreglo a lo establecido en la Ley 7/1988, de 5 de abril, de Funcionamiento del Tribunal de Cuentas.

Tercera.—La Sección Primera estará integrada por el Presidente de la Sala y por los Presidentes de las Secciones Segunda a Séptima.

NORMAS TRANSITORIAS

Primera.—Las Secciones Segunda a Séptima continuarán conociendo de los recursos de apelación interpuestos con anterioridad a la entrada en vigor de la Ley 10/1992, de 30 de abril, y de los incidentes que susciten los que puedan interponerse con posterioridad, en las materias cuyo conocimiento les está atribuido.

Segunda.—La Sección Primera mantendrá su composición anterior a los solos efectos de conocer de los recursos señalados en las fechas de aprobación de estas normas.»

(127) Artículo creado por la Ley 10/1992, de 30 de abril (apéndice 14).

Sección 4.ª Del recurso de casación en interés de la Ley (128)

102-b. 1. El Abogado del Estado, así como las Entidades o Corporaciones que ostenten la representación y defensa de intereses de carácter general o corporativo y tuviesen interés legítimo en el asunto, podrán interponer recurso de casación en interés de la Ley contra las sentencias dictadas en única instancia por las Salas de lo Contencioso-Administrativo de la Audiencia Nacional y de los Tribunales Superiores de Justicia no susceptibles del recurso de casación, cuando estimen gravemente dañosa para el interés general y errónea la resolución dictada.

2. Se exceptúan las sentencias dictadas por las Salas de lo Contencioso-Administrativo de los Tribunales Superiores de Justicia respecto a actos o disposiciones de las Comunidades Autónomas, cuando se funden básicamente en normas emanadas de los órganos de aquéllas.

3. El recurso se interpondrá, en el plazo de tres meses, directamente ante la Sala de lo Contencioso-Administrativo del Tribunal Supremo acompañando copia certificada de la sentencia impugnada. El Tribunal Supremo reclamará los autos a la Sala de instancia y, sin más trámites, resolverá lo que proceda. A la tramitación y resolución de estos recursos se dará carácter preferente (129).

4. La sentencia que se dicte respetará, en todo caso, la situación jurídica particular derivada de la sentencia recurrida y, cuando fuera estimatoria, fijará en el fallo la doctrina legal (127).

Sección 5.ª Del recurso de revisión (128)

102-c. 1. Contra las sentencias firmes de las Salas de lo Contencioso-Administrativo del Tribunal Supremo de la Audiencia Nacional y de los Tribunales Superiores de Justicia podrá utilizarse el recurso extraordinario de revisión en los siguientes casos:

---

(128) Sección creada por la Ley 10/1992, de 30 de abril (apéndice 14).
(129) Véase el Acuerdo de 21 de julio de 1992 transcrito en nota al artículo anterior.

a) Si después de pronunciada la sentencia se recobraren documentos decisivos, detenidos por fuerza mayor o por obra de la parte en cuyo favor se hubiere dictado.

b) Si hubiere recaído la sentencia en virtud de documentos que, al tiempo de dictarse aquélla, ignoraba una de las partes haber sido reconocidos y declarados falsos o cuya falsedad se reconociese o declarase después.

c) Si habiéndose dictado la sentencia en virtud de prueba testifical, los testigos hubieren sido condenados por falso testimonio dado en las declaraciones que sirvieron de fundamento a la sentencia.

d) Si la sentencia se hubiere ganado injustamente en virtud de cohecho, violencia u otra maquinación fraudulenta.

2. En lo referente a términos y procedimientos respecto a este recurso, regirán las disposiciones de las secciones segunda, tercera y cuarta del título XXII del libro II de la Ley de Enjuiciamiento Civil (130).

3. El recurso de revisión en materia de responsabilidad contable procederá en los casos establecidos en la Ley 7/1988, de 5 de abril, de Funcionamiento del Tribunal de Cuentas (131).

---

(130) Artículos 1.798 a 1.816 de la citada Ley.

(131) Artículo creado por la Ley 10/1992, de 30 de abril (apéndice 14).
Véase el artículo 58, 5.° y 6.° y 61, 1.° de la Ley Orgánica del Poder Judicial (apéndice 1).
El artículo 83 de la Ley 7/1988, de 5 de abril («BOE» núm. 84, de 7 de abril), de funcionamiento del Tribunal de Cuentas, dispone:

«Habrá lugar al recurso de revisión contra las sentencias firmes en los casos siguientes:

1.° Si después de pronunciada la sentencia apareciesen documentos nuevos que resultaran decisivos para adoptar los pronunciamientos de la sentencia.

2.° Cuando se descubra que en las cuentas que hayan sido objeto de sentencia definitiva existieron errores trascendentales, omisiones de cargos importantes o cualquier otra anomalía de gran entidad.

3.° Si la sentencia hubiere recaído en virtud de documentos declarados falsos o cuya falsedad se reconociese o declarase después.

4.° Si la sentencia firme se hubiera ganado injustamente en virtud de prevaricación, cohecho, violencia u otra maquinación fraudulenta.

5.° Cuando la sentencia se funde en lo resuelto respecto a una cuestión prejudicial que posteriormente fuere contradicha por sentencia firme del orden jurisdiccional correspondiente.

6.° Si los órganos de la jurisdicción contable hubieren dictado resoluciones contrarias entre sí, o con sentencias del Tribunal Supremo en materia de responsabilidad contable, respecto a los mismos litigantes u otros diferentes en idéntica situación, donde, en mérito a hechos, fundamentos y pretensiones sustancialmente iguales, se llegue a pronunciamientos distintos.»

Véase, por último, el Acuerdo de 21 de julio de 1992, del Consejo General del Poder Judicial, transcrito en nota al artículo 102-*a*.

CAPITULO III

EJECUCIÓN DE SENTENCIAS (132)

103. La ejecución de las sentencias corresponderá al órgano que hubiere dictado el acto o la disposición objeto del recurso (133).

104. Luego que sean firmes las sentencias de las Salas de lo Contencioso-Administrativo del Tribunal Supremo y de las *Audiencias Territoriales* se comunicarán en el plazo de diez días, por medio de testimonio en forma, al órgano a quien corresponda para que la lleve a puro y debido efecto, adopte las resoluciones que procedan y practique lo que exija el cumplimiento de las declaraciones contenidas en el fallo (134).

105. 1. El órgano a quien corresponda acusará recibo de la sentencia en el plazo de diez días, y en el de dos meses, contados desde que reciba aquélla, adoptará necesariamente una de estas resoluciones:

a) Ejecución del fallo, tomando a la vez las medidas necesarias al efecto.
b) Suspensión del cumplimiento total o parcial del fallo, por el plazo que se marque.
c) Inejecución en absoluto, total o parcial, del mismo fallo.

2. La suspensión o inejecución a que se refieren los dos últimos casos del párrafo anterior sólo podrá decretarse por el Consejo de Ministros, con carácter extraordinario, fundándose en alguna de las causas siguientes:

1.ª Peligro de trastorno grave del orden público.
2.ª Temor fundado de guerra con otra potencia si hubiera de cumplirse la sentencia.
3.ª Quebranto en la integridad del territorio nacional.
4.ª Detrimento grave de la Hacienda pública.

3. No podrá acordarse la inejecución o suspensión fundándose en la causa 4.ª cuando el fallo condenare a la Administra-

---

(132) Véanse los artículos 117.3 y 118 de la Constitución y 18.2 de la Ley Orgánica del Poder Judicial (apéndice 1).
(133) Véase la nota al artículo 110.
(134) Véase el apartado 20 de la Circular 2/1987, transcrita en nota al artículo 35 de la presente Ley.

ción al pago de cantidad, pero en tal supuesto, si estimase que el cumplimiento de la sentencia, en sus propios términos, habría de producir trastorno grave a la Hacienda pública, podrá el Consejo de Ministros, previo dictamen del Consejo de Estado, fijar la modalidad de pago que dé cumplimiento al fallo en la forma que sea menos gravosa para el Tesoro público, lo que pondrá en conocimiento del Tribunal por medio de la Abogacía del Estado, para que, oídas las partes, resuelva, en definitiva, sobre modo de ejecutar la sentencia.

4. Si el cumplimiento del fallo implicare fraccionamiento o aplazamiento, llevará aparejado la obligación de abonar el interés de demora al tipo legal.

5. No podrán suspenderse ni dejar de ejecutarse las sentencias confirmatorias de actos o disposiciones de la Administración, salvo las dictadas sobre recursos interpuestos por la misma contra sus actos declarados lesivos.

6. Si dentro del plazo de dos meses, a que se refiere el párrafo 2 (135), no se adoptare alguna de las medidas en él consignadas, sin perjuicio de la responsabilidad a que esto dé lugar, se ejecutará la sentencia en la forma y término que en el fallo se consignen, bajo la personal y directa responsabilidad de los agentes de la Administración (136).

106. 1. Tanto en el caso de que se hubiese acordado la suspensión temporal de todo o parte de la sentencia como en el de que se hubiere acordado su inejecución total o parcial, el Tribunal, a instancia de cualquiera de las partes perjudicadas, y previa audiencia de las demás, señalará la suma que deba satisfacerse al interesado como resarcimiento de los daños e indemnización de los perjuicios resultantes del aplazamiento o la inejecución, si no fuere posible atender en otra forma a la eficacia de lo resuelto por la sentencia (137).

2. La resolución que recaiga se pondrá en conocimiento del Gobierno para que haga efectiva la indemnización o se cumpla lo mandado, sin perjuicio de que en el plazo de dos meses pueda ejercerse la facultad a que se contrae el párrafo 3 del artículo anterior.

107. No podrá suspenderse ni declararse inejecutable una sentencia por causas de imposibilidad material o legal de ejecu-

---

(135) Debe decir: «párrafo 1».
(136) Véase el artículo 110.2.
(137) Véase el artículo 111.

 tarla, y, si este caso se presentare, será sometido por la Administración, por medio del Abogado del Estado, al Tribunal respectivo, dentro del referido plazo de dos meses, a fin de que, con audiencia de las partes, se acuerde la forma de llevar a efecto el fallo.

108. 1. Cuando la Administración fuere condenada al pago de cantidad líquida, deberá acordarlo y verificarlo en la forma y dentro de los límites que permitan los presupuestos y determinen las disposiciones referentes al pago de las obligaciones y deudas del Estado, de la provincia o del municipio (138).

2. Si para verificar el pago fuere preciso un crédito, suplemento de crédito o presupuesto extraordinario, se iniciará su tramitación dentro del mes siguiente al día de la notificación de la sentencia, sin que pueda interrumpirse por ningún concepto.

109. Será caso de responsabilidad civil y criminal la infracción de lo preceptuado en los artículos anteriores acerca de la ejecución de las sentencias, entendiéndose como desobediencia punible, en forma igual a la establecida respecto a las sentencias de los tribunales de lo Civil y de lo Criminal (139).

110. 1. El Tribunal sentenciador, mientras no conste en los autos la total ejecución de la sentencia o la efectividad de las indemnizaciones señaladas en sus casos respectivos, adoptará, a instancia de las partes interesadas, cuantas medidas sean adecuadas para promoverla y activarla.

2. Si transcurriesen seis meses desde la fecha de recepción del testimonio de la sentencia por la Autoridad administrativa, o desde la de fijación de la indemnización, sin que se hubiese ejecutado aquélla o satisfecho ésta, salvo lo previsto en el artículo 105, el Tribunal, con audiencia de las partes, adoptará las medidas que considere procedentes para el cumplimiento de lo mandado.

---

(138) Véanse los artículos 118 de la Constitución, 42 a 47 del texto refundido de la Ley General Presupuestaria aprobado por Real Decreto legislativo 1091/1988, de 23 de septiembre («BOE» núm. 234, de 29 de septiembre; corrección de errores en «BOE» núm. 275, de 16 de noviembre), y 18 de la Ley de Patrimonio del Estado, texto articulado aprobado por Decreto 1022/1964, de 15 de abril.

(139) Sobre responsabilidad de las autoridades y funcionarios del Estado, véanse los artículos 44 a 49 de la Ley de Régimen Jurídico de la Administración del Estado de 26 de julio de 1957 y 145 y 146 de la Ley 30/1992, de 26 de noviembre (apéndice 15).

Respecto de las autoridades y funcionarios locales, véanse, además, los artículos 223 a 225 del Reglamento de Organización, Funcionamiento y Régimen Jurídico de las Entidades Locales (apéndice 8).

Véase también el artículo 369 del Código Penal.

3. Sin perjuicio de ello, deducirá el tanto de culpa que correspondiere por delito de desobediencia, para su remisión al Tribunal competente.

4. Cuando se trate de sentencias dictadas por las Salas de lo Contencioso-Administrativo de las *Audiencias Territoriales*, transmitirán éstas la denuncia al Tribunal Supremo, si hubiere de dirigirse contra autoridades cuyo procedimiento sólo pueda acordarse por este Tribunal (140).

111. La suspensión o inejecución de las sentencias dictadas por los Tribunales de lo Contencioso-Administrativo será acordada sin contradecir, censurar ni revisar los fundamentos que haya expuesto el Tribunal sentenciador y respetando el derecho que éste haya declarado, a los fines previstos en el párrafo 1 del artículo 106.

112. Al principio de cada año judicial se publicará en el *Boletín Oficial del Estado* una relación expresiva del cumpli-

---

(140) Interpretando este artículo, la sentencia 67/1984, de 7 de junio, del Tribunal Constitucional (suplemento del «BOE» núm. 165, de 11 de julio), declara: «La interpretación de este precepto, en conexión con los demás referidos a la ejecución de sentencias (artículos 103 a 112 de la LJCA), debe hacerse, según ha señalado el Tribunal en reiteradas ocasiones en relación con las Leyes, de conformidad con la Constitución y en el sentido más favorable para la efectividad del derecho fundamental.

La aplicación de este criterio interpretativo conduce a las siguientes afirmaciones:

A) Es obligado para la Administración que hubiera dictado el acto o disposición objeto del recurso, la ejecución de la sentencia recaída (artículo 118 de la Constitución).

B) La ejecución de la sentencia corresponde, en principio, al órgano que hubiere dictado el acto o disposición objeto del recurso (artículo 103 de la LJCA), debiendo interpretarse esta competencia no como la atribución de una potestad, sino como la concreción del deber de cumplir lo decidido por las sentencias y resoluciones firmes –que constituye en cada caso una obligación para la Administración–, y de prestar la colaboración requerida por los Jueces y Tribunales en sus resoluciones firmes dictadas en ejecución de sentencias (artículo 118 de la Constiución).

C) El cumplimiento de esta obligación debe producirse –con carácter general– dentro del plazo de seis meses desde la fecha de recepción del testimonio de la sentencia o desde la fijación de la indemnización (artículo 110.2 de la LJCA).

D) C uando se incumple esta obligación de ejecutar la sentencia –y de colaborar con los Jueces y Tribunales en el plazo legalmente establecido–, el Tribunal sentenciador, con audiencia de las partes, adoptará las medidas que considere procedentes para el cumplimiento de lo mandado; corresponde al Tribunal mencionado decidir cuáles son estas medidas, pero desde la perspectiva constitucional que ahora interesa debe señalarse que corresponde exclusivamente al mismo hacer "ejecutar lo juzgado" de acuerdo con las Leyes (artículo 117.3 de la Constitución) y requerir las colaboraciones que estime precisas (artículo 118 de la misma), por lo que ha de interpretarse que tales medidas no pueden quedar limitadas por la falta de ejercicio de la competencia, en el plazo legalmente previsto, por la Administración autora del acto o disposición, en orden a la ejecución de la sentencia; en consecuencia, el Juez puede aplicar las medidas previstas en la Ley de Enjuiciamiento Civil, de aplicación supletoria, entre las cuales puede ordenar que se haga lo mandado a costa del obligado (artículo 924 de la Ley de Enjuiciamiento Civil), y requerir a tal efecto la colaboración que estime oportuna de otros entes públicos o personas privadas, en especial del Estado, pues la sentencia o la resolución de los Jueces y Tribunales emanan de un poder del Estado, y todos los poderes del Estado –en su sentido integral, es decir, comprendiendo las Comunidades Autónomas– tienen el deber de colaboración.

E) Por último, el artículo 110.3 de la LJCA establece –con carácter imperativo– que, sin perjuicio de lo anterior, el Tribunal sentenciador "deducirá el tanto de culpa que correspondiere por el delito de desobediencia para su remisión al Tribunal competente"».

 miento que en el año anterior hubieren tenido las sentencias de la Jurisdicción Contencioso-Administrativa, consignando, en cuanto a las que no se hubieren ejecutado, la razón en virtud de la cual no hubiere tenido lugar.

CAPITULO IV

PROCEDIMIENTOS ESPECIALES (141)

Sección 1.ª Procedimiento en materia de personal

113. Los recursos contencioso-administrativos que tuvieren por objeto actos que se refieran a cuestiones de personal que no impliquen separación de empleados públicos inamovibles se tramitarán con arreglo a lo dispuesto en el capítulo I de este título, con las especialidades señaladas en los artículos siguientes (142).

114. 1. El expediente administrativo deberá ser remitido al Tribunal en el plazo de diez días.

2. Recibido el expediente, se pondrá de manifiesto al demandante en la Secretaría del Tribunal, para que deduzca la demanda en el plazo de quince días.

3. Si el demandante estuviere defendido por Abogado, podrá el Tribunal acordar se entreguen a éste o al Procurador, si lo hubiere, bajo recibo en forma, las actuaciones con el expediente, o la parte del mismo que, a juicio del Tribunal, fuese necesaria para formular la demanda (143).

115. 1. Presentada la demanda, se dará traslado de la misma, con entrega del expediente administrativo, a la Administración demandada con arreglo a lo que se previene en los artículos 34 y 35 de la presente Ley, para que la conteste en el plazo de quince días.

2. Cuando hubieren de contestar la demanda, además de la Administración, otras personas que tengan el carácter de de-

---

(141) Véanse los artículos 6 a 10 de la Ley 62/1978, de 26 de diciembre (apéndice 3), que regulan el procedimiento para interponer recursos contencioso-adminsitrativos contra los actos de la Administración pública que afectan al ejercicio de los derechos fundamentales de la persona.

Véanse también las disposiciones de la Ley Orgánica del Régimen Electoral General (apéndice 10) y las de Régimen Local (apéndices 7 a 9).

Sobre el recurso contencioso-disciplinario militar, véase el apéndice 12.

(142) Véanse los artículos 93.2, *a)*, y 130.2, *b)*.

(143) Véase el artículo 33.3

mandadas, según el apartado *b)* del párrafo primero del artículo 29, y los coadyuvantes que hubieren comparecido, se les pondrá de manifiesto el expediente para que unas y otros la contesten simultáneamente en el plazo de quince días.

116. Los motivos que, con arreglo al artículo 82, darían lugar a la inadmisibilidad de la demanda no podrán invocarse como alegaciones previas; pero el demandante podrá ejercitar la facultad de subsanación a que se refiere el artículo 129 dentro del plazo de cinco días, contados a partir del siguiente a aquel en que se le dé traslado del escrito de contestación a la demanda en que se alegaren aquellos motivos.

117. Contestada la demanda o, en su caso, concluido el período de prueba, el Tribunal, sin más trámites, dictará sentencia en el plazo de diez días.

Sección 2.ª Procedimiento en los casos de suspensión de acuerdos de las Corporaciones locales por infracción manifiesta de las leyes (144)

118. 1. En los casos en que los Presidentes de las Corporaciones locales o Gobernadores civiles suspendan los acuerdos de aquéllas por infracción manifiesta de las Leyes, darán traslado de la suspensión a la Sala de lo Contencioso-Administrativo de la *Audiencia Territorial* respectiva, en el plazo de tres días.

2. Recibido el traslado de la suspensión, la Sala de lo Contencioso-Administrativo requerirá a la Corporación local que dictó el acto para que, en el plazo de diez días, remita el expediente administrativo y alegue lo que estime procedente, en defensa del mismo, y acordará que se publique en el *Boletín Oficial* de la provincia el anuncio de la suspensión, a fin de que cuantos tengan interés en el mantenimiento o anulación del acuerdo puedan personarse en autos.

3. Recibido el expediente administrativo, la Sala dará traslado del mismo al Abogado del Estado, para que, en el plazo de veinte días, informe acerca del mantenimiento o anulación del acuerdo.

4. Evacuado el traslado a que se refiere el párrafo anterior, el Tribunal pondrá de manifiesto el expediente administrativo a

---

(144) Véanse los artículos 63, 65 a 67 y 110 de la Ley Reguladora de las Bases del Régimen Local y 214 a 217 del Reglamento de Organización, Funcionamiento y Régimen Jurídico de las Entidades Locales (apéndices 7 y 8).

119 cuantos se hubieren personado en el proceso, para que, en el plazo de veinte días, comunes a todos ellos, aleguen lo que estimen procedente.

5. Deducidas las alegaciones a que se refiere el párrafo anterior, o transcurrido el plazo en el mismo previsto, el Tribunal, dentro de los diez días siguientes, dictará sentencia por la que se levante la suspensión o se anule el acto a que la misma se refiere.

6. Contra la sentencia de la Sala de lo Contencioso-Administrativo podrán interponer recurso de apelación cuantos hubieren comparecido en primera instancia.

Sección 3.ª Procedimiento sobre validez de elecciones y aptitud legal de los proclamados Concejales o Diputados provinciales (145)

119. 1. *Los recursos contencioso-administrativos que tuvieren por objeto la impugnación de la validez de la elección y subsiguiente proclamación de los Concejales o Diputados provinciales deberán interponerse en el plazo de cinco días, contados desde el siguiente al en que hubiere tenido lugar la proclamación del grupo de Concejales o Diputados provinciales a que se afectare.*

2. *El recurso contencioso-administrativo se interpondrá con la presentación de la demanda a que se refiere el artículo 63 y habrá de fundarse en alguno de los motivos siguientes:*

a) *Vicio grave del procedimiento que pudiera alterar el resultado de la elección; o*

b) *Carecer los Concejales o Diputados proclamados de las condiciones de aptitud y capacidad que exige la Ley de Régimen Local.*

3. *El recurso contencioso-administrativo deberá ser resuelto en el plazo de treinta días, previa audiencia del Abogado del Estado, que deberá ser evacuada en el plazo de ocho días.*

4. *Contra la sentencia de la Sala de lo Contencioso-Administrativo de la Audiencia Territorial respectiva no procederá recurso alguno, ordinario o extraordinario.*

---

(145) El contenido de la presente sección debe entenderse sustituido por los artículos 109 a 117 de la Ley Orgánica del Régimen Electoral General (apéndice 10).

120. 1. *Los recursos contencioso-administrativos que tuvieren por objeto los acuerdos de las Corporaciones locales resolviendo acerca de las condiciones legales de los proclamados se interpondrán asimismo en el plazo de cinco días, a partir del siguiente al de la notificación o publicación del acuerdo.*

2. *El recurso contencioso-administrativo deberá ser resuelto en la forma prevista en el párrafo 3 del artículo anterior.*

3. *Contra la sentencia podrá interponerse el recurso de apelación, que habrá de ser resuelto en el plazo de dos meses.*

CAPITULO V

DISPOSICIONES COMUNES

Sección 1.ª Plazos (146)

121. 1. Los plazos serán siempre improrrogables, y, una vez transcurridos, se tendrá por caducado el derecho y por perdido el trámite o recurso que hubiere dejado de utilizarse, sin necesidad de apremio ni de acuse de rebeldía, dándose a los autos de oficio el curso que corresponda; sin embargo, se admitirá el escrito que proceda y producirá sus efectos legales, si se presentare dentro del día en que se notifique la oportuna providencia.

2. Sólo correrán durante el período de vacaciones de verano los plazos señalados para interponer el recurso contencioso-administrativo y el de revisión.

Sección 2.ª Suspensión de la ejecución del acto o de la disposición objeto del recurso

122. 1. La interposición del recurso contencioso-administrativo no impedirá a la Administración ejecutar el acto o la disposición objeto del mismo, salvo que el Tribunal acordare, a instancia del actor, la suspensión (147).

---

(146) Véanse los artículos 180 y 182 a 185 de la Ley Orgánica del Poder Judicial (apéndice 1).

(147) Véanse los artículos 111 de la Ley 30/1992, de 26 de noviembre (apéndice 15) y 51 y 113 de la Ley reguladora de las Bases del Régimen Local (apéndice 7).

Véase también el artículo 7 de la Ley 62/1978 (apéndice 3).

La Circular 5/1986 (sin fecha) «Boletín Información del Ministerio de Justicia» número 1418, de 5 de mayo), sobre actuación de los Servicios Jurídicos del Estado en los recursos

 2. Procederá la suspensión cuando la ejecución hubiese de ocasionar daños o perjuicios de reparación imposible o difícil (148).

123. 1. La suspensión podrá pedirse en cualquier estado del proceso, en primera o segunda instancia, y se sustanciará en pieza separada.

2. Solicitada la suspensión se oirá al Abogado del Estado y a las partes demandadas y coadyuvantes, si hubieren comparecido, por término común de cinco días, y si el Abogado del Estado se opusiere a la misma, fundado en que de ésta puede seguirse grave perturbación a los intereses públicos, que concretará, no podrá el Tribunal acordarla sin que previamente informe el Ministerio o autoridad de que procediese el acto o la disposición objeto del recurso.

3. Emitido el informe, o transcurrido un plazo de quince días sin haberlo recibido, el Tribunal acordará lo procedente.

4. *En los recursos que las Corporaciones locales interpongan ante las Salas de lo Contencioso-Administrativo de las Audiencias Territoriales contra acuerdos de las Delegaciones de Hacienda sobre aprobación o modificación de las Ordenanzas de Exacciones, podrán pedir, al iniciarlos, que, con carácter previo y urgente, atendidas las circunstancias de toda índole que lo aconsejen, se declare por el Tribunal, y con audiencia del* Abogado del Estado, *la aplicación provisional de los preceptos discutidos, y la resolución que sobre este particular se dicte no será apelable* (149).

---

suscitados en materia de incompatibilidades del personal de las Administraciones públicas, establece:

«2.° En los casos en que la acción jurisdiccional se interponga por el cauce contencioso-administrativo ordinario el Servicio Jurídico tendrá muy presente lo siguiente:

a) Deberá oponerse, siempre, a la petición de suspensión, destacando la carga que pesa sobre el recurrente de probar que la ejecución del acto ha de ocasionar daños o perjuicios de reparación imposible o difícil (artículo 122.1 de la LRJC); circunstancia que no puede producirse –según reiterada doctrina jurisprudencial– cuando el hipotético daño pueda, en su caso, compensarse mediante el abono de una indemnización.

b) Cuando de la suspensión pudiera derivarse grave perturbación para los intereses públicos, debe tenerse especialmente en cuenta lo previsto en el artículo 123.2 de la Ley citada, manteniendo la debida coordinación con la Administración activa al efecto de concretar los intereses públicos posiblemente afectados.

En tales casos, habrá de solicitarse la debida caución para el supuesto del artículo 124.1 de la referida Ley reguladora de la Jurisdicción.

c) De acuerdo con lo expuesto, el Servicio Jurídico no podrá allanarse a la petición de suspensión, sino con autorización expresa de este Centro Directivo, previo informe del órgano de la Administración activa competente.

....»

(148) Véase el párrafo segundo del número 7 del apartado V de la exposición de motivos de la presente Ley.

(149) Las entidades locales tienen, en la actualidad, autonomía para establecer tributos. Véanse los artículos 106 de la Ley reguladora de Bases del Régimen Local (apéndice 7) y 17 de la Ley reguladora de las Haciendas Locales (apéndice 9).

124. 1. Cuando el Tribunal acuerde la suspensión exigirá, si pudiera resultar algún daño o perjuicio a los intereses públicos o de tercero, caución suficiente para responder de los mismos.

2. La caución habrá de constituirse en metálico o fondos públicos, depositados en la Caja General de Depósitos o en las sucursales de provincia, o en las Corporaciones locales, respectivamente; o mediante aval bancario.

3. El acuerdo de suspensión no se llevará a efecto hasta que la caución esté constituida y acreditada en autos.

4. Levantada la suspensión, al término del recurso o por cualquier otra causa, la Administración o persona que pretendiese tener derecho a indemnización de los daños causados por la suspensión deberá solicitarlo ante el Tribunal por el trámite de los incidentes, dentro del año siguiente a la fecha en que aquélla hubiese quedado alzada; y si no se formulare la solicitud dentro de dicho plazo, o no se acreditase el derecho, se cancelará seguidamente la garantía constituida.

125. Acordada por el Tribunal la suspensión, se lo participará a la Administración que hubiere dictado el acto o la disposición, siendo aplicable a la efectividad de la suspensión lo dispuesto en el capítulo III de este título (150).

Sección 3.ª Incidentes e invalidez de actos procesales

126. Todas las cuestiones incidentales que se suscitaren en el proceso, incluso las que se refieran a la nulidad de actuaciones, se sustanciarán en pieza separada y sin suspender el curso de los autos.

127. 1. La nulidad de un acto no implicará la de los sucesivos que fueren independientes del mismo.

2. El Tribunal que pronunciare la nulidad de actuaciones deberá disponer, siempre que fuere posible, la conservación de aquellos actos cuyo contenido hubiere permanecido el mismo de no haberse cometido la infracción origen de la nulidad.

128. 1. Cuando se alegare la nulidad de actuaciones en autos de que conocieren en única instancia las Salas de lo Contencioso-Administrativo de las *Audiencias Territoriales* y se de-

(150) Artículos 103 a 112.

negare la subsanación, podrá, en plazo de cinco días, promoverse el correspondiente incidente de nulidad, que resolverá la propia Sala completada con el Presidente de la Audiencia y el Magistrado más antiguo de la Sala de lo Civil.

2. Si la falta se refiriese a actuaciones del Tribunal Supremo, denegada la subsanación, el incidente se resolverá por la correspondiente Sala, constituida según lo dispuesto en el artículo 16, párrafo quinto, apartado *a)* (151).

129. 1. Cuando se alegare que algunos de los actos de las partes no reúne los requisitos dispuestos por la presente Ley, la que se hallare en tal supuesto podrá subsanar el defecto dentro de los diez días siguientes al en que se le notificare el escrito que contenga la alegación (152).

2. Cuando el Tribunal apreciare de oficio la existencia de alguno de los defectos a que se refiere el párrafo anterior, dictará providencia en la que los reseñe y otorgue el mencionado plazo para la subsanación, con suspensión, en su caso, del fijado para dictar sentencia (153).

3. Si el defecto consistiere en no haberse interpuesto recurso de reposición, siendo éste preceptivo, y se hubiere denunciado esta omisión por la Administración demandada, el Tribunal requerirá al demandante para que lo formule en el plazo de diez días, y si se acreditara dentro de los cinco siguientes haberlo deducido, quedará en suspenso el procedimiento hasta que se resuelva el recurso de reposición en forma expresa, o transcurra el plazo a que se refiere el artículo 54 (154).

Sección 4.ª Costas procesales

130. 1. Todos los escritos y actuaciones deberán extenderse en el papel timbrado correspondiente a la cuantía del asun-

---

(151) En la actualidad esta referencia debe entenderse hecha al artículo 16, párrafo tercero, apartado *a)*, según la nueva redacción dada a dicho artículo por la Ley 10/1973, de 17 de marzo.

(152) Véanse los artículos 72 y 116 de esta Ley.

El auto 461/1987, de 22 de abril, del Tribunal Constitucional, declara:

«... si bien es cierto que el art. 129 de la Ley de la Jurisdicción Contencioso-Administrativa impone el otorgamiento de un plazo para la subsanación de los defectos de los actos de las partes, hay que entender que tal prescripción rige para aquéllos casos en que, como hoy se deduce del art. 11.3 de la Ley Orgánica del Poder Judicial, tales defectos sean subsanables...»

(153) Véase el artículo 57.3.

(154) Véanse los artículos 62.1 *c)*, de la presente Ley y 11.3 de la Ley Orgánica del Poder Judicial.

to, a excepción de aquellos escritos que se presenten y actuaciones que se practiquen a nombre de la Administración o de quien litigue como pobre, que se extenderán en papel de oficio. 131

2. Sin embargo, el procedimiento contencioso-administrativo será gratuito para todos cuantos intervengan en él, sin perjuicio de la condena en costas si el Tribunal apreciare mala fe o temeridad, cuando el recurso se refiera a:

a) Actos de la Administración Local; o

b) Cuestiones de personal previstas en el artículo 113 (155).

131. 1. Las Salas de lo Contencioso-Administrativo, al dictar sentencia o al resolver por auto los recursos o incidentes que ante las mismas se promovieren, impondrán las costas a la parte que sostuviere su acción, o interpusiere los recursos con mala fe o temeridad (156).

2. La parte coadyuvante no devengará ni pagará costas más que por razón de los recursos o incidentes que ella promueva con independencia de la parte principal.

3. Las costas causadas en los autos serán reguladas y tasadas según lo dispuesto en el título XI, libro I, de la Ley de Enjuiciamiento Civil (157).

---

(155) La Ley 25/1986, de 24 de diciembre («BOE» núm. 313, de 31 de diciembre), de supresión de las tasas judiciales, dispone:

«Artículo 1.° Se suprimen las tasas judiciales y las que se devengan por las actuaciones del Registro Civil.

Art. 2.° Se suprime el Impuesto de Actos Jurídicos Documentados a que están sometidas las resoluciones jurisdiccionales y los laudos arbitrales, los escritos de los interesados relacionados con ellas, así como las diligencias y actuaciones que se practiquen y testimonios que se expidan.

DISPOSICIONES ADICIONALES

Primera.–Las comunicaciones que los Juzgados y Tribunales hayan de realizar en el ejercicio de su función jurisdiccional, así como las certificaciones y testimonios expedidos por el Registro Civil, gozarán de franquicia postal y telegráfica.

Segunda.–Las actuaciones y resoluciones jurisdiccionales se extenderán en papel de oficio. Para los escritos de las partes relacionadas con ellas se utilizará papel común, cuyas características y formatos se determinarán reglamentariamente.

DISPOSICION TRANSITORIA

A partir de la entrada en vitor de la presente Ley no se devengarán tasas judiciales en los procesos y actuaciones iniciados con anterioridad. No obstante, se liquidarán o recaudarán las tasas ya devengadas.

....»

En cumplimiento de la disposición adicional primera de la Ley transcrita, la Resolución de 29 de mayo de 1989, de la Dirección General de Correos y Telégrafos («Boletín Oficial de Comunicaciones» núm. 45, de 9 de junio: corrección de errores en núm. 54, de 5 de julio), dispone la franquicia postal y telegráfica de notificaciones, citaciones y emplazamientos y otros documentos de Juzgados y Tribunales.

Véase el artículo 117 de la Ley Electoral (apéndice 10).

(156) Véanse los artículos 100.3 y 102.2 y 3 de la Ley 62/1978, de 26 de diciembre (apéndice 3).

(157) Artículos 421 a 429 de la citada Ley.

4. Con el importe de las costas que deberán abonarse a la Administración del Estado, se constituirá un fondo especial en la Caja General de Depósitos, a disposición de las Salas de lo Contencioso-Administrativo, para atender a las condenas de costas que se impongan a la Administración.

5. Para la exacción de las costas impuestas a particulares procederá el apremio administrativo en caso de resistencia.

132. 1. La declaración de pobreza corresponderá al Juez *municipal o comarcal* del domicilio de quien la solicite, con apelación ante la Sala de lo Contencioso-Administrativo competente para conocer del proceso principal.

2. La Sala de lo Contencioso-Administrativo ante quien se interponga el recurso contencioso-administrativo podrá, oyendo a las demás partes, habilitar de pobreza a quien lo solicite sin necesidad de previa justificación, siempre que estuviere notoriamente comprendido en alguno de los casos mencionados en el artículo 15 de la Ley de Enjuiciamiento Civil (158) y presentare declaración jurada y circunstanciada de tales extremos.

3. Solicitada la declaración de pobreza para interponer recurso contencioso-administrativo, dentro del plazo señalado para hacerlo en el artículo 58, éste se contará a partir de la notificación al Abogado y al Procurador de la designación de oficio.

4. Si el demandante solicitare la declaración de pobreza, no estará obligado a acompañar el documento acreditativo del pago o consignación en las cajas públicas a que se refiere el artículo 57, párrafo 2, apartado *e)*, cuando así lo exigiere expresa-

---

(158) Después de la reforma operada en la Ley de Enjuiciamiento Civil por Ley 34/1984, de 6 de agosto, los artículos 14 a 17 disponen:

«Art. 14. Se reconocerá judicialmente el derecho a justicia gratuita a quienes tengan unos ingresos o recursos económicos que por todos los conceptos no superen el doble del salario mínimo interprofesional vigente en el momento de solicitarlo.

Art. 15. No obstante, los Jueces y Tribunales, atendidas las circunstancias de familia del solicitante, número de hijos o parientes a su cargo, estado de salud, obligaciones que sobre él pesen, costo del proceso u otras circunstancias análogas, podrán conceder excepcionalmente los beneficios comprendidos en los tres primeros números del artículo 30 de esta Ley a las personas físicas cuyos ingresos o recursos económicos sean superiores al doble del salario mínimo interprofesional y no rebasen el cuádruplo.

Art. 16. Para conocer o denegar tal derecho, el Juez o Tribunal deberá tener en cuenta los ingresos o rentas del cónyuge del solicitante y los productos de los bienes de los hijos destinados legalmente al levantamiento de las cargas familiares.

Art. 17. No se reconocerá el derecho a justicia gratuita cuando el Juez o Tribunal infiera que el peticionario tiene medios superiores a los establecidos en los artículos anteriores por cualquier signo exterior o de modo de vida.

La circunstancia de ser el solicitante propietario de la vivienda en que resida no constituye por sí mismo obstáculo para el reconocimiento del derecho, siempre que aquélla no sea suntuaria».

Véase el artículo 20 de la Ley Orgánica del Poder Judicial (apéndice 1).

mente otra Ley, debiendo, en cambio, acompañar al escrito de interposición del recurso el documento acreditativo de haber efectuado aquella solicitud. Si la pobreza fuere denegada, deberá efectuar el pago o consignación dentro del mes siguiente a la notificación de la resolución denegatoria, una vez firme (159).

DISPOSICIONES TRANSITORIAS

Primera. 1. Dentro de los cinco años siguientes a la entrada en vigor de esta Ley, el Gobierno establecerá sucesivamente las Salas de lo Contencioso-Administrativo de las Audiencias Territoriales (160).

2. Su creación llevará implícita la supresión de los Tribunales provinciales que radicaren en el territorio de su jurisdicción, con la excepción prevista en el párrafo 3 de la disposición transitoria siguiente.

Segunda. 1. Los procesos pendientes ante los Tribunales provinciales, al crearse las Salas de lo Contencioso-Administrativo de las Audiencias Territoriales, pasarán a éstas en el estado en que se encuentren, salvo aquellos que por haberse celebrado vista o presentado los escritos de conclusiones solamente pendan de sentencia.

2. A tal efecto, remitirán las actuaciones y expedientes administrativos a las Salas de las Audiencias Territoriales y emplazarán a las partes para que, en el plazo de treinta días, comparezcan ante ellas, mediante Abogado o Procurador, asistido de Abogado, en los casos en que fuere preceptiva su intervención.

3. No obstante, cuando el número de asuntos lo aconsejare, el Ministerio de Justicia podrá acordar con carácter transitorio el mantenimiento del Tribunal Provincial Contencioso-Administrativo de una determinada provincia, a los solos efectos de que se decidan por él los procesos pendientes.

Tercera. 1. Los recursos contencioso-administrativos interpuestos con anterioridad a la entrada en vigor de esta Ley, cualquiera que sea su estado procesal, continuarán sustanciándose en todos sus trámites y recursos por las normas que regían a la fecha de su iniciación.

(159) Artículo redactado conforme a la Ley 10/1973, de 17 de marzo («BOE» núm. 69, de 21 de marzo).

(160) Véase la nota al epígrafe que precede al artículo 9.° de la presente Ley.

2. Los recursos contencioso-administrativos que se interpusieren después de la vigencia de esta Ley se ajustarán a lo en ella dispuesto, pero el plazo para interposición de los que se refieren a actos dictados con anterioridad será el regulado en la legislación que se deroga.

Cuarta. Los recursos de agravios interpuestos contra los actos de la Administración central a que se refiere el artículo 3.° de la Ley de 18 de marzo de 1944, dictados con anterioridad a la vigencia de esta Ley, se sustanciarán y decidirán con arreglo a lo dispuesto en aquélla.

Quinta. No podrá interponerse recurso contencioso-administrativo en relación con los actos dictados con anterioridad a la entrada en vigor de esta Ley que no fueren susceptibles de impugnación, a tenor de los artículos 2.° y 3.° de la Ley de 18 de marzo de 1944, ni con los que fueren reproducción, confirmación, revisión o reforma de ellos.

Sexta. 1. Conservarán sus derechos los Magistrados de las Salas Tercera y Cuarta del Tribunal Supremo, Secretarios y demás personal auxiliar que estuvieren adscritos a la Jurisdicción Contencioso-Administrativa al entrar en vigor esta Ley.

2. Las plazas correspondientes al turno previsto en el apartado *b)* del párrafo 2 del artículo 20, mientas no existan Magistrados que reúnan las condiciones en el mismo previstas, se proveerán entre los Fiscales generales de las Salas Tercera y Cuarta del Tribunal Supremo, los Abogados Fiscales procedentes de la Carrera Fiscal y los Magistrados adscritos a los Tribunales de lo Contencioso-Administrativo de Madrid y Barcelona que en la fecha de publicación de esta Ley y con un año de antelación a su entrada en vigor se hallen prestando sus servicios en estas mismas Salas, y, en defecto de ello, por partes iguales, siguiendo los turnos *a)* y *c)* del párrafo 2 del mencionado artículo 20.

Séptima. 1. Los Fiscales generales y los Abogados Fiscales procedentes de la Carrera Fiscal que al publicarse esta Ley estuviesen adscritos a las Salas de lo Contencioso-Administrativo del Tribunal Supremo, seguirán asumiendo la representación y defensa de la Administración pública en los términos previstos en la legislación vigente.

2. A medida que se produzcan vacantes en las plazas a que se refiere el párrafo anterior, serán provistas con Abogados del Estado.

3. Los Abogados del Estado que al publicarse esta Ley hubieren sido nombrados Abogados Fiscales de las Salas de lo

Contencioso-Administrativo del Tribunal Supremo seguirán prestando sus servicios en las mismas como tales Abogados del Estado, conservando para lo sucesivo los derechos que hubieren adquirido en orden a la cuantía de su retribución y a la edad de jubilación.

4. Mientras no sea asumida totalmente por los Abogados del Estado la representación y defensa de la Administración pública en los términos previstos en esta Ley, los Fiscales generales y Abogados Fiscales procedentes de la Carrera Fiscal dependerán orgánicamente del Fiscal del Tribunal Supremo, pero en lo que se refiere a la prestación del Servicio de Defensa de la Administración General del Estado, la Dirección General de lo Contencioso del Estado cursará las oportunas instrucciones por mediación del Fiscal del Tribunal Supremo.

Octava. 1. Los Magistrados adscritos a las Secciones especiales de los Tribunales Provinciales de lo Contencioso-Administrativo de Madrid y Barcelona, con un año de antelación a la entrada en vigor de esta Ley y que prestaren sus servicios en las mismas al crearse las Salas de lo Contencioso-Administrativo de las Audiencias Territoriales respectivas, podrán pasar a formar parte de éstas sin necesidad de concurso.

2. El plazo de diez años requerido por el apartado *b)* del párrafo 2 del artículo 20 se contará a partir de la fecha en que los Magistrados hayan comenzado a prestar sus servicios en Salas de nueva creación.

DISPOSICIONES ADICIONALES

Primera. Se autoriza al Gobierno para que, a propuesta del Ministro de Justicia, cree una nueva Sala de lo Contencioso-Administrativo en el Tribunal Supremo y regule la composición de dicha Sala y de las que existen en la actualidad, creando las plazas de Magistrados y Secretarios necesarios para su buen funcionamiento.

Segunda. No obstante lo dispuesto en el artículo 9.°, párrafo 1, el Gobierno podrá acordar, mediante Decreto, que la sede de la Sala de lo Contencioso-Administrativo radique en capital de provincia distinta de aquella en que la tenga la Audiencia Territorial respectiva, cuando el reducido número de asuntos que se tramitan en esta última lo justifique.

Tercera. Si el servicio lo requiriese, el Gobierno podrá ampliar con dos plazas más la plantilla de Magistrados de las Salas de lo Contencioso-Administrativo de las Audiencias Territoriales, sin que por ello quede dispensado el Presidente del turno de ponencias ni hayan de formar Sala número superior al señalado en el artículo 12.

Cuarta. 1. *La oposición a que se refiere el artículo 21, párrafo 2, apartado* b), *se realizará en Madrid ante un Tribunal nombrado por el Ministerio de Justicia, que presidirá el Presidente del Tribunal Supremo o de la Sala del mismo Tribunal en quien delegue, y estará constituido por los Vocales siguientes:*

a) *Dos Magistrados de Sala de lo Contencioso-Administrativo, de los que uno será del Tribunal Supremo, y el otro de Audiencia Territorial.*

b) *Dos Catedráticos de Universidad, uno de los cuales, al menos, será de Derecho Administrativo.*

c) *Un Letrado del Consejo de Estado.*

d) *Un Abogado del Estado.*

e) *Un Abogado en ejercicio designado por el Colegio de Madrid.*

f) *El Jefe de la Sección de Personal de las Carreras Judicial y Fiscal del Ministerio de Justicia, que actuará como Secretario.*

2. *Se autoriza al Ministro de Justicia para regular el programa y régimen de las oposiciones a que se refiere el párrafo anterior y el concurso previsto en el artículo 21, párrafo 2, apartado* a) (161).

Quinta. Asimismo se autoriza al Gobierno para que modifique, mediante Decreto, y cuando lo estime oportuno, la cuantía a que se refiere el *artículo 94, párrafo 1, apartado a)*, en atención a las oscilaciones que se produzcan en los índices de precios (162).

Sexta. En lo no previsto en esta Ley regirán como supletorias la de Enjuiciamiento Civil y las disposiciones orgánicas generales del Tribunal Supremo y de las *Audiencias Territoriales.*

---

(161) En la actualidad, véanse los artículos 311 a 314 y 330 y las disposiciones transitorias duodécima y decimoquinta de la Ley Orgánica del Poder Judicial (apéndice 1).

(162) En la actualidad, véanse los artículos 93.2, *b)*, y 102.2.

DISPOSICIONES FINALES

Primera. La presente Ley entrará en vigor a los seis meses de su publicación en el «Boletín Oficial del Estado».

Segunda. Quedan derogadas las disposiciones legales y reglamentarias relativas a la Jurisdicción y Procedimiento Contencioso-Administrativo, así como las reguladoras del Procedimiento Administrativo en cuanto se opongan a la presente Ley.

APENDICES

APENDICE 1

LEY ORGANICA 6/1985, DE 1 DE JULIO (JEFATURA DEL ESTADO), DEL PODER JUDICIAL

(«BOE» núm. 157, de 2 de julio de 1985; corrección de errores en «BOE» núm. 264, de 4 de noviembre)

TITULO PRELIMINAR

Del Poder Judicial y del ejercicio de la potestad jurisdiccional

Artículo 1.° La Justicia emana del pueblo y se administra en nombre del Rey y por Jueces y Magistrados integrantes del Poder Judicial, independientes, inamovibles, responsables y sometidos únicamente a la Constitución y al imperio de la Ley.

Art. 2.° 1. El ejercicio de la potestad jurisdiccional, juzgando y haciendo ejecutar lo juzgado, corresponde exclusivamente a los Juzgados y Tribunales determinados en las leyes y en los tratados internacionales.

2. Los Juzgados y Tribunales no ejercerán más funciones que las señaladas en el párrafo anterior, las de Registro Civil y las demás que expresamente les sean atribuidas por Ley en garantía de cualquier derecho.

Art. 3.° 1. La jurisdicción es única y se ejerce por los Juzgados y Tribunales previstos en esta Ley, sin perjuicio de las potestades jurisdiccionales reconocidas por la Constitución a otros órganos.

2. La competencia de la jurisdicción militar quedará limitada al ámbito estrictamente castrense respecto de los hechos tipificados como delitos militares por el Código Penal Militar y a los supuestos de estado de sitio, de acuerdo con la declaración de dicho estado y la ley Orgánica que lo regula, sin perjuicio de lo que se establece en el artículo 9, apartado 2, de esta Ley.

Art. 4.° La jurisdicción se extiende a todas las personas, a todas las materias y a todo el territorio español, en la forma establecida en la Constitución y en las leyes.

Art. 5.° 1. La Constitución es la norma suprema del ordenamiento jurídico, y vincula a todos los Jueces y Tribunales, quienes interpretarán y aplicarán las leyes y los Reglamentos según los preceptos y principios constitucionales, conforme a la interpretación de los mismos que resulte de las resoluciones dictadas por el Tribunal Constitucional en todo tipo de procesos.

2. Cuando un órgano judicial considere, en algún proceso, que una norma con rango de Ley, aplicable al caso, de cuya validez dependa el fallo, pueda ser contraria a la Constitución, planteará la cuestión ante el Tribunal Constitucional, con arreglo a lo que establece su Ley Orgánica.

3. Procederá el planteamiento de la cuestión de inconstitucionalidad cuando por vía interpretativa no sea posible la acomodación de la norma al ordenamiento constitucional.

4. En todos los casos en que, según la Ley, proceda recurso de casación, será suficiente para fundamentarlo la infracción de precepto constitucional. En este supuesto, la competencia para decidir el recurso corresponderá siempre al Tribunal Supremo, cualesquiera que sean la materia, el derecho aplicable y el orden jurisdiccional.

Art. 6.° Los Jueces y Tribunales no aplicarán los Reglamentos o cualquier otra disposición contrarios a la Constitución, a la Ley o al principio de jerarquía normativa.

Art. 7.° 1. Los derechos y libertades reconocidos en el capítulo segundo del título I de la Constitución vinculan, en su integridad, a todos los Jueces y Tribunales y están garantizados bajo la tutela efectiva de los mismos.

2. En especial, los derechos enunciados en el artículo 53.2 de la Constitución se reconocerán, en todo caso, de conformidad con su contenido constitucionalmente declarado, sin que las resoluciones judiciales puedan restringir, menoscabar o inaplicar dicho contenido (1).

3. Los Juzgados y Tribunales protegerán los derechos e intereses legítimos, tanto individuales como colectivos, sin que en ningún caso pueda producirse indefensión. Para la defensa de estos últimos se reconocerá la legitimación de las corporaciones, asociaciones y grupos que resulten afectados o que estén legalmente habilitados para su defensa y promoción.

Art. 8.° Los Tribunales controlan la potestad reglamentaria y la legalidad de la actuación administrativa, así como el sometimiento de ésta a los fines que la justifican.

Art. 9.° 1. Los Juzgados y Tribunales ejercerán su jurisdicción exclusivamente en aquellos casos en que les venga atribuida por esta u otra Ley.

2. Los Tribunales y Juzgados del orden civil conocerán, además de las materias que les son propias, de todas aquellas que no estén atribuidas a otro orden jurisdiccional.

---

(1) Véase la Ley 62/1978, de 26 de diciembre (apéndice 3).

En este orden civil, corresponderá a la jurisdicción militar la prevención de los juicios de testamentaría y de abintestato de los miembros de las Fuerzas Armadas que, en tiempo de guerra, fallecieren en campaña o navegación, limitándose a la práctica de la asistencia imprescindible para disponer el sepelio del difunto y la formación del inventario y aseguramiento provisorio de sus bienes, dando siempre cuenta a la Autoridad judicial civil competente.

3. Los del orden jurisdiccional penal tendrán atribuido el conocimiento de las causas y juicios criminales con excepción de los que correspondan a la jurisdicción militar.

4. Los del orden contencioso-administrativo conocerán de las pretensiones que se deduzcan en relación con los actos de la Administración pública sujetos al Derecho administrativo y con las disposiciones reglamentarias.

5. Los del orden jurisdiccional social conocerán de las pretensiones que se promuevan dentro de la rama social del Derecho, tanto en conflictos individuales como colectivos, así como las reclamaciones en materia de Seguridad Social o contra el Estado cuando le atribuya responsabilidad la legislación laboral.

6. La jurisdicción es improrrogable. Los órganos judiciales apreciarán de oficio la falta de jurisdicción y resolverán sobre la misma con audiencia de las partes y del Ministerio Fiscal. En todo caso, esta resolución será fundada y se efectuará indicando siempre el orden jurisdiccional que se estime competente (2).

Art. 10. 1. A los solos efectos prejudiciales, cada orden jurisdiccional podrá conocer de asuntos que no le estén atribuidos privativamente.

2. No obstante, la existencia de una cuestión prejudicial penal de la que no pueda prescindirse para la debida decisión o que condicione directamente el contenido de ésta, determinará la suspensión del procedimiento, mientras aquélla no sea resuelta por los órganos penales a quienes corresponda, salvo las excepciones que la Ley establezca.

Art. 11. 1. En todo tipo de procedimiento se respetarán las reglas de la buena fe. No surtirán efecto las pruebas obtenidas, directa o indirectamente, violentando los derechos o libertades fundamentales.

2. Los Juzgados y Tribunales rechazarán fundadamente las peticiones, incidentes y excepciones que se formulen con manifiesto abuso de derecho o entrañen fraude de ley o procesal.

3. Los Juzgados y Tribunales, de conformidad con el principio de tutela efectiva consagrado en el artículo 24 de la Constitución, deberán resolver siempre sobre las pretensiones que se les formulen, y sólo podrán desestimarlas por motivos formales cuando el defecto fuese insubsanable o no se subsanare por el procedimiento establecido en las leyes (3).

---

(2) Véase el artículo 50.1 de la presente Ley.
(3) Véase el artículo 129 de la Ley reguladora de la Jurisdicción Contencioso-Administrativa.

Art. 12. 1. En el ejercicio de la potestad jursidiccional, los Jueces y Magistrados son independientes respecto a todos los órganos judiciales y de gobierno del Poder Judicial.

2. No podrán los Jueces y Tribunales corregir la aplicación o interpretación del ordenamiento jurídico hecha por sus inferiores en el orden jerárquico judicial sino cuando administren justicia en virtud de los recursos que las leyes establezcan.

3. Tampoco podrán los Jueces y Tribunales, órganos de gobierno de los mismos o el Consejo General del Poder Judicial dictar instrucciones, de carácter general o particular, dirigidas a sus inferiores, sobre la aplicación o interpretación del ordenamiento jurídico que lleven a cabo en el ejercicio de su función jurisdiccional.

Art. 13. Todos están obligados a respetar la independencia de los Jueces y Magistrados.

Art. 14. 1. Los Jueces y Magistrados que se consideren inquietados o perturbados en su independencia lo pondrán en conocimiento del Consejo General del Poder Judicial, dando cuenta de los hechos al Juez o Tribunal competente para seguir el procedimiento adecuado, sin perjuicio de practicar por sí mismos las diligencias estrictamente indispensables para asegurar la acción de la justicia y restaurar el orden jurídico.

2. El Ministerio Fiscal, por sí o a petición de aquéllos, promoverá las acciones pertinentes en defensa de la independencia judicial.

Art. 15. Los Jueces y Magistrados no podrán ser separados, suspendidos, trasladados ni jubilados sino por alguna de las causas y con las garantías previstas en esta ley.

Art. 16. 1. Los Jueces y Magistrados responderán penal y civilmente en los casos y en la forma determinada en las leyes, y disciplinariamente de conformidad con lo establecido en esta Ley (4).

2. Se prohíben los Tribunales de Honor en la Administración de Justicia.

Art. 17. 1. Todas las personas y entidades públicas y privadas están obligadas a prestar, en la forma que la Ley establezca, la colaboración requerida por los Jueces y Tribunales en el curso del proceso y en la ejecución de lo resuelto, con las excepciones que establezcan la Constitución y las leyes, y sin perjuicio del resarcimiento de los gastos y del abono de las remuneraciones debidas que procedan conforme a la Ley.

2. Las Administraciones públicas, las Autoridades y funcionarios, las Corporaciones y todas las entidades públicas y privadas, y los particulares, respetarán y, en su caso, cumplirán las sentencias y las demás resoluciones judiciales que hayan ganado firmeza o sean ejecutables de acuerdo con las leyes.

Art. 18. 1. Las resoluciones judiciales sólo podrán dejarse sin efecto en virtud de los recursos previstos en las leyes.

---

(4) Artículos 757 a 778 de la Ley de Enjuiciamiento Criminal, 903 a 918 de la Ley de Enjuiciamiento Civil y 297, 405 y siguientes de la presente Ley.

2. Las sentencias se ejecutarán en sus propios términos. Si la ejecución resultare imposible, el Juez o Tribunal adoptará las medidas necesarias que aseguren la mayor efectividad de la ejecutoria, y fijará en todo caso la indemnización que sea procedente en la parte en que aquélla no pueda ser objeto de cumplimiento pleno. Sólo por causa de utilidad pública o interés social, declarada por el Gobierno, podrán expropiarse los derechos reconocidos frente a la Administración pública en una sentencia firme, antes de su ejecución. En este caso, el Juez o Tribunal a quien corresponda la ejecución será el único competente para señalar por vía incidental la correspondiente indemnización.

3. Lo dispuesto en este artículo se entiende sin perjuicio del derecho de gracia, cuyo ejercicio, de acuerdo con la Constitución y las leyes, corresponde al Rey.

Art. 19. 1. Los ciudadanos de nacionalidad española podrán ejercer la acción popular, en los casos y formas establecidos en la Ley.

2. Asimismo, podrán participar en la Administración de Justicia: mediante la institución del Jurado, en la forma y con respecto a aquellos procesos penales que la Ley determine; en los Tribunales consuetudinarios y tradicionales y en los demás casos previstos en esta Ley.

3. Tiene el carácter de Tribunal consuetudinario y tradicional el Tribunal de las Aguas de la Vega Valenciana.

Art. 20. 1. La justicia será gratuita en los supuestos que establezca la Ley (5).

2. Se regulará por Ley un sistema de justicia gratuita que dé efectividad al derecho declarado en los artículos 24 y 119 de la Constitución, en los casos de insuficiencia de recursos para litigar.

3. No podrán exigirse fianzas que por su inadecuación impidan el ejercicio de la acción popular, que será siempre gratuita.

LIBRO PRIMERO

De la extensión y límites de la jurisdicción y de la planta y organización de los Juzgados y Tribunales

TITULO PRIMERO

De la extensión y límites de la jurisdicción

Artículo 21. 1. Los Juzgados y Tribunales españoles conocerán de los juicios que se susciten en territorio español entre españoles, entre extranjeros y entre españoles y extranjeros con arreglo a lo establecido

(5) Véase la Ley 25/1986, de 24 de diciembre, de supresión de las tasas judiciales, transcrita en nota al epígrafe que precede al artículo 130 de la Ley reguladora de la Jurisdicción Contencioso-Administrativa.

en la presente Ley y en los tratados y convenios internacionales en los que España sea parte.

2. Se exceptúan los supuestos de inmunidad de jurisdicción y de ejecución establecidos por las normas del Derecho Internacional Público.

....

Art. 24. En el orden contencioso-administrativo será competente en todo caso, la jurisdicción española cuando la pretensión que se deduzca se refiera a disposiciones de carácter general o a actos de las Administraciones públicas españolas. Asimismo, conocerá de las que se deduzcan en relación con actos de los Poderes públicos españoles, de acuerdo con lo que dispongan las leyes.

....

TITULO II

De la planta y organización territorial

CAPITULO PRIMERO

De los Jugados y Tribunales

Art. 26. El ejercicio de la potestad jurisdiccional se atribuye a los siguientes Juzgados y Tribunales:

– Juzgados de Paz.
– Juzgados de Primera Instancia e Instrucción, de lo Penal, de lo Contencioso-Administrativo, de lo Social, de Menores y de Vigilancia Penitenciaria (6).
– Audiencias Provinciales.
– Tribunales Superiores de Justicia.
– Audiencia Nacional.
– Tribunal Supremo.

Art. 27. 1. En las Salas de los Tribunales en las que existan dos o más Secciones se designarán por numeración ordinal.

2. En las poblaciones en que existan dos o más Juzgados del mismo orden jurisdiccional y de la misma clase se designarán por numeración cardinal.

Art. 28. En cada Sala o Sección de los Tribunales habrá una o más Secretarías y una sola en cada Juzgado.

Art. 29. La planta de los Juzgados y Tribunales se establecerá por ley. Será revisada, al menos, cada cinco años, previo informe del Consejo General del Poder Judicial, para adaptarla a las nuevas necesidades (7).

---

(6) Inciso redactado conforme a la Ley Orgánica 7/1988, de 28 de diciembre («BOE» núm. 313, de 30 de diciembre).

(7) Véase la Ley de Demarcación y de Planta Judicial (apéndice 2).

CAPITULO II

DE LA DIVISIÓN TERRITORIAL EN LO JUDICIAL

Art. 30. El Estado se organiza territorialmente, a efectos judiciales, en municipios, partidos, provincias y Comunidades Autónomas.

Art. 31. El municipio se corresponde con la demarcación administrativa del mismo nombre.

Art. 32. 1. El partido es la unidad territorial integrada por uno o más municipios limítrofes, pertenecientes a una misma provincia.

2. La modificación de partidos se realizará, en su caso, en función del número de asuntos, de las características de la población, medios de comunicación y comarcas naturales.

3. El partido podrá coincidir con la demarcación provincial.

Art. 33. La provincia se ajustará a los límites territoriales de la demarcación administrativa del mismo nombre.

Art. 34. La Comunidad Autónoma será el ámbito territorial de los Tribunales Superiores de Justicia.

Art. 35. 1. La demarcación judicial, que determinará la circunscripción territorial de los órganos judiciales, se establecerá por Ley (7).

2. A tal fin, las Comunidades Autónomas participarán en la organización de la demarcación judicial de sus territorios respectivos, remitiendo al Gobierno, a solicitud de éste, una propuesta de la misma en la que fijarán los partidos judiciales.

3. El Ministerio de Justicia, vistas las propuestas de las Comunidades Autónomas, redactará un anteproyecto, que será informado por el Consejo General del Poder Judicial en el plazo de dos meses.

4. Emitido el precitado informe, el Gobierno aprobará el oportuno proyecto de ley, que, en unión de las propuestas de las Comunidades Autónomas y del informe del Consejo General del Poder Judicial, remitirá a las Cortes Generales para su tramitación.

5. La demarcación judicial será revisada cada cinco años, o antes si las circunstancias lo aconsejan, mediante ley elaborada conforme al procedimiento anteriormente establecido.

6. Las Comunidades Autónomas determinarán, por ley, la capitalidad de los partidos judiciales (8).

Art. 36. La creación de Secciones y Juzgados corresponderá al Gobierno cuando no suponga alteración de la demarcación judicial, oídos preceptivamente la Comunidad Autónoma afectada y el Consejo General del Poder Judicial.

....

(8) Véase la disposición transitoria primera de la Ley de Demarcación y de Planta Judicial (apéndice 2) y su nota.

TITULO III

De los conflictos de jurisdicción y de los conflictos y cuestiones de competencia

CAPITULO PRIMERO

De los conflictos de jurisdicción

Art. 38. 1. Los conflictos de jurisdicción entre los Juzgados o Tribunales y la Administración serán resueltos por un órgano colegiado constituido por el Presidente del Tribunal Supremo, que lo presidirá, y por cinco vocales, de los que dos serán Magistrados de la Sala de lo Contencioso-Administrativo del Tribunal Supremo, designados por el Pleno del Consejo del Poder Judicial, y los otros tres serán Consejeros Permanentes de Estado, actuando como Secretario el de Gobierno del Tribunal Supremo.

2. El Presidente tendrá siempre voto de calidad en caso de empate (9).

Art. 39. 1. Los conflictos de jurisdicción entre los Juzgados o Tribunales de cualquier orden jurisdiccional de la jurisdicción ordinaria y los órganos judiciales militares, serán resueltos por la Sala de Conflictos de Jurisdicción, compuesta por el Presidente del Tribunal Supremo, que la presidirá, dos Magistrados de la Sala del Tribunal Supremo del orden jurisdiccional en conflicto y dos Magistrados de la Sala de lo Militar, todos ellos designados por el Pleno del Consejo General del Poder Judicial. Actuará como Secretario de esta Sala el de Gobierno del Tribunal Supremo (10).

2. El Presidente tendrá siempre voto de calidad en caso de empate.

Art. 40. Anualmente se renovarán los componentes de los órganos colegiados decisorios previstos en los dos artículos anteriores.

Art. 41. El planteamiento, tramitación y decisión de los conflictos de jurisdicción se ajustará a lo dispuesto en la Ley.

CAPITULO II

De los conflictos de competencia

Art. 42. Los conflictos de competencia que puedan producirse entre Juzgados o Tribunales de distinto orden jurisdiccional integrados en el Poder Judicial, se resolverán por una Sala especial del Tribunal Su-

---

(9) Véanse el artículo 1 de la Ley de Conflictos Jurisdiccionales (apéndice 13) y la disposición adicional cuarta de la presente Ley.

(10) Apartado redactado conforme a la Ley Orgánica 4/1987, de 15 de julio («BOE» número 171, de 18 de julio), de la Competencia y Organización de la Jurisdicción Militar.

Véase el artículo 22 de la Ley de Conflictos Jurisdiccionales (apéndice 13).

premo, presidida por el Presidente y compuesta por dos Magistrados, uno por cada orden jurisdiccional en conflicto, que serán designados anualmente por la Sala de gobierno. Actuará como Secretario de esta Sala especial el de Gobierno del Tribunal Supremo.

Art. 43. Los conflictos de competencia, tanto positivos como negativos, podrán ser promovidos de oficio o a instancia de parte o del Ministerio Fiscal, mientras el proceso no haya concluido por sentencia firme, salvo que el conflicto se refiera a la ejecución del fallo.

Art. 44. El orden jurisdiccional penal es siempre preferente. Ningún Juez o Tribunal podrá plantear conflicto de competencia a los órganos de dicho orden jurisdiccional.

Art. 45. Suscitado el conflicto de competencia en escrito razonado, en el que se expresarán los preceptos legales en que se funde, el Juez o Tribunal, oídas las partes y el Ministerio Fiscal por plazo común de diez días, decidirá por medio de auto si procede declinar el conocimiento del asunto o requerir al órgano jurisdiccional que esté conociendo para que deje de hacerlo.

Art. 46. 1. Al requerimiento de inhibición se acompañará testimonio del auto dictado por el Juez o Tribunal requirente, de los escritos de las partes y del Ministerio Fiscal y de los demás particulares que se estimen conducentes para justificar la competencia de aquél.

2. El requerido, con audiencia del Ministerio Fiscal y de las partes por plazo común de diez días, dictará auto resolviendo sobre su competencia.

Art. 47. 1. Si no se accediere al requerimiento, se comunicará así al requirente y se elevarán por ambos las actuaciones a la Sala de Conflictos, conservando ambos órganos, en su caso, los testimonios necesarios para cumplir lo previsto en el apartado 2 del artículo 48.

2. La Sala, oído el Ministerio Fiscal por plazo no superior a diez días, dictará auto en los diez siguientes, sin que contra él quepa recurso alguno. El auto que se dicte resolverá definitivamente el conflicto de competencia.

Art. 48. 1. Desde que se dicte el auto declinando la competencia o acordando el requerimiento, y desde que se tenga conocimiento de éste por el Juez o Tribunal requerido, se suspenderá el procedimiento en el asunto a que se refiere aquél.

2. No obstante, la suspensión no alcanzará a las actuaciones preventivas o preparatorias ni a las cautelares, cualesquiera que sean los órdenes jurisdiccionales en eventual conflicto, que tengan carácter urgente o necesario, o que, de no adoptarse, pudieran producir un quebranto irreparable o de difícil reparación. En su caso, los Jueces o Tribunales adoptarán las garantías procedentes para asegurar los derechos o intereses de las partes o de terceros o el interés público.

Art. 49. Las resoluciones recaídas en la tramitación de los conflictos de competencia no serán susceptibles de recurso alguno, ordinario o extraordinario.

Art. 50. 1. Contra la resolución firme en que el órgano del orden jurisdiccional indicado en la resolución a que se refiere el apartado 6 del artículo 9 declare su falta de jurisdicción en un proceso cuyos sujetos y pretensiones fueren los mismos, podrá interponerse en el plazo de diez días recurso por defecto de jurisdicción.

2. El recurso se interpondrá ante el órgano que dictó la resolución, quien, tras oír a las partes personadas, si las hubiere, remitirá las actuaciones a la Sala de Conflictos.

3. La Sala reclamará del Juzgado o Tribunal que declaró en primer lugar su falta de jurisdicción que le remita las actuaciones y, oído el Ministerio Fiscal por plazo no superior a diez días, dictará auto dentro de los diez siguientes.

CAPITULO III

De las cuestiones de competencia

Art. 51. 1. Las cuestiones de competencia entre Juzgados y Tribunales de un mismo orden jurisdiccional se resolverán por el órgano inmediato superior común, conforme a las normas establecidas en las Leyes procesales.

2. En la resolución en que se declare la falta de competencia se expresará el órgano que se considere competente.

Art. 52. No podrán suscitarse cuestiones de competencia entre Jueces y Tribunales subordinados entre sí. El Juez o Tribunal superior fijará, en todo caso, y sin ulterior recurso, su propia competencia, oídas las partes y el Ministerio Fiscal por plazo común de diez días. Acordado lo procedente, recabarán las actuaciones del Juez o Tribunal inferior o le remitirán las que se hallare conociendo.

TITULO IV

De la composición y atribuciones de los órganos jurisdiccionales

CAPITULO PRIMERO

Del Tribunal Supremo (11)

Art. 53. El Tribunal Supremo, con sede en la villa de Madrid, es el órgano jurisdiccional superior en todos los órdenes, salvo lo dispuesto en

(11) Véanse los artículos 1, 6, 11, 28 y 29, y disposición transitoria segunda de la Ley de Demarcación y Planta Judicial (apéndice 2).

materia de garantías constitucionales. Tendrá jurisdicción en toda España y ningún otro podrá tener el título de Supremo.

Art. 54. El Tribunal Supremo se compondrá de su Presidente, los Presidentes de Sala y los Magistrados que determine la ley para cada una de las Salas y, en su caso, Secciones en que las mismas puedan articularse.

Art. 55. El Tribunal Supremo estará integrado por las siguientes Salas:

– Primera, de lo Civil.
– Segunda, de lo Penal.
– Tercera, de lo Contencioso-Administrativo.
– Cuarta, de lo Social.
– Quinta, de lo Militar, que se regirá por su legislación específica y supletoriamente por la presente Ley y por el ordenamiento común a las demás Salas del Tribunal Supremo (12).

....

Art. 58. La Sala de lo Contencioso-Administrativo del Tribunal Supremo conocerá:

1.° En única instancia, de los recursos contencioso-administrativos que se promuevan contra actos y disposiciones emanadas del Consejo de Ministros o de sus Comisiones Delegadas de los recursos contra los actos y disposiciones procedentes del Consejo General del Poder Judicial y contra los actos y disposiciones de los órganos de gobierno del Congreso de los Diputados y del Senado, del Tribunal Constitucional, del Tribunal de Cuentas y del Defensor del Pueblo en materia de personal y actos de administración.

2.° De los recursos de casación que se interpongan contra las sentencias dictadas por la Sala de lo Contencioso-Administrativo de la Audiencia Nacional (13).

3.° De los recursos de casación que establezca la ley contra las sentencias dictadas en única instancia por las Salas de lo Contencioso-Administrativo de los Tribunales Superiores de Justicia en recursos contra actos y disposiciones procedentes de órganos de la Administración del Estado (13).

4.° De los recursos de casación que establezca la ley contra las sentencias dictadas en única instancia por las Salas de lo Contencioso-Administrativo de los Tribunales Superiores de Justicia, en relación con actos y disposiciones de las Comunidades Autónomas y siempre que dicho recurso se funde en infracción de normas no emanadas de los órganos de aquéllas (13).

---

(12) Artículo redactado conforme a la Ley Orgánica 4/1987, de 15 de julio («BOE» número 171, de 18 de julio), de la Competencia y Organización de la Jurisdicción Militar.

(13) Véanse los artículos 93, 102-*a* y 102-*b*, de la Ley reguladora de la Jurisdicción Contencioso-Administrativa.

5.° De los recursos que establezca la ley contra las resoluciones del Tribunal de Cuentas (14).

6.° De los recursos de revisión que establezca la ley y que no estén atribuidos a las Salas de lo Contencioso-Administrativo de los Tribunales Superiores de Justicia (15).

....

Art. 60. 1. Conocerá además cada una de las Salas del Tribunal Supremo de las recusaciones que se interpusieren contra los Magistrados que las compongan, y de las cuestiones de competencia entre Juzgados o Tribunales del propio orden jurisdiccional que no tengan otro superior común.

2. A estos efectos, los Magistrados recusados no formarán parte de la Sala.

Art. 61. 1. Una Sala formada por el Presidente del Tribunal Supremo, los Presidentes de Sala y el Magistrado más antiguo y el más moderno de cada una de ellas conocerá:

1.° De los recursos de revisión contra las sentencias dictadas en única instancia por la Sala de lo Contencioso-Administrativo de dicho Tribunal.

2.° De los incidentes de recusación del Presidente del Tribunal Supremo, o de los Presidentes de Sala, o de más de dos Magistrados de una Sala.

En este caso, los afectados directamente por la recusación serán sustituidos por quienes corresponda.

3.° De las demandas de responsabilidad civil que se dirijan contra los Presidentes de Sala o contra todos o la mayor parte de los Magistrados de una Sala de dicho Tribunal por hechos realizados en el ejercicio de su cargo.

4.° De la instrucción y enjuiciamiento de las causas contra los Presidentes de Sala o contra los Magistrados de una Sala, cuando sean juzgados todos o la mayor parte de los que la constituyen.

5.° Del conocimiento de las pretensiones de declaración de error judicial cuanto éste se impute a una Sala del Tribunal Supremo.

2. En las causas a que se refiere el número 4 del apartado anterior, se designará de entre los miembros de la Sala, conforme a un turno preestablecido, un instructor, que no formará parte de la misma, para enjuiciarlos (16).

---

(14) El artículo 52 de la Ley 7/1988, de 5 de abril («BOE» núm. 84, de 7 de abril), de Funcionamiento del Tribunal de Cuentas, establece:

«2. La Sala de lo Contencioso-Administrativo del Tribunal Supremo conocerá de los recursos de casación y revisión que se interpongan contra las sentencias pronunciadas por las Salas del Tribunal de Cuentas, en los casos y por los motivos determinados en esta Ley».

Véanse los artículos 93, 5, y 102-*c*, 3, de la Ley reguladora de la Jurisdicción Contencioso-Administrativa.

(15) Véase el artículo 102-*c* de la Ley reguladora de la Jurisdicción Contencioso-Administrativa.

(16) Apartado introducido por la Ley Orgánica 7/1988, de 28 de diciembre.

CAPITULO II

DE LA AUDIENCIA NACIONAL (17)

Art. 62. La Audiencia Nacional, con sede en la villa de Madrid, tiene jurisdicción en toda España.

Art. 63. 1. La Audiencia Nacional se compondrá de su Presidente, los Presidentes de Sala y los Magistrados que determine la ley para cada una de sus Salas y Secciones.

2. El Presidente de la Audiencia Nacional tendrá la consideración de Presidente de Sala del Tribunal Supremo, y los Presidentes de Sala, la categoría de Magistrado del Tribunal Supremo.

Art. 64. 1. La Audiencia Nacional estará integrada por las siguientes Salas:

- De lo Penal.
- De lo Contencioso-Administrativo.
- De lo social.

2. En el caso de que el número de asuntos lo aconseje, podrán crearse dos o más Secciones dentro de una Sala.

....

Art. 66. La Sala de lo Contencioso-Administrativo de la Audiencia Nacional conocerá en única instancia de los recursos contra disposiciones y actos emanados de los Ministros y de los Secretarios de Estado, salvo que confirmen en vía administrativa de recurso o en procedimiento de fiscalización o tutela los dictados por órganos o entidades distintos, cualquiera que sea su ámbito territorial (17).

....

Art. 68. 1. Conocerá además cada una de las Salas de la Audiencia Nacional de las recusaciones que se interpusieren contra los Magistrados que las compongan.

2. A estos efectos, los Magistrados recusados no formarán parte de la Sala.

Art. 69. Una Sala formada por el Presidente de la Audiencia Nacional, los Presidentes de las Salas y el Magistrado más antiguo y el más moderno de cada una, o aquél que, respectivamente, le sustituya, conocerá de los incidentes de recusación del Presidente, de los Presidentes de Sala o de más de dos Magistrados de una Sala.

---

(17) Véanse los artículos 1, 6 y 12 de la Ley de Demarcación y de Planta Judicial (apéndice 2).

La disposición transitoria quinta de la Ley 16/1989, de 17 de julio («BOE» núm. 170, de 18 de julio), de Defensa de la Competencia, establece:

«Hasta que se apruebe la disposición legal oportuna, las resoluciones del Tribunal de Defensa de la Competencia serán impugnables directamente ante la Sala de lo Contencioso-Administrativo de la Audiencia Nacional».

CAPITULO III

DE LOS TRIBUNALES SUPERIORES DE JUSTICIA

Art. 70. El Tribunal Superior de Justicia de la Comunidad Autónoma culminará la organización judicial en el ámbito territorial de aquélla, sin perjuicio de la jurisdicción que corresponde al Tribunal Supremo (18).

Art. 71. El Tribunal Superior de Justicia tomará el nombre de la Comunidad Autónoma y extenderá su jurisdicción al ámbito territorial de ésta.

Art. 72. 1. El Tribunal Superior de Justicia estará integrado por las siguientes Salas: de lo Civil y Penal, de lo Contencioso-Administrativo y de lo Social.

2. Se compondrá de un Presidente, que lo será también de su Sala de lo Civil y Penal, y tendrá la consideración de Magistrado del Tribunal Supremo mientras desempeñe el cargo; de los Presidentes de Sala y de los Magistrados que determine la ley para cada una de las Salas y, en su caso, de las Secciones que puedan dentro de ellas crearse.

....

Art. 74. 1. La Sala de lo Contencioso-Administrativo del Tribunal Superior de Justicia conocerá en única instancia:

a) De los recursos contencioso-administrativos contra los actos y disposiciones de los órganos de la Administración del Estado que no estén atribuidos o se atribuyan por ley a otros órganos de este orden jurisdiccional (19).

b) De los recursos contencioso-administrativos que se formulen contra los actos y disposiciones administrativas del Consejo de Gobierno de la Comunidad Autónoma, de su Presidente y de los Consejeros, salvo que confirmen en vía administrativa de recurso o en procedimiento de fiscalización o tutela los dictados por órganos o entidades distintos (19).

c) De los recursos contra las disposiciones y actos procedentes de los órganos de gobierno de la Asamblea legislativa de la Comunidad Autónoma y de sus Comisionados, en materia de personal y actos de administración (19).

---

(18) Véanse las disposiciones adicionales segunda y tercera y la transitoria segunda de la presente Ley y los artículos 2, 7, 13, 32 a 35, 57, 58 y disposiciones transitorias primera y tercera de la Ley de Demarcación y de Planta Judicial (apéndice 2).

(19) Véanse los artículos 93 y siguientes de la Ley reguladora de la Jurisdicción Contencioso-Administrativa.

Sobre integración en Secciones de las diferentes Salas y normas de reparto entre las mismas, véanse los siguientes acuerdos de la Comisión Permanente del Consejo General del Poder Judicial:

– Madrid: Acuerdo de 17 de noviembre de 1992 («BOE» núm. 290, de 3 de diciembre).
– Galicia: Acuerdo de 4 de abril de 1991 («BOE» núm. 93, de 18 de abril).
– Asturias: Acuerdos de 8 de octubre de 1991 («BOE» núm. 249, de 17 de octubre) y 20 de agosto de 1992 («BOE» núm. 224, de 17 de septiembre).
– Andalucía: Acuerdos de 15 de septiembre de 1989, transcrito en nota al artículo 2 de la Ley de Demarcación y Planta (apéndice 2) y 23 de septiembre de 1991 («BOE» núm. 236, de 2 de octubre).

d) Del recurso contencioso-electoral contra los acuerdos de las Juntas electorales sobre proclamación de electos, así como sobre la elección y proclamación de los Presidentes de las Corporaciones Locales (20).

2. En segunda instancia conocerá de los recursos que establezca la ley que se promuevan contra las resoluciones de los Juzgados de lo Contencioso-Administrativo con sede en la Comunidad Autónoma.

3. La Sala de lo Contencioso-Administrativo del Tribunal Superior de Justicia conocerá igualmente de las cuestiones de competencia entre los Juzgados de lo Contencioso-Administrativo con sede en la Comunidad Autónoma.

....

Art. 76. Cada una de las Salas del Tribunal Superior de Justicia conocerá de las recusaciones que se formulen contra sus Magistrados cuando la competencia no corresponda a la Sala a que se refiere el artículo siguiente.

Art. 77. 1. Una Sala constituida por el Presidente del Tribunal Superior de Justicia, los Presidentes de Sala y el Magistrado más moderno de cada una de ellas conocerá de las recusaciones formuladas contra el Presidente, los Presidentes de Sala o de Audiencias Provinciales con sede en la Comunidad Autónoma o de dos o más Magistrados de una Sala o Sección o de una Audiencia Provincial.

2. El recusado no podrá formar parte de la Sala, produciéndose, en su caso, su sustitución con arreglo a lo previsto en esta ley.

Art. 78. Cuando el número de asuntos procedentes de determinadas provincias u otras circunstancias lo requieran podrán crearse, con carácter excepcional, Salas de lo Contencioso-Administrativo o de lo Social con jurisdicción limitada a una o varias provincias de la misma Comunidad Autónoma, en cuya capital tendrán su sede. Dichas Salas estarán formadas, como mínimo, por su Presidente, y se completarán, en su caso, con Magistrados de la Audiencia Provincial de su sede (21).

Art. 79. La Ley de planta podrá, en aquellos Tribunales Superiores de Justicia en que el número de asuntos lo justifique, reducir el de Magistrados, quedando compuestas las Salas por su respectivo Presidente y por los Presidentes y Magistrados, en su caso, que aquéllas determine (22).

....

(20) Véase el artículo 112 de la Ley Orgánica del Régimen Electoral General (apéndice 10).

(21) Véase la disposición adicional tercera de esta Ley y el artículo 2 de la Ley de Demarcación y de Planta Judicial (apéndice 2).

(22) Véase el anexo IV de la Ley de Demarcación y de Planta Judicial (apéndice 2).

CAPITULO V

DE LOS JUZGADOS DE PRIMERA INSTANCIA E INSTRUCCIÓN, DE LO PENAL, DE LO CONTENCIOSO-ADMINISTRATIVO, DE LO SOCIAL, DE VIGILANCIA PENITENCIARIA Y DE MENORES (23)

....

Art. 90. 1. En cada provincia, con jurisdicción en toda ella y sede en su capital, habrá uno o más Juzgados de lo Contencioso-Administrativo (24).

2. Cuando el volumen de asuntos lo requiera, se podrán establecer uno o más Juzgados de lo Contencioso-Administrativo en las poblaciones que por ley se determine. Tomarán la denominación del municipio de su sede, y extenderán su jurisdicción al partido correspondiente.

3. También podrán crearse excepcionalmente Juzgados de lo Contencioso-Administrativo que extiendan su jurisdicción a más de una provincia dentro de la misma Comunidad Autónoma.

Art. 91. Los Juzgados de lo Contencioso-Administrativo conocerán, en primera o única instancia, de los recursos contencioso-administrativos no atribuidos a otros órganos de este orden jurisdiccional.

....

Art. 98. 1. El Consejo General del Poder Judicial podrá acordar, previo informe de la Sala de Gobierno, a propuesta, en su caso, de la Junta de Jueces, que en aquellas circunscripciones en que exista más de un Juzgado de la misma clase, uno o varios de ellos asuman con carácter exclusivo el conocimiento de determinadas clases de asuntos propios del orden jurisdiccional de que se trate.

2. Este acuerdo se publicará en el «Boletín Oficial del Estado» y producirá efectos desde el inicio del año siguiente a aquel en que se adopte.

3. Los Juzgados afectados continuarán conociendo de todos los procesos pendientes ante los mismos hasta su conclusión.

....

(23) Rúbrica redactada conforme a la Ley Orgánica 7/1988, de 28 de diciembre («BOE» núm. 313, de 30 de diciembre).

(24) Véanse los artículos 3, 8, 16 y 44 de la Ley de Demarcación y de Planta Judicial (apéndice 2).

LIBRO II
Del Gobierno del Poder Judicial

TITULO PRIMERO
De los órganos de Gobierno del Poder Judicial

CAPITULO UNICO

Disposiciones Generales

Art. 104. 1. El Poder Judicial se organiza y ejerce sus funciones con arreglo a los principios de unidad e independencia.

2. El gobierno del Poder Judicial corresponde al Consejo General del Poder Judicial, que ejerce sus competencias en todo el territorio nacional, de acuerdo con la Constitución y lo previsto en la presente Ley. Con subordinación a él, las Salas de Gobierno del Tribunal Supremo, de la Audiencia Nacional y de los Tribunales Superiores de Justicia ejercerán las funciones que esta Ley les atribuye, sin perjuicio de las que correspondan a los Presidentes de dichos Tribunales y a los titulares de los restantes órganos jurisdiccionales.

Art. 105. El Presidente del Tribunal Supremo y del Consejo General del Poder Judicial es la primera autoridad judicial de la Nación y ostenta la representación del Poder Judicial y del órgano de gobierno del mismo. Su categoría y honores serán los correspondientes al titular de uno de los tres poderes del Estado.

Art. 106. 1. Las Salas de Gobierno del Tribunal Supremo y de la Audiencia Nacional ejercen sus atribuciones en dichos Tribunales. La de la Audiencia Nacional las ejerce, además, sobre los Juzgados Centrales de Instrucción.

2. Las Salas de Gobierno de los Tribunales Superiores de Justicia ejercen sus competencias en el propio Tribunal con respecto a los Juzgados y Tribunales radicados en la respectiva Comunidad Autónoma.

3. El resto de los órganos jurisdiccionales ejercen sus atribuciones gubernativas con respecto a su propio ámbito orgánico.

....

TITULO III

Del gobierno interno de los Tribunales y Juzgados

CAPITULO PRIMERO

DE LAS SALAS DE GOBIERNO DEL TRIBUNAL SUPREMO, AUDIENCIA NACIONAL Y TRIBUNALES SUPERIORES DE JUSTICIA

Sección 1.ª De la composición de las Salas de gobierno y de la designación y sustitución de sus miembros

Art. 149. 1. Las Salas de gobierno del Tribunal Supremo y de la Audiencia Nacional estarán constituidas por el Presidente de dichos órganos, que las presidirán, por los Presidentes de las Salas en ellos existentes y por un número de Magistrados igual al de éstos.

2. Las Salas de gobierno de los Tribunales Superiores de Justicia estarán constituidas por el Presidente de éstos, que la presidirá, por los Presidentes de las Salas en ellos existentes y por un número de Magistrados o Jueces igual al de éstos, elegidos por todos los Jueces y Magistrados de la Carrera Judicial en servicio activo que estuvieran destinados en los órganos jurisdiccionales radicados en la correspondiente Comunidad Autónoma. Uno, al menos, de los componentes de la Sala será de la categoría de Juez, salvo que no hubiere candidatos de dicha categoría.

....

Sección 2.ª De las atribuciones de las Salas de gobierno

Art. 152. 1. Las Salas de gobierno desempeñan la función de gobierno de sus respectivos Tribunales y, en particular, les compete:

1.° Aprobar las normas de reparto de asuntos entre las distintas Secciones de cada Sala.

....

2. A las Salas de gobierno de los Tribunales Superiores de Justicia compete, además:

1.° aprobar las normas de reparto de asuntos entre las Secciones de las Audiencias Provinciales y Juzgados del mismo orden jurisdiccional con sede en la Comunidad Autónoma correspondiente.

....

CAPITULO II

De los Presidentes de los Tribunales y Audiencias

Art. 161. 1. El Presidente del Tribunal Superior de Justicia ostenta la representación del Poder Judicial en la Comunidad Autónoma correspondiente, siempre que no concurra el Presidente del Tribunal Supremo.

2. El Presidente de Sala a que se refiere el artículo setenta y ocho de esta Ley representa al Poder Judicial en las provincias a que se extiende la jurisdicción de aquélla, salvo cuando concurra el del Tribunal Superior de Justicia o el del Tribunal Supremo. En el caso de que existan, conforme a dicho artículo, Salas de lo Contencioso-Administrativo y de lo Social, tal representación corresponde al Presidente de Sala que designe el Consejo General del Poder Judicial.

....

LIBRO III

Del régimen de los Juzgados y Tribunales

TITULO PRIMERO

Del tiempo de las actuaciones judiciales

CAPITULO PRIMERO

Del período ordinario de actividad de los Tribunales

Art. 179. El año judicial, período ordinario de actividad de los Tribunales, se extenderá desde el 1 de septiembre, o el siguiente día hábil, hasta el 31 de julio de cada año natural.

Art. 180. 1. Durante el período en que los Tribunales interrumpan su actividad ordinaria, se formará en los mismos una Sala compuesta por su Presidente y el número de Magistrados que determine el Consejo General del Poder Judicial, la cual asumirá las atribuciones de las Salas de Gobierno y de Justicia, procurando que haya Magistrados de las diversas Salas.

2. Los Magistrados que no formen parte de esta Sala podrán ausentarse, a partir del fin del período ordinario de actividad, una vez ultimados los asuntos señalados.

....

CAPITULO II

DEL TIEMPO HÁBIL PARA LAS ACTUACIONES JUDICIALES

Art. 182. 1. Son inhábiles los domingos, los días de fiesta nacional y los festivos a efectos laborales en la respectiva Comunidad Autónoma o localidad.

2. Son horas hábiles desde las ocho de la mañana a las ocho de la tarde, salvo que la ley disponga lo contrario.

Art. 183. También serán inhábiles los días del mes de agosto para todas las actuaciones judiciales, excepto las que se declaren urgentes por las leyes procesales.

Art. 184. 1. Sin perjuicio de lo dispuesto en los artículos anteriores, todos los días del año y todas las horas serán hábiles para la instrucción de las causas criminales, sin necesidad de habilitación especial.

2. Los días y horas inhábiles podrán habilitarse por el Juez o Tribunal, con sujeción a lo dispuesto en las leyes procesales.

Art. 185. 1. Los plazos procesales se computarán con arreglo a lo dispuesto en el Código Civil (25). En los señalados por días quedarán excluidos los inhábiles.

2. Si el último día de plazo fuere inhábil, se entenderá prorrogado al primer día hábil siguiente.

....

TITULO II

Del modo de constituirse los Juzgados y Tribunales

....

CAPITULO IV

DE LAS SUSTITUCIONES

....

Art. 210. 1. Los Jueces de Primera Instancia e Instrucción, de lo Penal, de lo Contencioso-Administrativo, de Menores y de lo Social se sustituirán entre sí en las poblaciones donde existan varios, en la forma que acuerde la Sala de Gobierno del Tribunal Superior de Justicia, a propuesta de la Junta de Jueces (26).

---

(25) El artículo 5.° del Código Civil dispone:

«1. Siempre que no se establezca otra cosa, en los plazos señalados por días, a contar de uno determinado, quedará éste excluido del cómputo, el cual deberá empezar en el día siguiente, y si los plazos estuviesen fijados por meses o años se computarán de fecha a fecha. Cuanto en el mes del vencimiento no hubiera día equivalente al inicial del cómputo, se entenderá que el plazo expira el último del mes.

2. En el cómputo civil de los plazos no se excluyen los días inhábiles».

(26) Apartado redactado conforme a la Ley Orgánica 7/1988, de 28 de diciembre.

2. Si fuere el Decano el que deba ser sustituido, sus funciones se ejercerán por el Juez que le sustituya en el Juzgado de que aquél sea titular, conforme a lo dispuesto en el párrafo anterior, o, en su caso, por el más antiguo en el cargo.

Art. 211. 1. Cuando en una población no hubiere otro Juez de la misma clase, la sustitución corresponderá al Juez de clase distinta (26).

2. También sustituirán los de distinto orden jurisdiccional, aun existiendo varios Jueces pertenecientes al mismo, cuando se agotaren las posibilidades de sustitución entre ellos.

3. Corresponderá a los Jueces de Primera Instancia e Instrucción la sustitución de los Jueces de los demás órdenes jurisdiccionales y de los Jueces de Menores, cuando no haya posibilidad de que la sustitución se efectúe entre los del mismo orden.

La sustitución de los Jueces de lo Penal corresponderá, en el caso del artículo 89, a los de Primera Instancia. En los demás casos, los Jueces de lo Penal e, igualmente, los de Primera Instancia e Instrucción serán sustituidos por Jueces de Menores, de lo Contencioso-Administrativo y de lo Social, según el orden que establezca la Sala de Gobierno del tribunal Superior de Justicia (26).

....

CAPITULO V

De la abstención y recusación

Art. 217. Los Jueces y Magistrados deberán abstenerse y, en su defecto, podrán ser recusados cuando concurra causa legal (27).

Art. 218. Unicamente podrán recusar:

1.° En los asuntos civiles, sociales y contencioso-administrativos, las partes y el Ministerio Fiscal.

2.° En los asuntos penales, el Ministerio Fiscal, el acusador particular o privado, el actor civil, el procesado o inculpado, el querellado o denunciado y el tercero responsable civil.

Art. 219. Son causa de abstención y, en su caso, de recusación:

1.° El vínculo matrimonial o situación de hecho asimilable y el parentesco por consanguinidad o afinidad dentro del cuarto grado con cualquiera de los expresados en el artículo anterior.

2.° El vínculo matrimonial o situación de hecho asimilable y el parentesco por consanguinidad o afinidad dentro del segundo grado con el Letrado y el Procurador de cualquiera de las partes que intervengan en el pleito o causa.

---

(27) Véase el artículo 461 de esta Ley.

3.° Ser o haber sido defensor judicial o integrante de los organismos tutelares de cualquiera de las partes, o haber estado bajo el cuidado o tutela de alguna de éstas.

4.° Estar o haber sido denunciado o acusado por alguna de las partes como responsable de algún delito o falta.

5.° Haber sido defensor o representante de alguna de las partes, emitido dictamen sobre el pleito o causa como letrado, o intervenido en él como Fiscal, perito o testigo.

6.° Ser o haber sido denunciante o acusador de cualquiera de las partes.

7.° Tener pleito pendiente con alguna de éstas.

8.° Amistad íntima o enemistad manifiesta con cualquiera de los expresados en el artículo anterior.

9.° Tener interés directo o indirecto en el pleito o causa.

10. Haber actuado como instructor de la causa penal o haber resuelto el pleito o causa en anterior instancia (28).

11. Ser una de las partes subordinado del Juez que deba resolver la contienda litigiosa.

Art. 220. Será también causa de abstención y, en su caso, de recusación en los procesos en que sea parte la Administración pública, encontrarse el Juez o Magistrado con la autoridad o funcionario que hubiese dictado el acto o informado respecto del mismo o realizado el hecho por razón de los cuales se sigue el proceso, en alguna de las circunstancias mencionadas en los números 1 a 8 y 11 del artículo anterior.

Art. 221. 1. El Juez o Magistrado en quien concurra alguna de las causas expresadas en los artículos anteriores se abstendrá del conocimiento del asunto sin esperar a que se le recuse.

2. La abstención será motivada y se comunicará a la Sala de gobierno del tribunal respectivo. Cuando el que se abstenga forme parte de un órgano colegiado, la comunicación tendrá lugar por conducto del Presidente de la Sala o Sección.

3. Si la Sala de gobierno no estimare justificada la abstención, ordenará al Juez o Magistrado que continúe en el conocimiento del asunto, sin perjuicio del derecho de las partes a hacer valer la recusación y de la imposición al Juez o Magistrado, si hubiera suficiente motivo para ello, de la corrección disciplinaria que proceda, elevándolo en este caso a conocimiento del Consejo General del Poder Judicial para que se haga constar en el expediente personal del Juez o Magistrado a los efectos que corresponda.

Art. 222. 1. Cumplido lo dispuesto en el artículo anterior, si el Juez o Magistrado no recibiere en el plazo de cinco días la orden de que continúe en el conocimiento del asunto, se apartará definitivamente de éste y remitirá, en su caso, las actuaciones al que deba sustituirle.

---

(28) Redactado conforme a la Ley Orgánica 7/1988, de 28 de diciembre («BOE» núm. 313, de 30 de diciembre).

2. La abstención será comunicada a las partes.

Art. 223. 1. La recusación deberá proponerse tan luego como se tenga conocimiento de la causa en que se funde. Si dicho conocimiento fuere anterior al pleito, habrá de proponerse al inicio del mismo, pues en otro caso no se admitirá a trámite.

2. La recusación se propondrá por escrito firmado por el recusante, quien deberá ratificarse a presencia judicial. Cuando el escrito lo firme su Procurador, deberá acompañar poder especial para la recusación de que se trate. El escrito en que se proponga la recusación deberá ir firmado por Letrado cuando su intervención fuere necesaria en el pleito.

Art. 224. 1. Instruirán los incidentes de recusación:

a) Cuando el recusado sea el Presidente de un Tribunal Superior de Justicia, de la Audiencia Nacional, o del Tribunal Supremo o el Presidente de alguna de sus Salas, el Presidente de Sala más antiguo, y si el recusado fuere el más antiguo, el que le siga en antigüedad.

b) Cuando el recusado sea un Presidente de Audiencia Provincial, el Magistrado más antiguo de dicha Audiencia.

c) Cuando el recusado sea un Magistrado de Audiencia, Tribunal Superior o del Tribunal Supremo, el Magistrado más antiguo de su Sala, y si el recusado fuere el más antiguo, el que le siga en antigüedad.

d) Cuando el recusado sea un Juez, el que legalmente le sustituya, si perteneciere a la Carrera Judicial.

2. Si no fuere posible lo establecido en los apartados anteriores, la Sala de gobierno correspondiente designará el instructor del incidente de entre los Magistrados o Jueces de la provincia o, en su defecto, de la Comunidad Autónoma, y, en su caso, si no los hubiere, solicitará del Consejo del Poder Judicial el nombramiento correspondiente.

Art. 225. 1. Formulada la recusación, pasará el pleito o causa al conocimiento del sustituto y se remitirá, en su caso, el escrito y los documentos de la recusación a aquel a quien corresponda instruir el incidente.

2. Este entregará copia del escrito y documentos al recusado, requiriéndole para que en el plazo de tres días informe sobre la recusación.

3. Si el recusado aceptare como cierta la causa de recusación, se resolverá el incidente sin más trámites.

4. En otro caso, ordenará el Instructor la práctica de la prueba, si se hubiere propuesto en forma y fuere pertinente, en el plazo de diez días, y, acto seguido, remitirá lo actuado a la autoridad competente para decidir, que lo hará por medio de auto, oído el Ministerio Fiscal. Cuando el recusado fuere un Juez, la resolución corresponderá al propio Instructor.

Art. 226. En los juicios verbales, cualquiera que sea el orden jurisdiccional, y en los de faltas, si el Juez recusado no aceptare en el acto como cierta la causa de recusación, pasarán las actuaciones al que corresponda instruir el incidente, quedando entretanto en suspenso el asunto principal. El instructor acordará que comparezcan las partes a su presencia en el día y hora que fije, dentro de los cinco siguientes, y, oídas las partes y practicada la prueba declarada pertinente, resolverá sobre si ha o no lugar a la recusación, en el mismo acto.

Art. 227. 1. La resolución que desestime la recusación acordará devolver el conocimiento del pleito o causa al recusado, en el estado en que se hallare. Esta resolución llevará consigo la condena en costas del recusante, salvo que concurrieren circunstancias excepcionales que justifiquen otro pronunciamiento. Cuando la resolución que decida el incidente declare expresamente la existencia de mala fe en el recusante, se podrá imponer a éste una multa de cinco mil a cien mil pesetas.

2. La resolución estimatoria de la recusación apartará definitivamente al Juez o Magistrado del conocimiento del pleito o causa. Continuará conociendo de él, hasta su terminación, aquél a quien corresponda su sustitución.

Art. 228. Contra la decisión de la recusación no se dará recurso alguno, sin perjuicio de que se pueda hacer valer, al recurrir contra la resolución que decida el pleito o causa, la posible nulidad de ésta.

TITULO III

De las actuaciones judiciales

....

CAPITULO V

De la vista, votación y fallo

....

Art. 267. 1. Los Jueces y Tribunales no podrán variar las sentencias y autos definitivos que pronuncien después de firmadas, pero sí aclarar algún concepto oscuro o suplir cualquier omisión que contengan.

2. Los errores materiales manifiestos y los aritméticos podrán ser rectificados en cualquier momento.

3. Estas aclaraciones o rectificaciones podrán hacerse de oficio dentro del día hábil siguiente al de la publicación de la sentencia, o a instancia de parte o del Ministerio Fiscal presentadas dentro de los dos días siguientes al de la notificación, siendo en este caso resueltas por el órgano jurisdiccional dentro del día siguiente al de la presentación del escrito en que se soliciten la aclaración o rectificación.

....

TITULO V

De la responsabilidad patrimonial del Estado por el funcionamiento de la Administración de Justicia

Art. 292. 1. Los daños causados en cualesquiera bienes o derechos por error judicial, así como los que sean consecuencia del funcionamiento anormal de la Administración de Justicia, darán a todos los perjudicados derecho a una indemnización a cargo del Estado, salvo en los casos de fuerza mayor, con arreglo a lo dispuesto en este título.

2. En todo caso, el daño alegado habrá de ser efectivo, evaluable económicamente e individualizado con relación a una persona o grupo de personas.

3. La mera revocación o anulación de las resoluciones judiciales no presupone por sí sola derecho a indemnización.

Art. 293. 1. La reclamación de indemnización por causa de error deberá ir precedida de una decisión judicial que expresamente lo reconozca. Esta previa decisión podrá resultar directamente de una sentencia dictada en virtud de recurso de revisión. En cualquier otro caso distinto de éste se aplicarán las reglas siguientes:

a) La acción judicial para el reconocimiento del error deberá instarse inexcusablemente en el plazo de tres meses a partir del día en que pudo ejercitarse.

b) La pretensión de declaración del error se deducirá ante la Sala del Tribunal Supremo correspondiente al mismo orden jurisdiccional que el órgano a quien se imputa el error, y si éste se atribuyese a una Sala o Sección del Tribunal Supremo, la competencia corresponderá a la Sala que se establece en el artículo 61. Cuando se trate de órganos de la jurisdicción militar, la competencia corresponderá a la Sala Quinta de lo Militar del Tribunal Supremo (29).

c) El procedimiento para sustanciar la pretensión será el propio del recurso de revisión en materia civil, siendo partes, en todo caso, el Ministerio Fiscal y la Administración del Estado.

d) El Tribunal dictará sentencia definitiva, sin ulterior recurso, en el plazo de quince días con informe previo del órgano jurisdiccional a quien se atribuye el error.

e) Si el error no fuera apreciado se impondrán las costas al peticionario.

f) No procederá la declaración de error contra la resolución judicial a la que se impute mientras no se hubieren agotado previamente los recursos previstos en el ordenamiento.

g) La mera solicitud de declaración del error no impedirá la ejecución de la resolución judicial a la que aquél se impute.

---

(29) El inciso final de este párrafo figura redactado conforme a la Ley Orgánica 4/1987, de 15 de julio («BOE» núm. 171, de 18 de julio).

2. Tanto en el supuesto de error judicial declarado como en el de daño causado por el anormal funcionamiento de la Administración de Justicia, el interesado dirigirá su petición indemnizatoria directamente al Ministerio de Justicia, tramitándose la misma con arreglo a las normas reguladoras de la responsabilidad patrimonial del Estado (30). Contra la resolución cabrá recurso contencioso-administrativo. El derecho a reclamar la indemnización prescribirá al año, a partir del día en que pudo ejercitarse.

....

Art. 295. En ningún caso habrá lugar a indemnización cuando el error judicial o el anormal funcionamiento de los servicios tuviera por causa la conducta dolosa o culposa del perjudicado.

Art. 296. El Estado responderá también de los daños que se produzcan por dolo o culpa grave de los Jueces y Magistrados, sin perjuicio del derecho que le asiste de repetir contra los mismos por los cauces del proceso declarativo que corresponda ante el Tribunal competente. En estos procesos será siempre parte el Ministerio Fiscal.

Art. 297. Lo dispuesto en los artículos anteriores no obstará a la exigencia de responsabilidad civil a los Jueces y Magistrados, por los particulares, con arreglo a lo dispuesto en esta Ley (31).

....

LIBRO IV

De los Jueces y Magistrados

TITULO PRIMERO

De la Carrera Judicial y de la provisión de destinos

....

CAPITULO II

Del ingreso y ascenso en la Carrera Judicial

Art. 301. 1. El ingreso en la Carrera Judicial por la categoría de Juez se producirá mediante la superación de oposición libre y de las pruebas realizadas en el Centro de Estudios Judiciales, previa convocatoria de las plazas vacantes y un número adicional que permita atender las nuevas que se produzcan hasta la siguiente convocatoria (32).

---

(30) Artículos 40 de la Ley de Régimen Jurídico de la Administración del Estado y 121 de la Ley de Expropiación Forzosa.

(31) Véase el artículo 16 de esta Ley.

(32) Véanse los artículos 32 a 41 del Reglamento del Centro de Estudios Judiciales, aprobado por Real Decreto 1924/1986, de 29 de agosto («BOE» núm. 226, de 20 de septiembre),

2. En cada convocatoria se reservará una tercera parte de las plazas que se convoquen para juristas de reconocida competencia, quienes por concurso de méritos accederán directamente al Centro de Estudios Judiciales.

3. También ingresarán en la Carrera Judicial por la categoría de Magistrado del Tribunal Supremo, o de Magistrado, juristas de reconocida competencia en la forma y proporción establecidos en la ley.

4. En todos los casos se exigirá no estar incurso en ninguna de las causas de incapacidad o de incompatibilidad que establece esta Ley.

....

Art. 304. El Tribunal para acceso al Centro de Estudios Judiciales estará presidido por el Presidente del Tribunal Supremo o Magistrado del Tribunal Supremo en que delegue, y serán vocales: un Magistrado, un Fiscal, dos Catedráticos de Universidad de distintas disciplinas jurídicas, un Abogado en ejercicio y un Letrado del Estado que actuará como Secretario.

....

Art. 311. 1. De cada cuatro vacantes que se produzcan en la categoría de Magistrados, dos se proveerán con los Jueces que ocuparen el primer lugar en el escalafón dentro de esta categoría; la tercera, por medio de pruebas selectivas en los órdenes jurisdiccionales civil y penal, y de especialización en los órdenes contencioso-administrativo y social entre Jueces; y la cuarta, por concurso, entre juristas de reconocida competencia y con más de diez años de ejercicio profesional.

2. En los dos primeros casos será necesario que todos hayan prestado tres años de servicios efectivos como Jueces (33).

3. Quienes accedieren a la categoría de Magistrado sin pertenecer con anterioridad a la Carrera Judicial se incorporarán al escalafón inmediatamente a continuación del último Magistrado que hubiese ascendido a esta categoría.

4. Las vacantes que no resultaren cubiertas por este procedimiento acrecerán el turno de pruebas selectivas y de especialización, si estuvieren convocadas o, en otro caso, al de antigüedad.

Art. 312. 1. Las pruebas selectivas para la promoción de la categoría de Juez a la de Magistrado en los órdenes jurisdiccionales civil y penal se celebrarán en el Centro de Estudios Judiciales y tenderán a

---

modificado por Real Decreto 906/1991, de 14 de junio («BOE» núm. 146, de 19 de junio; corrección de erratas en «BOE» núm. 163, de 9 de julio).

Véase también la Orden del Ministerio de Justicia de 1 de agosto de 1991 («BOE» núm. 202, de 23 de agosto; corrección de erratas en «BOE» núm. 222, de 16 de septiembre), por la que se regula el acceso al Centro de Estudios Judiciales de los aspirantes a ingreso en la Carrera Judicial.

(33) La Ley Orgánica 3/1989, de 21 de junio («BOE» núm. 48, de 22 de junio), de actualización del Código Penal, en su disposición adicional sexta, establece:

«Hasta el 1 de enero de 1993 no será exigible a los miembros de la Carrera Judicial el requisito a que se refiere el artículo 311.2 de la Ley Orgánica 6/1985, de 1 de julio, del Poder Judicial, de haber prestado tres años de servicios efectivos como Jueces para acceder a la categoría de Magistrado en los dos primeros casos en el apartado 1 del citado precepto».

apreciar las condiciones de madurez y formación jurídicas de los aspirantes, así como sus conocimientos en las distintas ramas del Derecho. Podrán consistir en la realización de estudios, superación de cursos, elaboración de dictámenes o resoluciones y su defensa ante el Tribunal, exposición de temas y contestación a las observaciones que el Tribunal formule o en otros ejercicios similares.

2. Las pruebas para la promoción de la categoría de Juez a la de Magistrado especialista de lo contencioso-administrativo y de lo social tenderán además a apreciar, en particular, aquellos conocimientos que sean propios de cada orden jurisdiccional.

3. Las normas por las que han de regirse estas pruebas, los ejercicios y, en su caso, los programas se aprobarán por el Consejo General del Poder Judicial, oído el Centro de Estudios Judiciales (34).

Art. 313. 1. Para resolver los concursos entre juristas de reconocida competencia a que se refieren los apartados 2 y 3 del artículo 301 y el apartado 3 del artículo 311, el Ministerio de Justicia, al tiempo de convocarlos, aprobará y publicará las correspondientes bases, en las que se graduará la puntuación de los méritos que puedan concurrir en los solicitantes, con arreglo al siguiente baremo:

a) Títulos y grados académicos obtenidos en relación con las disciplinas jurídicas.

b) Años de servicio en relación con disciplinas jurídicas en el cuerpo de procedencia o en la profesión que ejerciera.

c) La realización, convenientemente acreditada, de cursos de especialización jurídica.

d) La presentación de ponencias, comunicaciones, memorias o trabajos similares en concursos y congresos de interés jurídico.

e) Publicaciones científico-jurídicas.

f) Número y naturaleza de los asuntos que hubiera dirigido ante los Juzgados y Tribunales, dictámenes emitidos, asesoramientos y servicios jurídicos prestados en el ejercicio de la Abogacía.

2. En la valoración de los méritos relacionados no podrán establecerse puntuaciones que por sí solas superen a más de dos del conjunto de las restantes.

3. La puntuación de los méritos referida a la letra *f)* no podrá ser inferior a la máxima puntuación atribuida a cualquiera de los otros apartados.

4. El tiempo de ejercicio profesional de los candidatos que hayan ejercido la Abogacía se acreditará mediante certificación del Consejo General de la Abogacía, en la que deberán consignarse también aquellas incidencias de carácter disciplinario que hayan afectado al candidato durante su ejercicio profesional.

5. Para valorar los méritos a que se refiere el párrafo primero de este artículo que hubieran sido aducidos por los solicitantes, el Tribunal

(34) Artículo 52 del Reglamento del Centro de Estudios Judiciales.

podrá convocar a éstos para mantener una entrevista individual de una duración máxima de una hora, en la que se debatirán los citados méritos.

6. El concurso será resuelto por el mismo Tribunal que haya de juzgar la oposición libre.

Art. 314. El Tribunal de las pruebas selectivas, previstas en el artículo 312, será nombrado por el Consejo General del Poder Judicial y estará compuesto en la forma prevista en el artículo 304. Cuando se trate de pruebas para la promoción a la categoría de Magistrado especialista de lo contencioso-administrativo y de lo social, será la establecida en el indicado artículo, si bien sus miembros serán elegidos entre especialistas en Derecho Público o Laboral, respectivamente.

Art. 315. Las oposiciones y concursos para cubrir las vacantes de la Carrera Judicial del Secretariado y del resto del personal al servicio de la Administración de Justicia serán convocadas, a instancia de la Comunidad Autónoma en cuyo ámbito territorial se produzcan las vacantes, por el órgano competente y de acuerdo con lo dispuesto en esta Ley.

....

CAPITULO V

De la provisión de plazas en los Juzgados, en las Audiencias y en los Tribunales Superiores de Justicia

Art. 326. La provisión de destinos de la Carrera Judicial se hará por concurso, en la forma que determina esta Ley, salvo los de Presidentes de las Audiencias, Tribunales Superiores de Justicia y Audiencia Nacional y Presidentes de Sala y Magistrados del Tribunal Supremo (35).

Art. 327. 1. No podrán concursar los electos, ni los que se encontraren en una situación de las previstas en esta Ley que se lo impida.

2. Tampoco podrán concursar los Jueces y Magistrados que no lleven el tiempo que reglamentariamente se determine, que no podrá ser inferior a un año, en destino al que hubieren acreditado voluntariamente (36).

Art. 328. La Ley que fije la planta determinará los criterios para clasificar los Juzgados y establecer la categoría de quienes deban servirlos (37).

Art. 329. 1. Los concursos para la provisión de los Juzgados se resolverán en favor de quienes, ostentando la categoría necesaria, tengan mejor puesto en el escalafón.

---

(35) Véase el acuerdo del Consejo General del Poder Judicial de 24 de abril de 1991 («BOE» núm. 112, de 10 de mayo) sobre reglamentación de solicitud, de provisión de plazas y cargos de nombramiento discrecional.

(36) Véase el acuerdo del Consejo General del Poder Judicial de 10 de abril de 1991 («BOE» núm. 99, de 25 de abril) sobre tiempo mínimo de permanencia en los destinos de Jueces y Magistrados.

(37) Véase la citada Ley (apéndice 2).

2. Los concursos para la provisión de los Juzgados de lo Contencioso-Administrativo y de lo Social se resolverán en favor de quienes, ostentando la categoría de Magistrado especialista en dicho orden jurisdiccional, tengan mejor puesto en el escalafón. En su defecto, se cubrirán con Magistrados que hayan prestado al menos cinco años de servicios en el orden contencioso-administrativo o social; y a falta de éstos, de acuerdo con lo previsto en la regla general del apartado primero (38).

3. Para la provisión de los Juzgados de Menores se aplicará la regla general establecida en el apartado primero de este artículo, aunque tendrán preferencia quienes acrediten la especialización correspondiente en el Centro de Estudios Judiciales, según se determine reglamentariamente.

Art. 330. 1. Los concursos para la provisión de las plazas de Magistrados de las Salas o Secciones de la Audiencia Nacional, de los Tribunales Superiores de Justicia y de las Audiencias se resolverán en favor de quienes, ostentando la categoría necesaria, tengan mejor puesto en el escalafón.

2. En cada Sala o Sección de lo Contencioso-Administrativo y de lo Social, una de las plazas se reservará a Magistrado especialista en dicho orden jurisdiccional, con preferencia del que ocupe el mejor puesto escalafonal. Si la Sala o Sección se compusiere de cinco o más Magistrados, el número de plazas cubiertas por este sistema será de dos (39).

....

Art. 331. 1. Quienes accedieren a un Tribunal Superior de Justicia sin pertenecer con anterioridad a la Carrera Judicial, lo harán a los solos efectos de prestar servicios en el mismo, sin que puedan optar ni ser nombrados para destino distinto, salvo su posible promoción al Tribunal Supremo, por el turno de Abogados y otros juristas de reconocida competencia a que se refiere el artículo 343.

2. A todos los demás efectos serán considerados miembros de la Carrera Judicial.

Art. 332. Los que asciendan a la categoría de Magistrado mediante prueba selectiva con especialización en el orden contencioso-administrativo o social, conservarán los derechos a concursar a plazas de otros órdenes jurisdiccionales, de acuerdo con su antigüedad en el escalafón común. Para ocupar plaza de su especialidad sólo se les computará el tiempo desempeñado en ésta.

Art. 333. 1. Las plazas de Presidente de Sección de la Audiencia Nacional, de los Tribunales Superiores de Justicia y de las Audiencias se proveerán por concurso que se resolverá en favor de quienes, ostentando la categoría de Magistrado, tengan mejor puesto en el escalafón. Por el mismo sistema se proveerán las presidencias de Sala en los Tribunales Superiores de Justicia.

---

(38) Véase la disposición transitoria 15.°, 3, de la presente Ley.
(39) Véase la disposición transitoria 15.°, 3, de esta Ley.
Véase también el artículo 13.2 de la Ley de Demarcación y Planta Judicial (apéndice 2).

2. Tendrán preferencia quienes hubieren prestado cinco años de servicios en el orden jurisdiccional de que se trate.

3. No podrán acceder a tales Presidencias quienes se encuentren sancionados disciplinariamente por comisión de falta grave o muy grave, cuya anotación en el expediente no hubiere sido cancelada.

Art. 334. Las plazas que quedaren vacantes por falta de solicitantes se proveerán por los que sean promovidos o asciendan a la categoría necesaria, con arreglo al turno que corresponda.

....

CAPITULO VI

De la provisión de plazas en el Tribunal Supremo

Art. 342. Los Presidentes de Sala del Tribunal Supremo se nombrarán, a propuesta del Consejo General del Poder Judicial, entre Magistrados de dicho Tribunal que cuenten con tres años de servicios en la categoría.

Art. 343. En las distintas Salas del Tribunal, de cada cinco plazas de sus Magistrados, cuatro se proveerán entre los miembros de la Carrera Judicial con diez años, al menos, de servicios en la categoría de Magistrado y no menos de veinte en la Carrera, y la quinta entre Abogados y otros juristas, todos ellos de reconocida competencia.

Art. 344. De cada cuatro plazas reservadas a la Carrera Judicial, corresponderán:

a) Dos a Magistrados que hubieran accedido a la categoría mediante las correspondientes pruebas selectivas en los órdenes jurisdiccionales civil y penal y de especialización en los órdenes jurisdiccionales contencioso-administrativo y social. En este turno sólo se exigirán quince años en la Carrera y cinco en la categoría.

b) Dos a Magistrados que reunieren las condiciones generales para el acceso al Tribunal Supremo señaladas en el artículo anterior (40).

Art. 345. Podrán ser nombrados Magistrados del Tribunal Supremo los Abogados y juristas de prestigio que, cumpliendo los requisitos exigidos para ello, reúnan méritos suficientes a juicio del Consejo General del Poder Judicial y hayan desempeñado su actividad profesional por tiempo superior a veinte años, preferentemente en la rama del Derecho correspondiente al orden jurisdiccional de la Sala para la que hubieren de ser designados.

Art. 346. Cuando el número de Magistrados de una Sala no sea múltiplo de cinco, se adjudicará una plaza más al grupo *b)* del artículo 344; al grupo *a)* del mismo artículo; o al grupo de juristas de prestigio, sucesivamente y por este orden.

Art. 347. Quienes tuvieren acceso al Tribunal Supremo sin pertenecer con anterioridad a la Carrera Judicial, se incorporarán al escalafón

---

(40) Véanse las disposiciones transitorias 12.ª y 15.ª de la presente Ley.

de la misma ocupando el último puesto en la categoría de Magistrados del Tribunal Supremo. Se les reconocerá, a todos los efectos, veinte años de servicios.

....

LIBRO V

Del Ministerio Fiscal y demás personas e instituciones que cooperan con la Administración de Justicia y de los que la auxilian

....

TITULO IV

De la representación y defensa del Estado y demás entes públicos

Art. 447. 1. La representación y defensa del Estado y de sus organismos autónomos, salvo que, en cuanto a éstos, sus disposiciones autoricen otra cosa, así como la de los órganos constitucionales, corresponderán a los Letrados integrados en los servicios jurídicos del Estado, sin perjuicio de que, para casos determinados y de acuerdo con lo que reglamentariamente se disponga, puedan ser encomendadas a Abogado colegiado especialmente designado al efecto.

2. La representación y defensa de las Comunidades Autónomas y las de los entes locales corresponderán a los Letrados que sirvan en los servicios jurídicos de dichas Administraciones públicas, salvo que designen Abogado colegiado que les represente y defienda. Los Letrados integrados en los servicios jurídicos del Estado podrán representar y defender a las Comunidades Autónomas en los términos que se establecerán reglamentariamente (41).

....

LIBRO VI

Del personal al servicio de la Administración de Justicia

TITULO PRIMERO

Disposiciones comunes

....

Art. 461. 1. Los Secretarios judiciales deberán abstenerse en los casos establecidos para los Jueces y Magistrados y, si no lo hicieran, podrán ser recusados.

(41) Véase la nota al artículo 35 de la Ley Reguladora de la Jurisdicción Contencioso-Administrativa.

2. Serán aplicables a la recusación de los Secretarios las prescripciones del capítulo V, título II, del libro III de esta Ley (42). La pieza de recusación se instruirá cuando el recusado fuere un Secretario de Juzgado, Tribunal o Audiencia, por el propio Juez o por el Magistrado Ponente, y se fallará por aquél o por la Sala o Sección que conozca del proceso.

....

Disposiciones adicionales

Primera. 1. En el plazo de un año, el Gobierno remitirá a las Cortes Generales los proyectos de Ley de planta de demarcación judicial (43), de reforma de la legislación tutelar de menores, del proceso contencioso-administrativo, de conflictos jurisdiccionales (44) y del jurado.

2. Asimismo y en idéntico plazo, el Gobierno aprobará los Reglamentos que exija el desarrollo de la presente Ley Orgánica.

Segunda. 1. Los Tribunales Superiores de Justicia tendrán su sede en la ciudad que indiquen los respectivos Estatutos de Autonomía.

2. Si no la indicaren, tendrán su sede en la misma ciudad en que la tenga la Audiencia Territorial existente en la Comunidad Autónoma a la fecha de entrada en vigor de esta Ley.

3. En aquellas Comunidades Autónomas donde exista más de una Audiencia Territorial en el momento de entrar en vigor esta Ley, una ley de la propia Comunidad Autónoma establecerá la sede del Tribunal Superior de Justicia en alguna de las sedes de dichas Audiencias Territoriales, salvo que las instituciones de autogobierno de la respectiva Comunidad Autónoma hubieran ya fijado dicha sede de acuerdo con lo previsto en su Estatuto.

4. En los restantes casos, el Tribunal Superior de Justicia tendrá su sede en la capital de la Comunidad Autónoma.

Tercera. 1. En aquellas Comunidades Autónomas en las que, a la entrada en vigor de esta Ley, exista más de una Audiencia Territorial, se crean, de conformidad con lo dispuesto en el artículo 78, una Sala de lo Contencioso-Administrativo y otra de lo Social, integradas en el correspondiente Tribunal Superior de Justicia. Tendrán la composición y extenderán su jurisdicción a las provincias que señale la legislación de planta y demarcación, y su sede en la ciudad en que la tenga, a la entrada en vigor de esta Ley, una de las Audiencias Territoriales, siempre que en ella no haya de radicarse el Tribunal Superior de Justicia de la Comunidad Autónoma.

2. En Santa Cruz de Tenerife se crean una Sala de lo Social y otra de lo Contencioso-Administrativo, integradas en el Tribunal Superior de

---

(42) Artículos 217 a 228.
(43) Véase la citada Ley en el apéndice 2.
(44) Apéndice 13.

Justicia de Canarias. Extenderán su jurisdicción a la provincia de Santa Cruz de Tenerife, y su composición vendrá determinada en la Ley de planta.

Cuarta. Dentro de los seis meses siguientes a la entrada en vigor de esta Ley se procederá a la constitución del órgano colegiado al que corresponde resolver los conflictos de jurisdicción que se planteen entre los Tribunales y la Administración. Los Plenos del Consejo General del Poder Judicial y del Consejo de Estado designarán a los miembros respectivos con antelación suficiente. Una vez constituido dicho órgano colegiado en la propia sede del Tribunal Supremo, se anunciará ello en el «Boletín Oficial del Estado», a fin de que asuma, desde el día siguiente, las competencias que la Ley de Conflictos Jurisdiccionales, de 17 de julio de 1948, atribuye al Jefe del Estado y al Consejo de Ministros, incluso respecto de los conflictos que se halleren en tramitación (45).

....

DISPOSICIONES TRANSITORIAS

Primera. Salas de lo Contencioso-Administrativo del Tribunal Supremo.

1. Hasta que entre en vigor la Ley de planta, continuarán funcionando las tres Salas de lo Contencioso-Administrativo existentes en el Tribunal Supremo.
2. En dicha Ley se regulará la situación de quienes en la fecha de su entrada en vigor sean Presidentes de las citadas Salas (46).

Segunda. Tribunales Superiores de Justicia.

1. En el plazo de un año, a partir de la entrada en vigor de esta Ley, se constituirán los Tribunales Superiores de Justicia y, una vez en funcionamiento, desaparecerán las Audiencias Territoriales.
2. En tanto no entren en funcionamiento los Tribunales Superiores de Justicia, subsistirán las Audiencias Territoriales existentes a la fecha de entrada en vigor de esta Ley, así como la Sala de lo Contencioso-Administrativo de la Audiencia Provincial de Santa Cruz de Tenerife.
3. Hasta que entren en funcionamiento los Tribunales Superiores de Justicia, las competencias que la presente Ley atribuye a su Sala de lo Civil y Penal continuarán residenciadas en las Salas del Tribunal Supremo que actualmente las tienen atribuidas, salvo que los Estatutos de Autonomía las atribuyan a la respectiva Audiencia Territorial.
4. Los Magistrados destinados en las Salas de lo Civil de las Audiencias Territoriales pasarán, cuando éstas sean suprimidas, a prestar servicio en el Tribunal Superior o Audiencias correspondientes de la

(45) Véanse el artículo 38 de la presente Ley y el artículo 1 de la Ley de Conflictos Jurisdiccionales (apéndice 13).
(46) Véanse el artículo 28 y la disposición transitoria 2.ª de la Ley de Planta (apéndice 2).

sede donde aquéllas se encuentren radicadas, de conformidad con los criterios que establezca la Ley de planta.

5. Los Magistrados de las Salas de lo Contencioso-Administrativo de las Audiencias Territoriales, cuando éstas sean suprimidas, se integrarán en las Salas de lo Contencioso-Administrativo de los Tribunales Superiores de Justicia (47).

....

Duodécima. Provisión de plazas en el Tribunal Supremo:

1. Las vacantes que se produzcan en las Salas del Tribunal Supremo a partir de la entrada en vigor de la presente Ley se proveerán conforme a lo dispuesto en la misma, aplicándose transitoriamente las siguientes reglas:

1.ª Las vacantes producidas por cese de Magistrados no procedentes de la Carrera Judicial se proveerán entre Abogados y otros juristas de reconocido prestigio.

2.ª Las vacantes que dejen los procedentes de la Carrera Judicial se proveerán de la manera siguiente:

a) La primera, con Magistrados que hubieren prestado diez años de servicios en órganos especializados en el orden jurisdiccional propio de la Sala de que se trate.

b) La segunda, con Magistrados que reunieren las condiciones generales para el acceso al Tribunal Supremo.

c) La tercera, por igual turno que la primera, y la cuarta, por el mismo turno que la segunda.

2. No obstante lo anterior y en cuanto a la Sala de lo Contencioso-Administrativo, los turnos segundo y cuarto se proveerán en la forma que establece la letra *a)* del artículo 344 de la presente Ley.

3. Las reglas anteriores se aplicarán siempre de manera que no se vulnere la proporción establecida en el artículo 344 de esta Ley.

4. Cuando se hubiere alcanzado la composición prevista en esta Ley, seguirán aplicándose las normas generales de provisión previstas en la misma.

....

Decimoquinta. Magistrados por oposición de lo Contencioso-Administrativo.

1. Los Magistrados que hubieran ingresado por oposición en el orden contencioso-administrativo tendrán derecho a ser promovidos por el turno de la letra *a)* del artículo 344 y conservarán la reserva a su favor de dos de cada cinco plazas de Magistrado de la Sala de lo Contencioso-Administrativo del Tribunal Supremo. Ello no obstante, el Consejo General

(47) Véanse los artículos 32 a 35 de la Ley de Demarcación y de Planta Judicial (apéndice 2).

del Poder Judicial gozará de libertad de criterio, en la promoción, cuando no hubiese Magistrados de esta clase que reunieren las condiciones legales, o ninguno de ellos ostentare méritos suficientes para la promoción. Los que sean promovidos en virtud del párrafo anterior, se entenderán comprendidos, a efectos de la proporción en la composición de la Sala, en el turno de la letra *a)* del artículo 344 de la presente Ley.

2. Los Magistrados a que se refiere el apartado anterior conservarán los derechos reconocidos en la disposición final primera de la Ley 17/1980, de 24 de abril, que establece el régimen retributivo de los funcionarios al servicio del Poder Judicial.

3. Tendrán preferencia sobre los demás miembros de la Carrera Judicial para la provisión de plazas de especialistas en las Salas de lo Contencioso-Administrativo y de las plazas en los Juzgados especializados en dicho orden jurisdiccional en los términos previstos en los artículos 329.2 y 330.2.

4. Los Magistrados de lo Contencioso-Administrativo por oposición procedentes de la Carrera Fiscal quedarán en la misma en situación de excedencia voluntaria y sólo podrán ocupar plazas del orden judisdiccional contencioso-administrativo.

....

Trigésima cuarta. Mientras no se apruebe la Ley de planta (48), los órganos jurisdiccionales existentes continuarán con la organización y competencias que tienen a la fecha de entrada en vigor de esta Ley.

Disposición derogatoria

1. Quedan derogadas las siguientes Leyes y disposiciones:

....

Ley de la Jurisdicción Contencioso-Administrativa, de 27 de diciembre de 1956, en los particulares que regulan aquella jurisdicción y la estructura de sus órganos.

....

Real Decreto-ley 1/1977, de 4 de enero, por el que se crea la Audiencia Nacional.

....

Ley Orgánica 12/1983, de 16 de noviembre, de modificación de competencias de la Audiencia Nacional.

....

Disposición final

La presente Ley Orgánica entrará en vigor al siguiente día de su publicación en el «Boletín Oficial del Estado».

(48) Apéndice 2.

APENDICE 2

LEY 38/1988, DE 28 DE DICIEMBRE, DE DEMARCACION Y DE PLANTA JUDICIAL

(«BOE» núm. 313, de 30 de diciembre de 1988; corrección de errores en «BOE» núm. 122, de 23 de mayo de 1989)

TITULO PRIMERO

De la demarcación judicial

CAPITULO PRIMERO

CIRCUNSCRIPCIÓN TERRITORIAL DE LOS ÓRGANOS JUDICIALES

Artículo 1.° El Tribunal Supremo, la Audiencia Nacional, los Juzgados Centrales de Instrucción y los Juzgados Centrales de lo Penal tienen jurisdicción en toda España.

Art. 2.° 1. Los Tribunales Superiores de Justicia tienen jurisdicción en el ámbito territorial de su respectiva Comunidad Autónoma.

2. Tienen jurisdicción limitada a las provincias de Cádiz, Córdoba, Huelva y Sevilla las Salas de lo Contencioso-Administrativo y de lo Social del Tribunal Superior de Justicia de Andalucía que tienen su sede en Sevilla; y a las provincias de Almería, Granada y Jaén las que tienen su sede en Granada. Las Salas de lo Contencioso-Administrativo y de lo Social del Tribunal Superior de Justicia de Andalucía con sede en Málaga tienen jurisdicción limitada a su provincia (1).

---

(1) Por acuerdo de 15 de septiembre de 1989 («BOE» núm. 236, de 2 de octubre) de la Comisión Permanente del Consejo General del Poder Judicial, se ordena insertar en el «Boletín Oficial del Estado» las normas de reparto entre las Salas de lo Contencioso-Administrativo del Tribunal Superior de Justicia de Andalucía, aprobadas por la Sala de gobierno de dicho Tribunal mediante acuerdo de 21 de julio de 1989, que dispone:

«1. La distribución de recursos contencioso-administrativos entre las Salas del Tribunal Superior de Justicia de Andalucía, cuando aquéllos se refieran a disposiciones generales o actos de la Administración de la Comunidad Autónoma, cuya eficacia jurídica supere los límites geo-

3. Tienen jurisdicción limitada a las provincias de León, Palencia, Salamanca, Valladolid y Zamora las Salas de lo Contencioso-Administrativo y de lo Social del Tribunal Superior de Justicia de Castilla y León que tienen su sede en Valladolid; y a las provincias de Avila, Burgos, Segovia y Soria, las que tienen su sede en Burgos.

4. Tiene jurisdicción limitada a la provincia de Las Palmas las Salas de lo Contencioso-Administrativo y de lo Social del Tribunal Superior de Justicia de Canarias que tienen su sede en Las Palmas de Gran Canaria, y a la provincia de Santa Cruz de Tenerife, las que tienen su sede en Santa Cruz de Tenerife.

5. A efectos de la demarcación judicial, las ciudades de Ceuta y Melilla quedan integradas en la circunscripción territorial del Tribunal Superior de Justicia de Andalucía.

Art. 3.° 1. Las Audiencias Provinciales, los Juzgados de lo Penal, los Juzgados de lo Contencioso-Administrativo, los Juzgados de lo Social, los Juzgados de Vigilancia Penitenciaria y los Juzgados de Menores tienen jurisdicción en el ámbito territorial de su respectiva provincia.

2. Sin embargo, tienen su jurisdicción limitada a un solo partido judicial, o a varios o, por el contrario, ampliada a varias provincias los Juzgados de los órdenes a que se refiere el párrafo anterior, en los casos previstos en los anexos VII, VIII, IX, X y XI de esta Ley.

3. A efectos de la demarcación judicial, las ciudades de Ceuta y Melilla quedan integradas en la circunscripción territorial de las Audiencias Provinciales de Cádiz y Málaga, respectivamente.

---

gráficos de las provincias pertenecientes a la circunscripción territorial de aquéllas, se llevará a cabo en función de procedencia administrativa de la disposición o acto, según el siguiente reparto:

a) Consejerías de Presidencia, Salud y Servicios Sociales, Agricultura y Pesca y Organismos autónomos de ellas dependientes, a la Sala de Granada.

b) Consejerías de Cultura, Gobernación, Educación y Ciencia y Organismos autónomos de ellas dependientes, a la de Sevilla.

c) Consejerías de Hacienda y Planificación Económica, Obras Públicas y Transportes, Fomento y Trabajo y Organismos autónomos de ellas dependientes, a la Sala de Málaga.

d) Si los recursos tuvieren por objeto disposiciones o actos de las características referidas que hubieran sido dictados conjuntamente por varios órganos cuyos asuntos estén asignados a Salas distintas, el reparto se realizará en función de la mayor antigüedad de la Consejería correspondiente y, en su defecto, por el orden que entre éstas establece el artículo 36 de la Ley de Gobierno y Administración.

2. Los recursos interpuestos contra actos sujetos a Derecho Administrativo procedentes de otras instituciones autonómicas cuya eficacia jurídica supere los límites geográficos de las provincias pertenecientes a la circunscripción territorial de cada Sala serán enjuiciados por la Sala del Tribunal Superior con sede en Granada. En los mismos casos, cuando se trate de recursos contra actos emanados de la Junta Electoral Andaluza, su enjuiciamiento corresponderá a la Sala del Tribunal Superior con sede en Sevilla.

3. El presente acuerdo será de aplicación plena a los recursos contencioso-administrativos que se interpongan a partir del día 1 de septiembre de 1989. Los recursos interpuestos con anterioridad a esa fecha continuarán su tramitación hasta el momento procesal inmediato anterior al señalamiento para vista o fallo, a partir del cual se regirán por las presentes normas de reparto».

Véase el acuerdo de 23 de septiembre de 1991 («BOE» núm. 236, de 2 de octubre) de la Comisión Permanente del Consejo General del Poder Judicial sobre integración en Secciones de Sala de lo Contencioso-Administrativo con sede en Sevilla y normas de reparto entre las mismas.

4. Los órganos judiciales que tienen su sede en Ceuta y Melilla tienen la jurisdicción limitada al respectivo partido judicial.

....

CAPITULO II

SEDE DE LOS ÓRGANOS JUDICIALES

Art. 6.° El Tribunal Supremo, la Audiencia Nacional, los Juzgados Centrales de lo Penal y los Juzgados Centrales de Instrucción tienen su sede en la Villa de Madrid.

Art. 7.° 1. Los Tribunales Superiores de Justicia tienen su sede en la ciudad que indiquen sus respectivos Estatutos de Autonomía y, si no la indicaren, en la ciudad en que la tenga la Audiencia Territorial existente en el momento de la entrada en vigor de la Ley Orgánica del Poder Judicial, y, cuando no exista, en la capital de la Comunidad Autónoma.

2. Los Tribunales Superiores de Justicia de Castilla y León y de Andalucía tienen su sede en alguna de las sedes de las Audiencias Territoriales existentes en el momento de la entrada en vigor de la Ley Orgánica del Poder Judicial, según lo establecido por la respectiva Comunidad Autónoma.

3. Las Salas de lo Contencioso-Administrativo y de lo Social con jurisdicción limitada a una o varias provincias tienen su sede donde la establece el artículo 2 de esta Ley.

Art. 8.°

....

2. Los Juzgados de lo Penal, los Juzgados de lo Contencioso-Administrativo, los Juzgados de lo Social y los Juzgados de Menores con jurisdicción de extensión territorial inferior o superior a la de una provincia, tienen su sede en la capital del partido que se señale por la Ley de la corresondiente Comunidad Autónoma, y toman el nombre del municipio correspondiente (2).

....

Art. 10. 1. La determinación del edificio, edificios o inmuebles sede de los órganos judiciales, y de aquellos en que deban constituirse cuando se desplacen fuera de su sede habitual, conforme prevé el artículo 269 de la Ley Orgánica del Poder Judicial, es competencia del Ministerio de Justicia o de la Comunidad Autónoma respectiva. Cuando se trate de Juzgados de Paz, la determinación del edificio se efectúa a propuesta del respectivo Ayuntamiento.

2. Todas las Salas y Secciones de cada órgano judicial se hallan en el municipio de su sede, salvo las excepciones previstas en esta Ley.

---

(2) Apartado redactado conforme a la Ley 3/1992, de 20 de marzo («BOE» núm. 70, de 21 de marzo), sobre medidas de corrección de la presente Ley.

TITULO II

De la planta judicial

CAPITULO PRIMERO

Planta de los Tribunales y Juzgados

Art. 11. La planta del Tribunal Supremo es la establecida en el anexo II de esta Ley.

Art. 12. 1. La planta de la Audiencia Nacional es la establecida en el anexo III de esta Ley.

2. El Presidente de la Sala de lo Penal y el Presidente de la Sala de lo Contencioso-Administrativo lo son también de su respectiva Sección Primera.

Art. 13. 1. La planta de los Tribunales Superiores de Justicia es la establecida en el anexo IV de esta Ley.

2. El Presidente del Tribunal Superior de Justicia lo es también de su Sala de lo Civil y Penal. De los demás Magistrados que la componen, uno de ellos, en el caso de ser dos, o dos de ellos, en el caso de ser cuatro, son nombrados a propuesta en terna de la Asamblea legislativa de la Comunidad Autónoma, en la forma prevista por el artículo 330 de la Ley Orgánica del Poder Judicial.

....

Art. 16. La planta de los Juzgados de lo Contencioso-Administrativo es la establecida en el anexo VIII de esta Ley.

....

CAPITULO II

Modificación de la planta judicial

Art. 20. 1. El Gobierno podrá modificar el número y composición de los órganos judiciales establecidos por esta Ley, mediante la creación de Secciones y Juzgados, sin alterar la demarcación judicial, oído el Consejo General del Poder Judicial y, en su caso, la Comunidad Autónoma afectada.

La modificación de la planta judicial que se realice con arreglo a lo dispuesto en el párrafo anterior, se podrá efectuar con cargo a las plazas de Magistrados de órganos colegiados pendientes de dotar, o de los órganos unipersonales de cualquier orden jurisdiccional pendientes de constituir.

Por Real Decreto, a propuesta del Ministro de Justicia y previo informe del Consejo General del Poder Judicial, se podrán transformar Juzgados de una clase en Juzgados de clase distinta de la misma sede, cualquiera que sea su orden jurisdiccional.

Cuando el Juzgado que se transforme esté en funcionamiento y tenga procedimientos pendientes, conservará su competencia sobre éstos hasta su conclusión (3).

2. En la creación de Secciones y Juzgados se tendrá en cuenta, preferentemente, el volumen de litigiosidad de la circunscripción.

3. El Gobierno, conforme a los mismos requisitos, podrá acordar el aumento de plazas de Magistrados cuando no se estime necesario crear una Sección completa.

4. El Real Decreto de creación de Secciones, Juzgados o plazas de Magistrado dispondrá la modificación que proceda de los anexos de esta Ley relativos a la planta judicial.

5. La fecha de puesta en funcionamiento e inicio de actividades de las Secciones y Juzgados de nueva creación será fijada por el Ministro de Justicia, oído el Consejo General del Poder Judicial, y publicada en el «Boletín Oficial del Estado».

6. Para el ejercicio de las facultades que se reconocen en los apartados anteriores al Gobierno y al Ministerio de Justicia, será necesaria la previa inclusión de las dotaciones de gastos especificadas en la Ley Presupuestaria del ejercicio correspondiente.

Art. 21. 1. El Gobierno, a propuesta del Consejo General del Poder Judicial, establecerá la separación entre Juzgados de Primera Instancia y Juzgados de Instrucción en aquellos partidos judiciales cuyo número de Juzgados de Primera Instancia e Instrucción fuera de diez o más.

2. El Ministro de Justicia podrá establecer que los Juzgados de Primera Instancia y de Instrucción, o de Primera Instancia e Instrucción, sean servidos por Magistrados, siempre que estén radicados en un partido judicial superior a 150.000 habitantes de derecho o experimenten aumentos de población de hecho que superen dicha cifra, y el volumen de cargas competenciales así lo exija.

3. En los casos previstos en el presente artículo se dispondrá la modificación que proceda de los anexos de esta Ley relativos a la planta judicial.

....

TITULO III

De las disposiciones orgánicas para la efectividad de la planta judicial

CAPITULO PRIMERO

ESTABLECIMIENTO DE LA PLANTA DEL TRIBUNAL SUPREMO Y DE LA AUDIENCIA NACIONAL

Art. 28. 1. Las actuales Salas Tercera, Cuarta y Quinta de lo Contencioso-Administrativo del Tribunal Supremo se constituirán en

(3) Los tres últimos párrafos de este artículo han sido añadidos por la Ley 3/1992, de 20 de marzo.

Sala única de lo Contencioso-Administrativo en el plazo de treinta días, a partir de la entrada en vigor de esta Ley.

2. El Consejo General del Poder Judicial designará al Magistrado del Tribunal Supremo a quien corresponderá la presidencia de la Sala de lo Contencioso-Administrativo en lo sucesivo entre los Presidentes de las Salas actualmente existentes.

Art. 29. 1. Los Magistrados actualmente destinados en las Salas de lo Civil y de lo Contencioso-Administrativo del Tribunal Supremo continuarán prestando servicios en ellas.

....

3. La composición de la Sala de lo Contencioso-Administrativo se acomodará a la prevista en el anexo II (4).

....

CAPITULO II

CONSTITUCIÓN Y ESTABLECIMIENTO DE LA PLANTA DE LOS TRIBUNALES SUPERIORES DE JUSTICIA

Art. 32. 1. La constitución de los Tribunales Superiores de Justicia tendrá carácter preferente dentro de la programación a que se refiere el artículo 62 de esta Ley.

2. Dentro del plazo de tres meses, a partir de la entrada en vigor de esta Ley, las Asambleas legislativas de las Comunidades Autónomas presentarán las ternas de juristas de reconocido prestigio con más de diez años de ejercicio profesional en la Comunidad Autónoma respectiva, para cubrir plaza de Magistrado de la Sala de lo Civil y Penal del Tribunal Superior de Justicia. Recibida la terna en cualquier momento, el Consejo General del Poder Judicial procederá a proponer el nombramiento correspondiente.

3. En el mismo plazo de tres meses, háyase o no recibido la terna a que se refiere el apartado 2 de este artículo, el Consejo General del Poder Judicial propondrá los nombramientos de los restantes Magistrados de las Salas de lo Civil y Penal y de lo Contencioso-Administrativo de los Tribunales Superiores de Justicia.

4. Una vez hayan sido nombrados los Magistrados de los Tribunales Superiores de Justicia, el Consejo General del Poder Judicial propondrá el nombramiento de los presidentes de los expresados Tribunales y fijará la fecha, que será publicada en el «Boletín Oficial del Estado», en la que tendrá lugar la toma de posesión de los miembros del Tribunal y su constitución, sin perjuicio de la publicación en el «Boletín Oficial» de la Comunidad Autónoma correspondiente (5).

(4) Apartado redactado conforme a la Ley 3/1992, de 20 de marzo («BOE» núm. 70, de 21 de marzo), sobre medidas de corrección de la presente Ley.

(5) Por acuerdos de 10 de mayo de 1989 («BOE» núm. 119, de 19 de mayo), del Consejo General del Poder Judicial, se dispone la constitución de los Tribunales Superiores de Justicia.

5. En la provisión de la plaza del Presidente del Tribunal Superior de Justicia en aquellas Comunidades Autónomas que gocen de Derecho civil especial o foral, así como de idioma oficial propio, el Consejo General del Poder Judicial valorará como mérito la especialización en este Derecho civil especial o foral el conocimiento del idioma propio de la Comunidad.

Art. 33. 1. La Sala de lo Civil y Penal y la de lo Contencioso-Administrativo del Tribunal Superior de Justicia iniciarán el ejercicio de su competencia el día de la constitución del Tribunal.

2. Si no se hubiera efectuado aún el nombramiento de Magistrado de la Sala de lo Civil y Penal presentado en terna por la Asamblea legislativa de la Comunidad Autónoma, se aplicará el procedimiento previsto por la Ley para completar la Sala.

3. El ámbito territorial de la jurisdicción del Tribunal Superior de Justicia tendrá efectividad, para cada una de sus Salas, el día del inicio del ejercicio de su competencia.

Art. 34. 1. Los Magistrados destinados en las Salas de lo Contencioso-Administrativo de las Audiencias Territoriales quedarán integrados en las Salas de lo Contencioso-Administrativo del Tribunal Superior de Justicia que tengan su sede donde la tuviesen aquéllas en el momento de la entrada en vigor de esta Ley.

2. Los Magistrados destinados en la Sala de lo Contencioso-Administrativo que tienen su sede en Murcia quedarán integrados en la Sala del mismo orden del Tribunal Superior de Justicia de dicha Comunidad Autónoma.

3. El Consejo General del Poder Judicial propondrá los nombramientos de los Magistrados a que se refieren los apartados anteriores de este artículo en el plazo previsto en el artículo 32.3.

4. La Sala de lo Contencioso-Administrativo del Tribunal Superior de Justicia será presidida por el Magistrado que desempeñe la presidencia de la Sala de lo Contencioso-Administrativo de la Audiencia Territorial. En caso de ser varios, por el Presidente de mayor antigüedad en la categoría de Magistrado.

5. El personal al servicio de la Administración de Justicia que preste servicios en las Salas de lo Contencioso-Administrativo de las Audiencias Territoriales quedará destinado en el Tribunal Superior de Justicia y adscrito a la Sala de lo Contencioso-Administrativo. Dicha adscripción podrá ser modificada con arreglo a lo dispuesto reglamentariamente (6).

---

(6) El Real Decreto 122/1989, de 3 de febrero («BOE» núm. 32, de 7 de febrero; corrección de errores en «BOE» núm. 46, de 23 de febrero), por el que se acuerdan medidas para la efectividad de la planta judicial, dispone:

«Art. 5.° 1. Se crea una plaza de Secretario judicial de segunda categoría en cada una de las Salas de lo Civil y Penal y de lo Social de los Tribunales Superiores de Justicia, las cuales tendrán efectividad el día del inicio del ejercicio de la competencia de las respectivas Salas.

2. La plantilla orgánica de Secretarios judiciales correspondientes a las Salas de lo Contencioso-Administrativo de los Tribunales Superiores de Justicia tendrá un número de plazas

Art. 35. 1. El Gobierno, previo informe del Consejo General del Poder Judicial, determinará la fecha en que serán efectivas las plazas que correspondan a cada una de las Salas del Tribunal Superior de Justicia, con arreglo a las previsiones de la planta, atendiendo a un criterio de preferencia según las cargas competenciales de cada órgano.

2. La composición plena de todas las Salas se alcanzará dentro del período de programación previsto en el artículo 62 de esta Ley.

....

CAPITULO IV

ESTABLECIMIENTO DE LA PLANTA DE LOS JUZGADOS

....

Art. 44. El Gobierno, en el marco de la Ley de Presupuestos, dispondrá, previo informe del Consejo General del Poder Judicial, la constitución de los distintos Juzgados de lo Contencioso-Administrativo previstos en esta Ley, dentro del plazo general de programación establecido en el artículo 62.

....

TITULO IV

De las disposiciones de orden procesal para la efectividad de la planta judicial

Art. 53. 1. Los órganos judiciales se atendrán a las normas orgánicas procesales y de funcionamiento establecidas en la Ley Orgánica del

---

equivalente al correspondiente a las actuales Salas de lo Contencioso-Administrativo de las Audiencias Territoriales con la misma sede.

3. Se crea una plaza de Secretario judicial de segunda categoría en las Salas de lo Contencioso-Administrativo correspondientes a los Tribunales Superiores de Justicia con sede en localidades donde actualmente no existen Salas de lo Contencioso-Administrativo. Dichas plazas tendrán efectividad el día del inicio de la competencia de la Sala correspondiente.

4. La plantilla a que se refieren los apartados anteriores podrá ser modificada en la forma establecida por el artículo 29 del Reglamento Orgánico del Cuerpo de Secretarios Judiciales, aprobado por Real Decreto 429/1988, de 29 de abril.

5. Se crea una plaza de Secretario judicial de primera categoría para Secretario de Gobierno de cada uno de los Tribunales Superiores de Justicia de Cantabria, La Rioja y Murcia, con efectividad en el día de la constitución de dichos Tribunales.

Art. 6.° 1. El destino al Tribunal Superior de Justicia y adscripción a la Sala de lo Contencioso-Administrativo del personal a que se refiere el artículo 34.5 de la Ley 38/1988, de 28 de diciembre, de Demarcación y de Planta Judicial, se producirán automáticamente el día de la constitución del Tribunal correspondiente.

2. La plantilla de Oficiales, Auxiliares y Agentes de los Tribunales Superiores de Justicia será fijada en la forma que establece el artículo 47 del Reglamento Orgánico de dichos Cuerpos, teniendo en cuenta lo dispuesto en el apartado anterior.

Art. 7.° 1. El Ministerio de Justicia convocará con la antelación necesaria los concursos para la cobertura de las vacantes a que se refieren los artículos anteriores y los resolverá con anterioridad a la fecha de efectividad de las correspondientes plazas, quedando diferida la efectividad de los nombramientos a dicho momento.

2. En la resolución de los concursos de traslado de los distintos Cuerpos se aplicará la preferencia prevista en la regla 2.ª de la disposición transitoria decimoctava de la Ley Orgánica 6/1985, de 1 de julio, del Poder Judicial».

Poder Judicial y en las disposiciones actualmente en vigor, salvo las modificaciones de estas últimas que resultan de la presente Ley.

2. De no establecerse lo contrario, los órganos de nueva planta ajustarán su funcionamiento a las normas procesales vigentes aplicables a los órganos suprimidos de naturaleza similar.

3. La composición de las Secciones se ajustará a lo dispuesto en el artículo 198 de la Ley Orgánica del Poder Judicial, sin más limitaciones que las que se infieren del artículo 12.2 y del artículo 14.2 de la presente Ley (7).

4. La iniciación del ejercicio de la competencia por los órganos de nueva planta o de nueva creación previstos en esta Ley no supondrá la asunción de los procedimientos en trámite ante otros órganos ya existentes, salvo en los casos de supresión de éstos y sin perjuicio de lo que pueda acordarse por vía de reparto.

....

Art. 57. Las Salas de lo Contencioso-Administrativo de los Tribunales Superiores de Justicia tendrán la competencia que a la entrada en vigor de esta Ley corresponde a las Salas de lo Contencioso-Administrativo de las Audiencias Territoriales, en tanto no se pongan en funcionamiento los Juzgados de lo Contencioso-Administrativo (8).

....

TITULO V

De las medidas económico-financieras para la implantación y sostenimiento de la planta judicial

Art. 62. El Gobierno elaborará los programas necesarios para la aplicación efectiva de la nueva planta judicial, en el período comprendido entre 1989 y 1992. Corresponderá al Ministerio de Justicia su desarrollo y ejecución.

No obstante lo dispuesto en el apartado anterior, el Gobierno, previo informe del Consejo General del Poder Judicial, podrá acordar la extensión de los mencionados programas durante los años 1993 y 1994 (9).

Art. 63. Para la determinación de los créditos a que se refiere el artículo anterior, el Gobierno elaborará anualmente los programas necesarios, de acuerdo con los criterios objetivos de prioridades a que se refie-

---

(7) Sobre integración en Secciones de la Sala de lo Contencioso-Administrativo de Tribunales Superiores de Justicia, véase la nota al artículo 74 de la Ley Orgánica del Poder Judicial (apéndice 1).

(8) Artículos 10 y 11 de la Ley reguladora de la Jurisdicción Contencioso-Administrativa.

(9) Párrafo añadido por la disposición adicional cuarta de la Ley 31/1991, de 30 de diciembre («BOE» núm. 313, de 31 de diciembre), de Presupuestos Generales del Estado para 1992.

Por Real Decreto 983/1992, de 31 de julio («BOE» núm. 209, de 29 de agosto), se prorrogan los programas para la aplicación de la nueva planta judicial durante los años 1993 y 1994.

ren los artículos 32, 39, 41, 43.2, 44, 45 y 46 de la presente Ley. El Ministerio de Justicia presentará, a tal efecto, Memoria de las realizaciones llevadas a cabo.

Art. 64. A los efectos prevenidos en el artículo 10 de la Ley de Expropiación Forzosa, se declaran de utilidad pública las obras de construcción, modificación y ampliación de edificios para sede de Juzgados, Tribunales y Centros, Organismos y Servicios de la Administración de Justicia necesarias para la ejecución de la planta establecida en esta Ley.

DISPOSICIONES TRANSITORIAS

Primera. En tanto las Comunidades Autónomas no determinen la capitalidad de los partidos judiciales, de conformidad con lo dispuesto en el artículo 35.6 de la Ley Orgánica del Poder Judicial, ésta se entenderá reconocida al municipio que la tuviese a la entrada en vigor de esta Ley; si existiesen varios, al municipio en que radicasen más Juzgados de Primera Instancia e Instrucción; en caso de igualdad, al de mayor población de derecho. En su defecto, al municipio o municipios en que radicasen Juzgados de Distrito, con iguales criterios de preferencia y, en último término, al de mayor población de derecho (10).

Segunda. Los dos Presidentes de las actuales Salas de lo Contencioso-Administrativo del Tribunal Supremo que no sean nombrados para la Presidencia de la Sala de lo Contencioso-Administrativo del mismo mantendrán, a título personal, los derechos económicos que correspondan a un Presidente de Sala del Tribunal Supremo y presidirán las Secciones que puedan constituirse.

Tercera. 1. Los Presidentes de las actuales Salas de lo Contencioso-Administrativo de las Audiencias Territoriales a los que no correspondiere la Presidencia de la Sala de lo Contencioso-Administrativo del Tribunal Superior de Justicia presidirán, en su caso, las Secciones que pudieran constituirse y mantendrán los derechos económicos co-

(10) Véanse las siguientes disposiciones en las Comunidades Autónomas que determinan la capitalidad de los partidos judiciales.

– Principado de Asturias, Ley 1/1989, de 18 de abril («BOE» núm. 117, de 17 de mayo).
– Castilla-La Mancha, Ley 3/1989, de 18 de mayo («BOE» núm. 146, de 20 de junio).
– Navarra, Ley Foral 4/1989, de 12 de mayo («BOE» núm. 237, de 3 de octubre).
– Castilla y León, Ley 3/1989, de 13 de abril («BOE» núm. 144, de 17 de junio).
– Andalucía, Ley 3/1989, de 2 de diciembre («BOE» núm. 8, de 9 de enero de 1990).
– Madrid, Ley 11/1989, de 5 de diciembre («BOE» núm. 9, de 10 de enero de 1990).
– La Rioja, Ley 6/1989, de 27 de diciembre («BOE» núm. 20, de 23 de enero de 1990.
– País Vasco, Ley 1/1990, de 6 de abril («BOPV» núm. 94, de 14 de mayo) y Ley 5/1992, de 16 de octubre («BOPV» núm. 213, de 2 de noviembre).
– Canarias, Leyes 12 y 13/1989, de 26 de diciembre («BOE» núm. 53, de 2 de marzo de 1990).
– Comunidad Valenciana, Ley 9/1989, de 29 de diciembre («BOE» núm. 34, de 8 de febrero de 1990) y Ley 6/1992, de 6 de noviembre («BOE» núm. 291, de 4 de diciembre).
– Extremadura, Ley 3/1989, de 27 de diciembre («BOE» núm. 60, de 10 de marzo de 1990).
– Región de Murcia, Ley 5/1989, de 4 de diciembre («BOE» núm. 29, de 2 de febrero de 1990).

rrespondientes a un Presidente de Sala, mientras no obtuviesen otro destino.

....

ANEXO II

Tribunal Supremo (11)

	Presidente de Sala	Magistrados del Tribunal Supremo	Total
Sala I Civil	1	9	10
Sala II Penal	1	14	15
Sala III Contencioso-Administrativo.	1	32	33
Sala IV Social	1	12	13
Sala V de lo Militar	1	7	8
Totales	5	74	79

ANEXO III

Audiencia Nacional (12)

1. Presidente Audiencia Nacional.

Sala de lo Penal:

1 Presidente de Sala.
3 Secciones: Cada una compuesta de 1 Presidente y 2 Magistrados, excepto la primera, compuesta por 2 Magistrados.

Sala de lo Contencioso-Administrativo:

1 Presidente de Sala.
6 Secciones: Cada una compuesta de 1 Presidente y 2 Magistrados, excepto la primera, compuesta por 2 Magistrados.

Sala de lo Social:

1 Presidente de Sala.
2 Magistrados.

Total: 27 Magistrados.

(11) Se incluye este anexo con las modificaciones introducidas por la Ley 3/1992, de 20 de marzo («BOE» núm. 70, de 21 de marzo), sobre medidas de corrección de la presente Ley.
(12) Se incluye este anexo con las modificaciones introducidas por el Real Decreto 653/1991, de 22 de abril («BOE» núm. 100, de 26 de abril), por el que se dotan plazas de Magistrado y se constituyen Juzgados de diversos órdenes jurisdiccionales.

4 Magistrados del Tribunal Supremo, uno de los cuales con consideración de Presidente de Sala.

ANEXO IV

Tribunales Superiores de Justicia (13)

ANDALUCIA (compuesto por siete Salas)

Sala de lo Civil y Penal:

1 Presidente de Sala
2 Magistrados.

Sala de lo Contencioso-Administrativo de Sevilla:

1 Presidente de Sala.
17 Magistrados.

Sala de lo Contencioso-Administrativo de Granada:

1 Presidente de Sala.
3 Magistrados.

Sala de lo Contencioso-Administrativo de Málaga:

1 Presidente de Sala.
2 Magistrados.

Sala de lo Social de Sevilla:

1 Presidente de Sala.
9 Magistrados.

Sala de lo Social de Granada:

1 Presidente de Sala.
4 Magistrados.

Sala de lo Social de Málaga

1 Presidente de Sala.
2 Magistrados.

Total: 46 Magistrados.
Presidente del Tribunal con consideración de Magistrado del Tribunal Supremo.

---

(13) Se incluye este anexo con las modificaciones introducidas por Real Decreto 1819/1991, de 20 de diciembre («BOE» núm. 311, de 28 de diciembre), por el que se dotan plazas de Magistrado en distintos órganos colegiados.

ARAGON (compuesto por tres Salas)

Sala de lo Civil y Penal:

1 Presidente.
4 Magistrados.

Sala de lo Contencioso-Administrativo:

1 Presidente de Sala.
5 Magistrados.

Sala de lo Social:

1 Presidente de Sala.
3 Magistrados.

Total: 15 Magistrados.
Presidente del Tribunal con consideración de Magistrado del Tribunal Supremo.

ASTURIAS (compuesto por tres Salas)

Sala de lo Civil y Penal:

1 Presidente.
2 Magistrados.

Sala de lo Contencioso-Administrativo:

1 Presidente de Sala.
7 Magistrados.

Sala de lo Social:

1 Presidente de Sala.
4 Magistrados.

Total: 16 Magistrados.
Presidente del Tribunal con consideración de Magistrado del Tribunal Supremo.

BALEARES (compuesto por tres Salas)

Sala de lo Civil y Penal:

1 Presidente.
4 Magistrados.

Sala de lo Contencioso-Administrativo:

1 Presidente de Sala.
2 Magistrados.

Sala de lo Social:

1 Presidente de Sala.
1 Magistrado.

Total: 10 Magistrados.
Presidente del Tribunal con consideración de Magistrado del Tribunal Supremo.

CANARIAS (compuesto por cinco Salas)

Sala de lo Civil y Penal:

1 Presidente.
2 Magistrados.

Sala de lo Contencioso-Administrativo de Las Palmas:

1 Presidente de Sala.
4 Magistrados.

Sala de lo Contencioso-Administrativo de Santa Cruz de Tenerife:

1 Presidente de Sala.
4 Magistrados.

Sala de lo Social de Las Palmas.

1 Presidente de Sala.
2 Magistrados.

Sala de lo Social de Santa Cruz de Tenerife.

1 Presidente de Sala.
2 Magistrados.

Total: 19 Magistrados.

Presidente del Tribunal con consideración de Magistrado del Tribunal Supremo.

CANTABRIA (compuesto por tres Salas)

Sala de lo Civil y Penal:

1 Presidente.
2 Magistrados.

Sala de lo Contencioso-Administrativo:

1 Presidente de Sala.
2 Magistrados.

Sala de lo Social:

1 Presidente de Sala.
2 Magistrados.

Total: 9 Magistrados.
Presidente del Tribunal con consideración de Magistrado del Tribunal Supremo.

CASTILLA Y LEON (compuesto por cinco Salas)

Sala de lo Civil y Penal:

1 Presidente.
2 Magistrados.

Sala de lo Contencioso-Administrativo de Burgos:

1 Presidente de Sala.
5 Magistrados.

Sala de lo Contencioso-Administrativo de Valladolid:

1 Presidente de Sala.
4 Magistrados.

Sala de lo Social de Burgos:

1 Presidente de Sala.
2 Magistrados.

Sala de lo Social de Valladolid:

1 Presidente de Sala.
5 Magistrados.

Total: 23 Magistrados.
Presidente del Tribunal con consideración de Magistrado del Tribunal Supremo.

CASTILLA-LA MANCHA (compuesto por tres Salas)

Sala de lo Civil y Penal:

1 Presidente.
2 Magistrados.

Sala de lo Contencioso-Administrativo:

1 Presidente de Sala.
5 Magistrados.

Sala de lo Social:

1 Presidente de Sala.
3 Magistrados.

Total: 13 Magistrados.
Presidente del Tribunal con consideración de Magistrado del Tribunal Supremo.

CATALUÑA (compuesto por tres Salas)

Sala de lo Civil y Penal:

1 Presidente.
4 Magistrados.

Sala de lo Contencioso-Administrativo:

1 Presidente de Sala.
24 Magistrados.

Sala de lo Social:

1 Presidente de Sala.
23 Magistrados.

Total: 54 Magistrados.
Presidente del Tribunal con consideración de Magistrado del Tribunal Supremo.

COMUNIDAD VALENCIANA (compuesto por tres Salas)

Sala de lo Civil y Penal:

1 Presidente.
4 Magistrados.

Sala de lo Contencioso-Administrativo:

1 Presidente de Sala.
17 Magistrados.

Sala de lo Social:

1 Presidente de Sala.
9 Magistrados.

Total: 33 Magistrados.
Presidente del Tribunal con consideración de Magistrado del Tribunal Supremo.

EXTREMADURA (compuesto por tres Salas)

Sala de lo Civil y Penal:

1 Presidente.
2 Magistrados.

Sala de lo Contencioso-Administrativo:

1 Presidente de Sala.
2 Magistrados.

Sala de lo Social:

1 Presidente de Sala.
1 Magistrado.

Total: 8 Magistrados.
Presidente del Tribunal con consideración de Magistrado del Tribunal Supremo.

GALICIA (compuesto por tres Salas)

Sala de lo Civil y Penal:

1 Presidente.
4 Magistrados.

Sala de lo Contencioso-Administrativo:

1 Presidente de Sala.
8 Magistrados.

Sala de lo Social:

1 Presidente de Sala.
8 Magistrados.

Total: 23 Magistrados.
Presidente del Tribunal con consideración de Magistrado del Tribunal Supremo.

MADRID (compuesto por tres Salas)

Sala de lo Civil y Penal:

1 Presidente.
2 Magistrados.

Sala de lo Contencioso-Administrativo:

1 Presidente de Sala.
45 Magistrados.

Sala de lo Social:

1 Presidente de Sala.
14 Magistrados.

Total: 64 Magistrados.
Presidente del Tribunal con consideración de Magistrado del Tribunal Supremo.

MURCIA (compuesto por tres Salas)

Sala de lo Civil y Penal:

1 Presidente.
2 Magistrados.

Sala de lo Contencioso-Administrativo:

1 Presidente de Sala.
3 Magistrados.

Sala de lo Social:

1 Presidente de Sala.
2 Magistrados.

Total: 10 Magistrados.
Presidente del Tribunal con consideración de Magistrado del Tribunal Supremo.

NAVARRA (compuesto por tres Salas)

Sala de lo Civil y Penal:

1 Presidente.
4 Magistrados.

Sala de lo Contencioso-Administrativo:

1 Presidente de Sala.
2 Magistrados.

Sala de lo Social:

1 Presidente de Sala.
1 Magistrado.

Total: 10 Magistrados.
Presidente del Tribunal con consideración de Magistrado del Tribunal Supremo.

PAIS VASCO (compuesto por tres Salas)

Sala de lo Civil y Penal:

1 Presidente.
4 Magistrados.

Sala de lo Contencioso-Administrativo:

1 Presidente de Sala.
11 Magistrados.

Sala de lo Social:

1 Presidente de Sala.
8 Magistrados.

Total: 26 Magistrados.
Presidente del Tribunal con consideración de Magistrado del Tribunal Supremo.

LA RIOJA (compuesto por tres Salas)

Sala de lo Civil y Penal:

1 Presidente.
2 Magistrados.

Sala de lo Contencioso-Administrativo:

1 Presidente de Sala.
1 Magistrado.

Sala de lo Social:

1 Presidente de Sala.
1 Magistrado.

Total: 7 Magistrados.
Presidente del Tribunal con consideración de Magistrado del Tribunal Supremo.

Total: 386 Magistrados (17 de los cuales con consideración de Magistrados del Tribunal Supremo).

....

ANEXO VIII

Juzgados de lo Contencioso-Administrativo

Provincia	Número de Juzgados	Provincia	Número de Juzgados
Andalucía		*Castilla y León*	
Almería	1	Avila	1
Cádiz	2	Burgos	1
Córdoba	1	León	1
Granada	2	Palencia	1
Huelva	1	Salamanca	1
Jaén	1	Segovia	1
Málaga	2	Soria	1
Sevilla	5	Valladolid	2
Ceuta	1	Zamora	1
Melilla	1	Total	10
Total	17	*Castilla-La Mancha*	
Aragón		Albacete	1
Huesca	1	Ciudad Real	1
Teruel	1	Cuenca	1
Zaragoza	2	Guadalajara	1
Total	4	Toledo	1
Asturias		Total	5
Asturias	4	*Cataluña*	
Total	4	Barcelona	10
Baleares		Girona	2
Baleares	2	Lleida	2
Total	2	Tarragona	3
Canarias		Total	17
Santa Cruz de Tenerife	2	*Comunidad Valenciana*	
Las Palmas	2	Alicante	2
Total	4	Castellón	1
Cantabria		Valencia	6
Cantabria	1	Total	9
Total	1	*Extremadura*	
		Badajoz	1
		Cáceres	1
		Total	2

Provincia	Número de Juzgados	Provincia	Número de Juzgados
Galicia		*Navarra*	
La Coruña	2	Navarra	2
Lugo	1	Total	2
Orense	1	*País Vasco*	
Pontevedra	2	Alava	1
Total	6	Guipúzcoa	3
Madrid		Vizcaya	4
Madrid	18	Total	8
Total	18	*La Rioja*	
Murcia		La Rioja	1
Murcia	2	Total	1
Total	2	Total Juzgados de lo contencioso-Administrativo	112

DERECHOS FUNDAMENTALES DE LA PERSONA

APENDICE 3

LEY 62/1978, DE 26 DE DICIEMBRE, DE PROTECCION JURISDICCIONAL DE LOS DERECHOS FUNDAMENTALES DE LA PERSONA

(«BOE» núm. 3, de 3 de enero de 1979)

Artículo 1.° 1. El ejercicio de los derechos fundamentales de la persona, comprendidos en el ámbito de aplicación de esta Ley, gozará de las garantías jurisdiccionales que en la misma se establecen.

2. Quedan comprendidas en el ámbito de aplicación de esta Ley, sin perjuicio de lo establecido en su disposición final, las libertades de expresión, reunión y asociación, la libertad y secreto de la correspondencia, la libertad religiosa y la de residencia, la garantía de la inviolabilidad del domicilio, la protección jurídica frente a las detenciones ilegales y, en general, frente a las sanciones impuestas en materia de orden público (1).

....

(1) El Real Decreto legislativo 342/1979, de 20 de febrero, sobre ampliación del ámbito de aplicación de esta Ley, dispuso:

«Artículo único.–Quedan incorporados al ámbito de protección de la Ley 62/1978, de 26 de diciembre, los derechos al honor, a la intimidad personal y familiar y a la propia imagen, el secreto de las comunicaciones telefónicas y telegráficas, la libre circulación por el territorio nacional, la libre entrada y salida de España en los términos legales, la libertad de cátedra y la libertad sindical».

Por su parte, la disposición transitoria segunda, dos, de la Ley Orgánica 2/1979, de 3 de octubre («BOE» núm. 239, de 5 de octubre), del Tribunal Constitucional establece:

«En tanto no sean desarrolladas las previsiones del artículo 53.2 de la Constitución para configurar el procedimiento judicial de protección de los derechos y libertades fundamentales, se entenderá que la vía judicial previa a la interposición del recurso de amparo será la contencioso-administrativa ordinaria o la configurada en la sección segunda de la Ley 62/1978, de 26 de diciembre, sobre protección jurisdiccional de los derechos fundamentales, a cuyos efectos el ám-

Sección 2.ª Garantía contencioso-administrativa

Art. 6.° 1. Contra los actos de la Administración pública, sujetos a Derecho Administrativo, que afecten al ejercicio de los derechos fundamentales de la persona, mencionados en el artículo 1.°, 2, de esta Ley, podrá interponerse recurso contencioso-administrativo de conformidad con las reglas de procedimiento establecidas en la presente sección y, a falta de previsión especial, de acuerdo con las reglas generales de la Ley de la Jurisdicción Contencioso-Administrativa, cuya aplicación será supletoria (2).

---

bito de la misma se entiende extendido a todos los derechos y libertades a que se refiere el expresado artículo 53, 2, de la Constitución».

Véase el artículo 7.2 de la Ley Orgánica del Poder Judicial (apéndice 1).

(2) Véase la nota al artículo 1.°, 1, de la presente Ley.

Véanse también los artículos 453 y 518 de la Ley Orgánica 2/1989, de 13 de abril, Procesal Militar (apéndice 12).

La sentencia 37/1982, de 16 de junio (suplemento al «BOE» núm. 169, de 16 de julio), del Tribunal Constitucional, declara:

«1. El artículo 6 de la Ley 62/1978, de 26 de diciembre, de protección jurisdiccional de los derechos fundamentales de la persona, configura la llamada "garantía contencioso-administrativa" regulada en su sección segunda, como un proceso especial, cuyo objeto aparece limitado a los actos de la Administración pública, sujetos al Derecho Administrativo, que afecten al ejercicio de los derechos fundamentales de la persona mencionados en el artículo 1.2 de dicha Ley. Posteriormente, como es sabido, el ámbito objetivo del proceso ha sido ampliado por el Real Decreto 342/1979, de 20 de febrero, dictado en aplicación de su disposición final y, en último término, extendido por la disposición transitoria segunda, dos, de la Ley Orgánica del Tribunal Constitucional, en cuanto vía judicial para la interpretación del recurso de amparo, a todos los derechos y libertades a que se refiere el artículo 53.2 de la Constitución.

Estas últimas disposiciones, aun cuando han ampliado su ámbito, no han modificado el carácter limitado de las pretensiones que pueden deducirse a través del citado procedimiento especial. No es, pues, de extrañar que el Tribunal Supremo haya mantenido la doctrina, ya establecida en su sentencia de 14 de agosto de 1979, de que tal garantía contencioso-administrativa envuelve un proceso excepcional, sumario y urgente, cuyo objeto es limitado, pues no puede extenderse a otro tema que no sea la comprobación de si un acto del poder público afecta o no a los hechos fundamentales de la persona, declarando igualmente el Tribunal Supremo, invirtiendo los términos, que los restantes aspectos de la actividad pública, ajena a su percusión con el ejercicio de una libertad pública, en relación con los demás intereses legítimos de cualquier recurrente, deben quedar reservados al proceso ordinario.

2. La limitación del objeto del proceso especial contencioso-administrativo, regulado en la Ley 62/1978, da lugar a que sea inadecuado para tramitar pretensiones que no tengan relación con los derechos fundamentales, que se recogen en el artículo 53.2 de la Constitución. Lo que determina que no puede admitirse, en efecto, la existencia de una facultad del ciudadano para disponer del proceso especial sin más que la mera invocación de un derecho fundamental. El proceso especial, entre otras ventajas de procedimiento que se conceden al recurrente y que en gran medida sólo se justifican por el carácter privilegiado de la protección que el ordenamiento jurídico otorga a los derechos fundamentales, comporta un régimen excepcional de suspensión del acto impugnado, cuyo disfrute no puede, en modo alguno, dejarse al arbitrio del recurrente. La consecuencia a que debe llegarse es la de que la viabilidad del proceso especial debe ser examinada por las Salas de lo Contencioso-Administrativo, partiendo de la facultad que les corresponde, con carácter más destacado en un proceso tan ligado al interés público de velar por el cumplimiento de los presupuestos exigidos para cada tipo especial de proceso. Cuando el recurrente en vía contencioso-administrativa acude al procedimiento especial, apartándose de modo manifiesto, claro e irrazonado, de la vía ordinaria por sostener que existe una lesión de derechos fundamentales, cuando, *prima facie,* pueda afirmarse, sin duda alguna, que el acto im-

Art. 7.° 1. Para la interposición de estos recursos no será necesaria la reposición ni la utilización de cualquier otro recurso previo administrativo.

2. En el mismo escrito de interposición del recurso contencioso-administrativo, o en cualquier momento posterior, podrá solicitarse la suspensión de la efectividad del acto administrativo impugnado.

3. De esta solicitud, y en pieza separada, se dará traslado al Ministerio Fiscal y al Abogado del Estado, y se requerirá al órgano del que dimane el acto impugnado para que en el plazo de cinco días puedan informar acerca de la solicitud de suspensión (3).

4. Deducidos los dictámenes e informes a que se refiere el párrafo anterior o transcurrido el plazo concedido al efecto, la Sala acordará la suspensión del cumplimiento del acto impugnado, salvo que se justifique la existencia o posibilidad de perjuicio grave para el interés general, suspensión que podrá concederse con o sin afianzamiento de los perjuicios de cualquiera otra naturaleza que pudieran derivarse (3).

5. *La interposición del recurso contencioso-administrativo suspenderá, en todo caso, la resolución administrativa cuando se trate de*

---

pugnado no ha percutido en el ámbito de los derechos fundamentales alegados, la consecuencia puede ser la inadmisión del recurso, tal y como viene declarado reiteradamente la jurisprudencia del Tribunal Supremo».

Y la sentencia 42/1989, de 16 de febrero (suplemento al «BOE» núm. 52, de 2 de marzo), del mismo Tribunal, dice:

«La disposición transitoria segunda de la Ley Orgánica del Tribunal Constitucional establece que, en tanto no sean desarrolladas las previsiones del artículo 53.2 de la Constitución, "se entenderá que la vía judicial previa a la interposición del recurso de amparo será la contencioso-administrativa ordinaria o la configurada en la sección segunda de la Ley 62/1978". De acuerdo, pues, con la legalidad vigente y en tanto no se desarrolle el mandato del artículo 53 de la Constitución, este Tribunal ha declarado en la sentencia 84/1987, de 29 de mayo, que los interesados pueden optar entre una y otra vía de recurso en defensa de sus derechos fundamentales, o bien pueden instar en tiempo y forma dos acciones paralelas con el mismo objeto y por motivos distintos, pero lo que no pueden es utilizar sucesivamente ambas vías, de manera que pueda formularse el recurso ordinario una vez desestimado el especial. Por la misma razón, hay que entender que si, interpuestos los dos tipos de recursos en tiempo y forma, aun fundamentado el ordinario, en todo o en parte, en la infracción de los derechos constitucionales alegada en el recurso preferente y urgente de la Ley 62/1978, este último ha sido desestimado en cuanto al fondo, no podrán los órganos judiciales competentes revisar válidamente dicha desestimación, por lo que el recurso ordinario habrá de considerarse ceñido a la resolución de cuestiones de pura legalidad. Quiere ello decir que, en tales casos, por lo que se refiere a los motivos consistentes en la violación de derechos fundamentales amparables por este Tribunal, la vía judicial previa ha de entenderse agotada una vez que ha concluido el proceso tramitado por el procedimiento especial configurado en la Ley 62/1978, en sus sucesivas instancias, quedando entonces expedita la posibilidad de recurrir en amparo por los mismos motivos con independencia de las acciones y recursos que, por motivos distintos, puedan seguirse paralelamente sobre el mismo objeto. Por eso, es indiferente que contra los actos administrativos aquí impugnados se halle pendiente un recurso contencioso-administrativo ordinario, que no podría estimarse en virtud de las supuestas infracciones de derechos fundamentales sobre la que el órgano judicial competente en definitiva ya se ha pronunciado en sentido desestimatorio».

Véase la Circular 5/1985, de 30 de septiembre (apéndice 5).

(3) Véase la Orden de 21 de mayo de 1987 (apéndice 4), la Circular 5/1985 (apéndice 5) y la Instrucción de 28 de octubre de 1987 (apéndice 6).

 sanciones pecuniarias reguladas por la Ley de Orden Público, sin necesidad de afianzamiento o depósito alguno ni los dictámenes a que se refiere el apartado anterior (4).

6. En el caso de prohibición o de propuesta de modificación de reuniones previstas en la Ley Reguladora del Derecho de Reunión que no fueren aceptadas por los promotores, éstos podrán interponer recurso contencioso-administrativo ante la Audiencia competente, poniendo, al mismo tiempo, en conocimiento de la autoridad tal interposición para que ésta remita inmediatamente el expediente a la Audiencia. Dentro del plazo improrrogable de cinco días, el Tribunal, poniendo de manifiesto el expediente, convocará al Abogado del Estado, al Ministerio Fiscal y a los promotores o a la persona que éstos designen como su representante, o una audiencia en la que, de manera contradictoria, oirá a todos los personados y resolverá sin ulterior recurso sobre el mantenimiento o revocación de la prohibición o de las modificaciones propuestas (5).

Art. 8.° 1. El recurso contencioso-administrativo se interpondrá dentro de los diez días siguientes a la notificación del acto impugnado, si fuere expreso. En caso de silencio administrativo, el plazo anterior se computará una vez transcurridos veinte días desde la solicitud del interesado ante la Administración, sin necesidad de denunciar la mora.

2. En el mismo día de la presentación o en el siguiente, la Sala requerirá por vía telegráfica y con carácter urgente al órgano administrativo correspondiente para que en el plazo de cinco días, a contar desde la recepción del requerimiento, remita el expediente y pueda alegar lo que estime procedente como fundamento del acto impugnado con apercibimiento de cuanto establece el apartado 4 del artículo 10 de esta Ley.

La resolución administrativa que ordene la remisión del expediente se notificará de inmediato a todos los interesados en el mismo, emplazándoles para que puedan comparecer ante la Sala en el plazo de cinco días (6).

3. La falta de envío del expediente administrativo dentro del plazo previsto en el párrafo anterior no suspenderá el curso de los autos. Tampoco lo suspenderá la falta de alegaciones por parte de la Administración.

4. Recibido el expediente o transcurrido el plazo para su remisión y, en su caso, el del emplazamiento a los demás interesados, la Sala, dentro del siguiente día, pondrá de manifiesto el expediente y demás actuaciones al recurrente para que en el plazo improrrogable de ocho días pueda formalizar la demanda y aportar la documentación que estime conveniente. Acto seguido se dará traslado al Ministerio Fiscal, al

---

(4) Apartado derogado por la Ley Orgánica 1/1992, de 21 de febrero («BOE» núm. 46, de 22 de febrero), sobre Protección de la Seguridad Ciudadana.

(5) Véanse los artículos 93, 2, *c)* y 102-*a*, 2, de la Ley reguladora de la Jurisdicción Contencioso-Administrativa.

(6) Véase la Orden de 21 de mayo de 1987 (apéndice 4).

Abogado del Estado y a quienes se hubieren personado, para que en el plazo común e improrrogable de ocho días efectúen, en su caso, las alegaciones que estimen pertinentes. A los escritos de contestación a la demanda podrá acompañarse la documentación que se considere oportuna.

5. Cuando el expediente administrativo se recibiese en el Tribunal una vez transcurrido el plazo establecido en el apartado 2 de este artículo, se pondrá de manifiesto a las partes por término de veinticuatro horas y sin alteración del curso del procedimiento.

6. Transcurrido el plazo señalado en el apartado 4 anterior, con o sin alegaciones, la Sala decidirá en el siguiente día sobre el recibimiento a prueba, en su caso. El período probatorio no será superior a veinte días, comunes para la proposición y práctica, a prudente arbitrio de la Sala, sin que en ningún supuesto sea procedente el término extraordinario.

7. Conclusas las actuaciones, la Sala, sin más trámites, pero con citación de las partes, dictará sentencia en el plazo de tres días.

Art. 9.° 1. Contra la sentencia podrá interponerse, en su caso, recurso de apelación, en un solo efecto, ante el Tribunal Supremo (7).

2. La apelación se preparará mediante escrito razonado ante la Sala sentenciadora, dentro del plazo de cinco días, común a todas las partes personadas.

3. Admitido el recurso, en su caso, se remitirán las actuaciones a la Sala del Tribunal Supremo que corresponda, con emplazamiento a las partes con cinco días para que puedan personarse si lo consideran oportuno.

4. Si dentro del término del emplazamiento no compareciere el apelante, se declarará desierto el recurso, imponiéndole las costas.

5. Comparecido el apelante y transcurrido el término de los emplazamientos, la Sala dictará sentencia en el plazo de cinco días.

Art. 10. 1. La tramitación de estos recursos tendrá carácter urgente a todos los efectos orgánicos y procesales (8).

2. La puesta de manifiesto de las actuaciones se sustituirá, cuando sea posible, por la entrega de fotocopia de las mismas, debidamente cotejada.

3. Las costas se impondrán al recurrente o a la Administración pública si fueren rechazadas o aceptadas, respectivamente, todas sus pretensiones. En otro caso se seguirán las reglas comunes.

4. Si la Administración que hubiese dictado el acto impugnado no remitiera el expediente dentro del plazo señalado en el apartado 2 del artículo 8.° se deducirá sin más trámites ni recordatorio alguno el oportuno

---

(7) Téngase en cuenta lo establecido en las disposiciones derogatoria segunda y transitoria tercera de la Ley 10/1992, de 30 de abril, de Medidas Urgentes de Reforma Procesal (apéndice 14).

(8) Véase el artículo 77 de la Ley reguladora de la Jurisdicción Contencioso-Administrativa.

testimonio de particulares para exigir la responsabilidad personal y directa por desobediencia en que hubiera podido incurrir el jefe de la dependencia en la que obrare el expediente y cualquier otra persona responsable de la demora, imponiéndole en todo caso a aquél multa de 5.000 pesetas.

....

APENDICE 4

ORDEN DE 21 DE MAYO DE 1987 POR LA QUE SE PUBLICA EL ACUERDO DEL CONSEJO DE MINISTROS POR EL QUE SE FIJAN CRITERIOS DE COORDINACION A FIN DE DAR CUMPLIMIENTO A LO ESTABLECIDO EN LOS ARTICULOS 7.3 Y 8.2 DE LA LEY 62/1978, DE 26 DE DICIEMBRE, DE PROTECCION JURISDICCIONAL DE LOS DERECHOS FUNDAMENTALES DE LA PERSONA

(«BOE» núm. 122, de 22 de mayo de 1987)

Artículo único.–En la Administración del Estado y sus Organismos autónomos se observarán los criterios de coordinación a fin de dar cumplimiento a lo establecido en los artículos 7.3 y 8.2 de la Ley 62/1978, de 26 de diciembre, de Protección Jurisdiccional de los Derechos Fundamentales de la Persona, y fijados en el Acuerdo del Consejo de Ministros de 20 de febrero de 1987, que se publica como anexo a la presente Orden, que entrará en vigor el día de su publicación en el «Boletín Oficial del Estado».

ANEXO QUE SE CITA

El artículo 6.° de la Ley 62/1978, de 26 de diciembre, de Protección Jurisdiccional de los Derechos Fundamentales de la Persona, configuró la llamada «garantía contencioso-administrativa», regulada en su sección segunda, como un proceso especial cuyo objeto aparece limitado a los actos de la Administración pública, sujetos al Derecho Administrativo, que afecten al ejercicio de los derechos fundamentales de la persona, mencionados en el artículo 1.2 de dicha Ley. Posteriormente, el ámbito objetivo del proceso fue ampliado por el Real Decreto 342/1979, de 20 de febrero, dictado en aplicación de la disposición final de aquélla y, en último término, extendido por la disposición transitoria segunda, dos, de la Ley Orgánica 2/1979, de 3 de octubre, del Tribunal Constitucional, en cuanto vía judicial para la interposición del recurso de amparo, a todos los derechos y libertades a que se refiere el artículo 53.2 de la Constitución.

Son principios básicos que rigen en el procedimiento contencioso-administrativo especial de derechos fundamentales de la persona, los de preferencia y sumariedad, con lo que se trata de hacer efectivo, también desde este punto de vista, el principio de tutela judicial efectiva que proclama el artículo 24 de la Constitución. Consecuencia de ello es la concesión al Organo administrativo de un breve plazo de cinco días, a contar desde la recepción del requerimiento llevado a cabo por la Sala competente, para que remita el expediente administrativo, y, en su caso, las alegaciones e informes que se estimen procedentes en defensa del acto impugnado y acerca de la solicitud de suspensión que se haya producido, respectivamente.

La experiencia acumulada hace aconsejable adoptar las medidas precisas que permitan a los Organos de la Administración del Estado y de sus Organismos autónomos cumplir con lo dispuesto en los artículos 7.3 y 8.2 de la Ley 62/1978, de 26 de diciembre, en los plazos que en los mismos se indica, posibilitando de esta forma el principio constitucional de tutela judicial efectiva de derechos e intereses legítimos.

Lo anteriormente expuesto no ha de suponer mengua de la eficaz defensa que la Administración ha de realizar de sus actos también ante los Tribunales. De aquí que hayan de adoptarse igualmente medidas para asegurar la rápida comunicación entre los Organos administrativos con competencia en el asunto, bien por ser autor del acto o disposición impugnados, bien por ser encargado de su defensa ante la Jurisdicción Contencioso-Administrativa. De esta forma se hacen efectivos los principios de coordinación y eficacia que, también por mandato constitucional (artículo 103.1), han de presidir la actuación de la Administración pública.

Por ello, a propuesta de los Ministros de Justicia y para las Administraciones Públicas, el Consejo de Ministros, en su reunión del día 20 de febrero de 1987,

ACUERDA

Primero. Recibido el requerimiento telegráfico a que hace referencia el artículo 8.2 de la Ley 62/1978, de 26 de diciembre, de Protección Jurisdiccional de los Derechos Fundamentales de la Persona, el Organo administrativo requerido lo comunicará de inmediato a la Subsecretaría del Departamento correspondiente, a la que corresponderá adoptar las medidas necesarias para asegurar:

a) La remisión por el Organo requerido a la Sala competente del expediente y de las alegaciones que se estimen procedentes como fundamento del acto o disposición impugnados dentro del plazo legalmente establecido.

b) La práctica de las notificaciones a que alude el párrafo segundo del artículo 8.2 de la Ley 62/1978, de 26 de diciembre, así como la comunicación a la Sala de dichas notificaciones.

Segundo. Cuando en cumplimiento del artículo 7.3 de la Ley 62/1978, de 26 de diciembre, se requiera del Organo del que dimane el acto o disposición impugnados que informe acerca de la solicitud de suspensión, las Subsecretarías de los Departamentos ministriales adoptarán las medidas precisas para que aquél sea remitido dentro del plazo indicado en el mencionado precepto.

Cuando de la suspensión pueda derivarse grave perjuicio para el interés general, se determinarán en el informe, en la medida de lo posible, la naturaleza y cuantía de los perjuicios, debiéndose adjuntar al mismo la documentación justificativa de que se dispusiera. Igualmente podrá expresarse el tipo de afianzamiento que se considere más acorde con los perjuicios de cualquiera otra naturaleza que pudieran derivarse de la suspensión de la ejecución del acto o disposición impugnados.

Tercero. El Organo administrativo requerido recabará del Servicio Jurídico del Estado en el Departamento ministerial respectivo el asesoramiento preciso para la elaboración de las alegaciones e informes previstos en los dos apartados anteriores. En el Ministerio de Defensa el asesoramiento se recabará de su Asesoría Jurídica General.

Cuarto. Simultáneamente a dar cumplimiento a lo dispuesto en los artículos 7.3, 7.6 y 8.2 de la Ley 62/1978, de 26 de diciembre, el Organo administrativo requerido remitirá fotocopia del expediente y de las alegaciones e informes realizados al Servicio Jurídico del Estado en el Tribunal ante el que se siga el recurso contencioso-administrativo.

Lo anterior se entiende sin perjuicio de cualquier comunicación verbal o escrita o información complementaria que el Organo administrativo autor o proponente del acto o disposición del Servicio Jurídico del Estado en el Tribunal respectivo consideren convenientes para la mejor defensa de los intereses de la Administración del Estado.

Quinto. Cuando el acto o disposición impugnados proceda de un Organo periférido de la Administración del Estado corresponderán a las Secretarías Generales de las Delegaciones del Gobierno o de los Gobiernos Civiles las funciones que en los apartados anteriores se atribuyen a las Subsecretarías de los Departamentos ministeriales, salvo en el caso del Ministerio de Defensa, en el que corresponderán a las Autoridades Jurisdiccionales Militares. Los Servicios Jurídicos de las citadas Delegaciones del Gobierno o de los Gobiernos Civiles efectuarán el asesoramiento a que se refiere el apartado tercero del presente Acuerdo.

Ap. 4 Cuando el acto impugnado proceda de un Organo autónomo corresponderá a su Presidente o Director la adopción de las medidas precisas para la ejecución de cuanto se dispone en este Acuerdo, realizándose el asesoramiento a que se refiere el apartado tercero por el Servicio Jurídico en el Departamento ministerial a que esté adscrito dicho Organismo autónomo, salvo que éste cuenta con Servicio Jurídico propio.

APENDICE 5

CIRCULAR 5/1985, DE 30 DE SEPTIEMBRE, DE LA DIRECCION GENERAL DEL SERVICIO JURIDICO DEL ESTADO (JUSTICIA), SOBRE OPOSICION POR EL SERVICIO JURIDICO DEL ESTADO A LA ADMISIBILIDAD DEL PROCEDIMIENTO ESPECIAL PARA GARANTIA DE LOS DERECHOS FUNDAMENTALES Y SOBRE OPOSICION A LA SUSPENSION DE LOS ACTOS O DISPOSICIONES IMPUGNADOS

(«Boletín de Información del Ministerio de Justicia», núm. 1405, de 25 de diciembre de 1985)

1. La aparición en nuestro ordenamiento jurídico, a través de la Ley 62/1978, de 26 de diciembre (1), de Protección Jurisdiccional de los Derechos Fundamentales de la Persona, de un procedimiento especial para la garantía de los mismos en vía contencioso-administrativa ha tenido una especial incidencia en el régimen de impugnación de los actos administrativos y disposiciones de carácter general.

Las notas de la vía procesal de la Ley 62/1978, como son su carácter de previa al recurso de amparo constitucional, la comodidad de su admisión a trámite, la rapidez del proceso y, especialmente, la facilidad para obtener la suspensión de la ejecución del acto o disposición recurrido, constituyen las principales razones de la proliferación que, de continuar injustificadamente, puede crear graves problemas a la Administración pública.

La experiencia adquirida en el funcionamiento y aplicación de la Ley aconseja establecer, por tanto, algunos criterios, respecto de dos cuestiones fundamentales: La admisión de los procesos por vía especial que la misma regula y la suspensión de los actos o disposiciones administrativas impugnados.

---

(1) Figura como apéndice 3.

2. En cuanto a la admisibilidad del proceso se refiere, la garantía de la protección a los derechos fundamentales que constituyen su razón de ser supone, de entrada, una generosa concepción respecto de la posibilidad de su admisión, so pena de infringir el principio constitucional de tutela judicial, y así han venido entendiéndolo los Tribunales de Justicia.

No obstante, tan amplio planteamiento no puede concebirse como posibilidad de utilización de esta vía especial sin que el recurrente concrete el acto o disposición que recurre, especificando los puntos o preceptos a que el recurso afecta, y el derecho fundamental que se presume violado, o sin que razone, siquiera sea someramente, el motivo de la vulneración que denuncia.

En este sentido, el Tribunal Constitucional en sus Sentencias 12/1982, de 31 de marzo (R. T. Const., 12) y 31/1984, de 7 de marzo (R. T. Const. 31), al resolver sendos recursos de amparo en que el Tribunal de Justicia –Audiencia Nacional y Tribunal Supremo, respectivamente–, no había admitido a trámite el recurso por la vía especial de la Ley 62/1978 (citada), sienta incidentalmente la doctrina de que para que el Tribunal dé curso a dicha vía «basta con un planteamiento razonable de que la pretensión ejercitada versa sobre un derecho fundamental», considerando que es suficiente su planteamiento aunque se produzca la inadmisibilidad, para estimar agotada la previa vía judicial.

Sin perjuicio de que tal doctrina no supone una jurisprudencia directa y consolidada sobre la cuestión abordada, la exigencia de «un planteamiento razonable de la pretensión» para que se considere procedente la vía especial de la Ley 62/1978 puede servir de fundamento para oponerse a la admisibilidad del recurso por esta vía especial en los supuestos en que el Servicio Jurídico estime que tal exigencia no es cumplida por el recurrente; oposición que debe llevarse a efecto bien impugnando la providencia que acuerde la admisión a trámite, si se produce, bien en la primera oportunidad procesal que se presente.

3. Respecto de la suspensión de la ejecución del acto o disposición administrativa impugnados, la Ley 62/1978 introduce una modificación sustancial en el principio general vigente hasta su entrada en vigor.

La no suspensión de la ejecución del acto o disposición administrativa recurrido en vía contencioso-administrativa, salvo que dicha ejecución hubiese de ocasionar daños o perjuicios de reparación imposible o difícil, se recoge en el artículo 122 de la Ley de 27 de diciembre de 1956, reguladora de la Jurisdicción Contencioso-Administrativa; principio matizado, además, por el hecho de que la carga de la prueba de la existencia de daños o perjuicios de reparación imposible o difícil corresponde al actor –art. 1.214 del Código Civil– y por una reiterada doctrina jurisprudencial en el sentido de que no cabe estimar la imposibilidad o dificultad de la reparación del daño, cuando dicha reparación pueda traducirse en una compensación económica.

Frente a tal principio, el artículo 7.4 de la Ley 62/1978, de 26 de diciembre, dispone textualmente:

«La Sala acordará la suspensión del cumplimiento del acto impugnado, salvo que se justifique la existencia o posibilidad de perjuicio grave para el interés general».

Resulta, pues, que en este proceso especial, se convierte en norma general la suspensión de la ejecución del acto administrativo, haciendo pesar sobre la Administración demandada la prueba de la «existencia o posibilidad de perjuicio grave para el interés general».

Ello obliga a extremar, dentro de los estrechos márgenes que la ley posibilita, el celo en la defensa de la Administración, sin olvidar la brevedad del término –cinco días– que la Ley concede para oponerse a la suspensión solicitada.

A tal fin, en aquellos supuestos en que, al amparo de la Ley 62/1978, de 26 de diciembre, de Protección de los Derechos Fundamentales de la Persona, se solicite la suspensión de la ejecución del acto administrativo o disposición impugnado, deberá tenerse en cuenta:

1.° La suspensión regulada en el artículo 7.4 de la citada Ley de Protección Jurisdiccional de los Derechos Fundamentales de la Persona constituye una medida cautelar, en cuya aplicación el Tribunal ha de atender no sólo a la existencia o posibilidad de un perjuicio grave para el interés general, sino también examinar la naturaleza del acto o disposición impugnado.

En este sentido, la referencia que el artículo 4 de la Ley hace a la suspensión del «cumplimiento» parece indicar, y así debe entenderse, que únicamente cabe la posibilidad de suspensión respecto de aquellos actos administrativos cuyo cumplimiento pueda ser exigido por la Administración recurrente, es decir, aquellos de los que se derive para el interesado la obligación exigible, cuyo incumplimiento daría lugar a la ejecución forzosa; por lo que, en todo caso, los efectos de la suspensión deben quedar limitados subjetivamente al recurrente y objetivamente a los actos generadores de las obligaciones.

Así lo viene interpretando la Jurisprudencia en consonancia con la doctrina de algunos autores, como se desprende de los Autos de la Sala Tercera del Tribunal Supremo de 17 y 20 de marzo de 1984.

El auto de 17 de marzo de 1984 dice textualmente:

«La Ley 62/1978 pretende con esta medida cautelar de suspensión de ejecución del acto impugnado suspender la *efectividad o exigibilidad* de las obligaciones contenidas en el acto presunto, por lo que si éste no establece ninguna obligación, si las decisiones de la Administración no crean en el destinatario de las mismas una obligación exigible... no se puede acceder a ello».

Y el de 20 de marzo insiste en que:

«La Ley 62/1978, al establecer como sistema general la medida cautelar de la suspensión del acto impugnado, lo que pretende evitar es la efectividad o exigibilidad de una *obligación preexistente del recurrente*, por lo que esta protección cautelar no tiene en el caso presente aplicación alguna posible *al no implicar el acto obligación alguna*».

En este orden de ideas y habida cuenta de que normalmente el proceso que nos ocupa se admite a trámite con notable carencia de datos, lo que sucede igualmente en la pieza de suspensión, sería conveniente poner de manifiesto al Tribunal la necesidad de que previamente a la decisión sobre la suspensión el recurrente precise el objeto del recurso, especialmente los preceptos concretos impugnados si se trata de una disposición de carácter general y las obligaciones que para él se deriven del cumplimiento de los actos o disposiciones recurridos.

2.° Con independencia de lo anterior, la exposición razonada que el Letrado del Estado ha de formular en la pieza de suspensión debe coordinarse en la mayor medida posible con el informe del órgano del que dimane el acto impugnado, al que se refiere el artículo 7.3 de la citada Ley 62/1978, de 26 de diciembre.

Es necesario, por tanto, insistir ante el órgano de la Administración pública autora del acto impugnado, que en el informe emitido en la pieza de suspensión, cuando de la misma pudiera derivarse perjuicio grave para el interés general, determine en la medida de lo posible la naturaleza y cuantía de los perjuicios, de lo que puede depender decisivamente la resolución del Tribunal.

3.° Se recuerda, asimismo, la necesidad de solicitar el afianzamiento de los perjuicios de cualquier naturaleza que pudieran derivarse de la suspensión si ésta se concediese, conforme al referido artículo 7.3 de la Ley 62/1978, perjuicios que deberán cuantificarse igualmente por el órgano administrativo interesado.

4.° Debe, por último, insistirse en la obligación de oponerse a la petición de suspensión, salvo autorización expresa de este Centro Directivo, previo informe del órgano de la Administración competente de no existir perjuicio para el interés general.

APENDICE 6

INSTRUCCION NUMERO 4/1987, DE 28 DE OCTUBRE, DE LA FISCALIA GENERAL DEL ESTADO, SOBRE INTERVENCION DEL MINISTERIO FISCAL EN LA LEY 62/1978, DE 26 DE DICIEMBRE

(Suplemento al «Boletín de Información del Ministerio de Justicia» núm. 1.486, de 25 de marzo de 1988)

En la Instrucción de la Fiscalía General del Estado de fecha 6 de febrero de 1984 (Registro salida número 946) se dieron normas para unificar la actuación del Ministerio Fiscal en el recurso de amparo ordinario de la Ley 62/1978, de 26 de diciembre, de Protección Jurisdiccional de los Derechos Fundamentales de la Persona.

El desigual cumplimiento por parte de las Fiscalías de las Audiencias Territoriales (y de la Provincial de Santa Cruz de Tenerife), obligó a recordar el cumplimiento de aquella Instrucción, por la comunicación de la Inspección Fiscal de fecha 24 de febrero de 1987.

Ante el inadecuado cumplimiento de lo indicado por la Fiscalía General del Estado, por parte de algunas Fiscalías, ordeno lo siguiente:

Primero. Que, en todo caso, la intervención del Ministerio Fiscal, en el recurso contencioso-administrativo de la Ley 62/1978, de 26 de diciembre, de Protección Jurisdiccional de los Derechos Fundamentales de la persona sea lo suficientemente amplia (tanto en la pieza principal como en la pieza separada de suspensión), de suerte que sus alegaciones contemplen con objetividad la cuestión debatida y los fundamentos que puedan existir en pro o en contra del acto administrativo impugnado, o sobre la suspensión o no de su eficacia, pues no en vano corresponde al Ministerio Fiscal la defensa de la legalidad.

Segundo. Que cuando se interponga en los procedimientos de la Ley 62/1978 recurso de apelación (1) (bien sea del Fiscal o de las partes) contra autos o sentencias de las Salas de lo Contencioso-Administrativo,

---

(1) Téngase en cuenta lo establecido en las disposiciones transitoria tercera y derogatoria segunda de la Ley 10/1992, de 30 de abril (apéndice 14).

 los fiscales-jefes cuidarán de que sean remitidos a la Fiscalía General del Estado, sin demora alguna, fotocopia de los siguientes documentos:

Acto administrativo (si es expresado) contra el que se interponga el recurso contencioso-administrativo.

Escrito de alegaciones del Ministerio Fiscal y del Letrado del Estado.

Auto o sentencia recurridos.

Escrito de interposición del recurso de apelación.

REGIMEN LOCAL

APENDICE 7

LEY 7/1985, DE 2 DE ABRIL, REGULADORA DE LAS BASES DE REGIMEN LOCAL

(«BOE» núm. 180, de 3 de abril, corrección de errores en «BOE» núm. 139, de 11 de julio de 1985)

....

TITULO V

Disposiciones comunes a las Entidades locales

CAPITULO PRIMERO

RÉGIMEN DE FUNCIONAMIENTO

....

Art. 50. 1. Los conflictos de atribuciones que surjan entre órganos y entidades dependientes de una misma Corporación local se resolverán:

a) Por el pleno, cuando se trate de conflictos que afecten a órganos colegiados, miembros de éstos o entidades locales de las previstas en el artículo 45.

b) Por el Alcalde o Presidente de la Corporación, en el resto de los supuestos.

2. Los conflictos de competencias planteados entre diferentes entidades locales serán resueltos por la Administración de la Comunidad Autónoma o por la Administración del Estado, previa audiencia de las Comunidades Autónomas afectadas, según se trate de entidades perte-

necientes a la misma o a distinta Comunidad, y sin perjuicio de la ulterior posibilidad de impugnar la resolución dictada ante la Jurisdicción Contencioso-Administrativa (1).

Art. 51. Los actos de las entidades locales son inmediatamente ejecutivos, salvo en aquellos casos en que una disposición legal establezca lo contrario o cuando se suspenda su eficacia de acuerdo con la Ley (2).

Art. 52. 1. Contra los actos y acuerdos de las entidades locales que pongan fin a la vía administrativa, los interesados podrán, previo recurso de *reposición,* en los casos en que proceda, ejercer las acciones que procedan ante la jurisdicción competente.

2. Ponen fin a la vía administrativa las resoluciones de los siguientes órganos y autoridades:

a) Las del Pleno, los Alcaldes o Presidentes y las Comisiones de Gobierno, salvo en los casos excepcionales en que una Ley sectorial requiera la probación ulterior de la Administración del Estado o de la Comunidad Autónoma, o cuando proceda recurso ante éstas en los supuestos del artículo 27.2

b) Las de autoridades y órganos inferiores en los casos que resuelvan por delegación del Alcalde, del Presidente o de otro órgano cuyas resoluciones pongan fin a la vía administrativa.

c) Las de cualquier otra autoridad u órgano cuando así lo establezca una disposición legal (3).

....

CAPITULO III

IMPUGNACIÓN DE ACTOS Y ACUERDOS Y EJERCICIO DE ACCIONES

Art. 63. 1. Junto a los sujetos legitimados en el régimen general del proceso contencioso-administrativo podrán impugnar los actos y acuerdos de las entidades locales que incurran en infracción del ordenamiento jurídico:

a) La Administración del Estado y la de las Comunidades Autónomas, en los casos y términos previstos en este capítulo.

b) Los miembros de las Corporaciones que hubieran votado en contra de tales acuerdos (4).

---

(1) Artículo 222 del Reglamento de Organización, Funcionamiento y Régimen Jurídico de las Entidades locales (apéndice 8).

(2) Véase el artículo 208 del Reglamento de Organización, Funcionamiento y Régimen Jurídico de las Entidades Locales (apéndice 8).

(3) Artículos 209 y siguientes del Reglamento de Organización, Funcionamiento y Régimen Jurídico de las Entidades Locales (apéndice 8).

Véanse los artículos 107 y siguientes de la Ley 30/1992, de 26 de noviembre (apéndice 15).

(4) Véanse los artículos 18 y 151 de la Ley de Haciendas Locales (apéndice 9).

2. Están igualmente legitimadas en todo caso las entidades locales territoriales para la impugnación de las disposiciones y actos de las Administraciones del Estado y de las Comunidades Autónomas que lesionen su autonomía, tal como ésta resulta garantizada por la Constitución y esta Ley.

3. Asimismo, las entidades locales territoriales estarán legitimadas para promover, en los términos del artículo 119 de esta ley, la impugnación ante el Tribunal Constitucional de Leyes del Estado o de las Comunidades Autónomas cuando se estime que son éstas las que lesionan la autonomía constitucionalmente garantizada.

....

Art. 65. 1. Cuando la Administración del Estado o la de las Comunidades Autónomas considere, en el ámbito de las respectivas competencias, que un acto o acuerdo de alguna entidad local infringe el ordenamiento jurídico, podrá requerirla, invocando expresamente el presente artículo, para que anule dicho acto o acuerdo.

2. El requerimiento deberá ser motivado y expresar la normativa que se estime vulnerada. Se formulará en el plazo de quince días hábiles a partir de la recepción de la comunicación del acto o acuerdo.

3. La Administración del Estado o, en su caso, la de la Comunidad Autónoma podrá impugnar el acto o acuerdo ante la Jurisdicción Contencioso-Administrativa bien directamente, una vez recibida la comunicación del mismo, o bien una vez transcurrido el plazo señalado en el requerimiento dirigido a la entidad local, si se hubiera optado por hacer uso de la posibilidad contemplada en los dos números anteriores (5).

Art. 66. Los actos y acuerdos de las entidades locales que menoscaben competencias del Estado o de las Comunidades Autónomas, interfieran su ejercicio o excedan de la competencia de dichas entidades, podrán ser impugnados directamente, sin necesidad de previo requerimiento, ante la Jurisdicción Contencioso-Administrativa, por la Administración del Estado o de la correspondiente Comunidad en el plazo señalado por el número 2 del artículo anterior.

La impugnación deberá precisar la lesión o, en su caso, extralimitación competencial que la motiva y las normas legales vulneradas en que se funda. En el caso de que, además contuviera petición expresa de suspensión del acto o acuerdo impugnado, razonada en la integridad y efectividad del interés general o comunitario afectado, el Tribunal, si la estima fundada, acordará dicha suspensión en el primer trámite subsiguiente a la presentación de la impugnación. No obstante, a instancia de la entidad local y oyendo a la Administración demandante, podrá alzar en cualquier momento, en todo o en parte, la suspensión decretada, en caso

---

(5) Véanse los artículos 214 y 215 del Reglamento de Organización, Funcionamiento y Régimen Jurídico de las Entidades Locales (apéndice 8).

de que de ella hubiera de derivarse perjuicio al interés local no justificado por las exigencias del interés general o comunitario hecho valer en la impugnación (6).

Art. 67. Si una entidad local adoptara actos o acuerdos que atenten gravemente al interés general de España, el Delegado del Gobierno, previo requerimiento al Presidente de la Corporación y en el caso de no ser atendido, podrá suspenderlos y adoptar las medidas pertinentes a la protección de dicho interés, debiendo impugnarlos en el plazo de diez días desde la suspensión ante la Jurisdicción Contencioso-Administrativa.

....

TITULO VIII

Haciendas locales (7)

....

Art. 106. 1. Las entidades locales tendrán autonomía para establecer y exigir tributos de acuerdo con lo previsto en la legislación del Estado reguladora de las Haciendas locales y en las Leyes que dicten las Comunidades Autónomas en los supuestos expresamente previstos en aquélla.

2. La potestad reglamentaria de las entidades locales en materia tributaria se ejercerá a través de Ordenanzas fiscales reguladoras de sus tributos propios y de Ordenanzas generales de gestión, recaudación e inspección. Las Corporaciones locales podrán emanar disposiciones interpretativas y aclaratorias de las mismas.

3. Es competencia de las entidades locales la gestión, recaudación e inspección de sus tributos propios, sin perjuicio de las delegaciones que puedan otorgar a favor de las entidades locales de ámbito superior o de las respectivas Comunidades Autónomas o con el Estado, de acuerdo con lo que establezca la legislación del Estado.

....

Art. 108. Contra los actos sobre aplicación y efectividad de los tributos locales podrá formularse, ante el mismo órgano que los dictó el correspondiente recurso de *reposición*; contra la denegación expresa o tácita de dicho recurso los interesados podrán interponer directamente recurso contencioso-administrativo.

....

Art. 110. 1. Corresponderá al Pleno de la Corporación la declaración de nulidad de pleno derecho y la revisión de los actos dictados en

---

(6) Véase el artículo 216 del Reglamento de Organización, Funcionamiento y Régimen Jurídico de las Entidades Locales (apéndice 8).

(7) Véase el apéndice 9.

vía de gestión tributaria, en los casos y de acuerdo con el procedimiento establecido en los artículos 153 y 154 de la Ley General Tributaria (8).

2. En los demás casos, las entidades locales no podrán anular sus propios actos declarativos de derechos, y su revisión requerirá la previa declaración de lesividad para el interés público y su impugnación en vía contencioso-administrativa, con arreglo a la Ley de dicha Jurisdicción (9).

....

Art. 113. 1. Contra los actos que pongan fin a las reclamaciones formuladas en relación con los acuerdos de las Corporaciones en materia de presupuestos, imposición, aplicación y efectividad de tributos o aprobación y modificación de Ordenanzas fiscales, los interesados podrán interponer directamente el recurso contencioso-administrativo.

2. El Tribunal de Cuentas deberá en todo caso emitir informe cuando la impugnación afecte o se refiera a la nivelación presupuestaria.

3. La interposición del recurso previsto en el párrafo primero y de las reclamaciones establecidas en los artículos 49, 108 y 112, número 3, no suspenderá por sí sola la efectividad del acto o acuerdo impugnado.

---

(8) Los citados artículos disponen:

«REVISIÓN DE ACTOS EN VÍA ADMINISTRATIVA

Sección 1.ª Procedimientos especiales de revisión

Art. 153. 1. Corresponderá al Ministro de Hacienda la declaración de nulidad de pleno derecho, previo dictamen del Consejo de Estado, de los actos siguientes:

a) Los dictados por órgano manifiestamente incompetente.

b) Los que son constitutivos de delito; y

c) Los dictados prescindiendo total y absolutamente del procedimiento legalmente establecido para ello o de las normas que contienen las reglas esenciales para la formación de la voluntad de los órganos colegiados.

2. El procedimiento de nulidad a que se refiere el apartado anterior podrá iniciarse:

a) Por acuerdo del órgano que dictó el acto o de su superior jerárquico; y

b) A instancia del interesado.

3. En el procedimiento serán oídos aquellos a cuyo favor reconoció derechos el acto.

Art. 154. Serán revisables por resolución del Ministros de Hacienda y, en caso de delegación, del Director general del ramo, en tanto no haya prescrito la acción administrativa, los actos dictados en vía de gestión tributaria, cuando se encontraren en cualquiera de los siguientes casos:

a) Los que, previo expediente en que se haya dado audiencia al interesado, se estime que infringen manifiestamente la Ley; y

b) Cuando se aporten nuevas pruebas que acrediten elementos del hecho imponible íntegramente ignorados por la Administración al dictar el acto objeto de la revisión.

Art. 155. 1. Los sujetos pasivos o responsables y sus herederos o causahabientes tendrán derecho a la devolución de los ingresos que indebidamente hubieran realizado en el Tesoro con ocasión del pago de las deudas tributarias aplicándose el interés legal.

2. Por vía reglamentaria se regulará el procedimiento que debe seguirse, según los distintos casos de ingresos indebidos, para el reconocimiento del derecho a la devolución y la forma de su realización, que podrá hacerse, según preceptúa el artículo 68 de esta Ley, mediante compensación».

(9) Véanse el artículo 56.3 de la Ley reguladora de la Jurisdicción Contencioso-Administrativa y los artículos 102 a 106 de la Ley 30/1992, de 26 de noviembre (apéndice 15).

APENDICE 8

REAL DECRETO 2568/1986, DE 28 DE NOVIEMBRE (ADMINISTRACIONES PUBLICAS), POR EL QUE SE APRUEBA EL REGLAMENTO DE ORGANIZACION, FUNCIONAMIENTO Y REGIMEN JURIDICO DE LAS ENTIDADES LOCALES

(«BOE» núm. 305, de 22 de diciembre; corrección de errores en «BOE» núm. 12, de 14 de enero de 1987)

....

TITULO II

Organización necesaria de los Entes locales territoriales

CAPITULO PRIMERO

DEL MUNICIPIO

....

Art. 37. 1. Las Corporaciones municipales se constituyen en sesión pública el vigésimo día posterior a la celebración de las elecciones, salvo que se hubiese presentado recurso contencioso-electoral contra la proclamación de los Concejales electos, en cuyo supuesto se constituye el cuadragésimo día posterior a las elecciones (1).

TITULO III

Funcionamiento de los Organos necesarios de los Entes locales territoriales

....

(1) Artículo 195 de la Ley Orgánica del Régimen Electoral General (apéndice 10).

CAPITULO IV

RÉGIMEN GENERAL DE LAS DELEGACIONES ENTRE LOS ÓRGANOS NECESARIOS

....

Art. 115. Si no se dispone otra cosa, el órgano delegante conservará las siguientes facultades en relación con la competencia delegada:

....

c) Los actos dictados por el órgano delegado en el ejercicio de las atribuciones delegadas se entienden dictados por el órgano delegante, correspondiendo, en consecuencia, a éste la resolución de los recursos de reposición que puedan interponerse, salvo que en el Decreto o acuerdo de delegación expresamente se confiera la resolución de los recursos de reposición contra los actos dictados por el órgano delegado.

....

TITULO V

Organización y funcionamiento de otras Entidades locales

....

CAPITULO II

DE LAS ENTIDADES LOCALES DE ÁMBITO TERRITORIAL INFERIOR AL MUNICIPIO

Art. 142. 1. Las Juntas vecinales se constituirán en la fecha que señale la Junta Electoral de Zona, una vez efectuadas las operaciones electorales previstas en el artículo 199 de la Ley Orgánica 5/1985, de 19 de junio, del Régimen Electoral General, salvo que se hubiese presentado recurso contencioso-electoral contra la proclamación del Alcalde Pedáneo, en cuyo caso no podrá constituirse hasta que se hubiere resuelto el mismo.

....

TITULO VI

Procedimiento y régimen jurídico

CAPITULO PRIMERO

PROCEDIMIENTO ADMINISTRATIVO

....

Sección 4.ª De los interesados en los expedientes de las recusaciones y abstenciones

....

Art. 184. La recusación se incoará por instancia alegando la causa. El recusado manifestará por escrito si la reconoce o no y una vez practicada la prueba que proceda, dentro de los quince días, el Presidente o el Pleno, en su caso, resolverá sin recurso alguno, sin perjuicio de alegar la recusación al interponer el recurso administrativo o contencioso-administrativo, según proceda, contra el acto que termine el procedimiento.

....

CAPITULO III

RÉGIMEN JURÍDICO

Sección 1.ª De la ejecutividad de los actos y acuerdos locales

Art. 208. 1. Los actos de las Entidades locales son inmediatamente ejecutivos, salvo en aquellos casos en que una disposición legal establezca lo contrario o cuando se suspenda su eficacia de acuerdo con la Ley 7/1985, de 2 de abril (2).

2. La eficacia quedará demorada cuando así lo exija el contenido del acto o esté supeditada a su notificación y publicación, o cuando una Ley exija su aprobación por otra Administración pública.

Sección 2.ª De las reclamaciones y recursos contra los actos y acuerdos de las Corporaciones locales

Art. 209. 1. Contra los actos y acuerdos de las Entidades locales que pongan fin a la vía administrativa, los interesados podrán, previo recurso de *reposición* o reclamación previa en los casos en que proceda, ejercer las acciones pertinentes ante la jurisdicción competente.

2. Junto a los sujetos legitimados en el régimen general del proceso contencioso-administrativo (3), podrán impugnar los actos y acuerdos de las Entidades locales que incurran en infracción del ordenamiento jurídico los miembros de las Corporaciones locales que hubieran votado en contra de tales actos y acuerdos.

Art. 210. Ponen fin a la vía administrativa las resoluciones de los siguientes órganos y autoridades:

a) Las del Pleno, los Alcaldes, Presidentes y Comisiones de Gobierno, salvo los casos excepcionales en que una Ley sectorial requiera la

(2) Artículo 51 de dicha Ley (apéndice 7).

(3) Artículo 28 de la Ley reguladora de la Jurisdicción Contencioso-Administrativa.

aprobación ulterior de la Administración del Estado o de la Comunidad Autónoma, o cuando proceda recurso ante éstas en los supuestos del artículo 27.2 de la Ley 7/1985, de 2 de abril.

b) Las de las autoridades y órganos inferiores o en los casos que resuelvan por delegación del Alcalde, del Presidente o de otro órgano cuyas resoluciones pongan fin a la vía administrativa.

c) Las de cualquier otra autoridad u órgano cuando así lo establezca una disposición legal.

Art. 211. 1. De acuerdo con lo dispuesto en la Ley reguladora de la Jurisdicción Contencioso-Administrativa y como requisito previo a la interposición del recurso contencioso-administrativo contra actos o acuerdos de las autoridades y Entidades locales que pongan fin a la vía administrativa, deberá formularse recurso de *reposición,* que se presentará ante el órgano que hubiere dictado el acto o acuerdo, en el plazo de un mes a contar desde la notificación del acto o acuerdo (4).

2. No obstante, el recurso de *reposición* será potestativo en materia de presupuestos, imposición y ordenación de tributos, y en los demás casos en que tenga tal carácter según lo dispuesto en la mencionada Ley reguladora de la Jurisdicción Contencioso-Administrativa (5).

3. El plazo para interponer recurso de *reposición* por los Concejales o miembros de las Corporaciones locales que hubieran votado en contra del acuerdo se contará desde la fecha de la sesión en que se hubiera votado el acuerdo.

Art. 212. No se podrán ejercitar acciones fundadas en el Derecho privado o laboral contra las autoridades y Entidades locales sin previa reclamación ante las mismas. Dicha reclamación se tramitará y resolverá por las normas contenidas en la legislación del Estado reguladora del procedimiento administrativo común (6).

Art. 213. Para reclamar en la vía gubernativa o en la judicial contra cualquier acuerdo o resolución, no será requisito indispensable la previa consignación de la cantidad exigida, sin perjuicio de los procedimientos de apremio y de los afianzamientos o garantían legales.

Sección 3.ª De la impugnación jurisdiccional de los actos y acuerdos de las Entidades locales por la Administración del Estado o por las Comunidades Autónomas

Art. 214. 1. La Administración del Estado y las Comunidades Autónomas, en el ámbito de sus respectivas competencias, están legiti-

---

(4) Véanse los artículos 107 a 119 de la Ley 30/1992, de 26 de noviembre (apéndice 15).

(5) Véase el artículo 113 de la Ley reguladora de las Bases del Régimen Local (apéndice 7).

(6) Artículos 120 a 126 de la Ley 30/1992, de 26 de noviembre (apéndice 15).

Véanse el artículo 224.3 y la disposición transitoria segunda de la presente disposición.

madas para impugnar los actos y acuerdos de las Entidades locales que incurran en infracción del ordenamiento jurídico, en los casos y en los términos previstos en el artículo 65 de la Ley 7/1985, de 2 de abril (7).

2. Las impugnaciones a que se refiere el párrafo anterior están exceptuadas del recurso previo de reposición.

Art. 215. 1. Cuando la Administración del Estado o la de las Comunidades Autónomas considere, en el ámbito de sus respectivas competencias, que un acto o acuerdo de alguna Entidad local infringe el ordenamiento jurídico, podrá requerirla, invocando expresamente el artículo 65 de la Ley 7/1985, de 2 de abril, para que anule dicho acto o acuerdo.

2. El requerimiento deberá ser motivado y expresar la normativa que se estime vulnerada. Se formulará en el plazo de quince días hábiles a partir de la recepción de la comunicación del acto o acuerdo.

Si se hubiera solicitado ampliación de la información, quedará interrumpido el cómputo del plazo, que se reanudará a partir de la recepción de la documentación interesada.

3. La Entidad local, en virtud del requerimiento, y en el plazo señalado para ello, podrá anular dicho acto o acuerdo, previa audiencia, en su caso, de los interesados.

4. La Administración del Estado o, en su caso, la de la Comunidad Autónoma, podrá impugnar el acto o acuerdo ante la Jurisdicción Contencioso-Administrativa, en los meses siguientes al día en que venza el plazo señalado en el requerimiento dirigido a la Entidad local, o al de la recepción de la comunicación de la misma rechazando el requerimiento.

5. La Administración del Estado o, en su caso, la de la Comunidad Autónoma, podrá impugnar el acto o acuerdo ante la Jurisdicción Contencioso-Administrativa directamente, sin necesidad de formular requerimiento, en los dos meses siguientes al día de la recepción de la comunicación del acto o acuerdo.

6. El requerimiento o la impugnación a que se refiere este artículo no suspenderán por sí solos la efectividad del acto o acuerdo, sin perjuicio de las reglas ordinarias que regulan la suspensión de la ejecución de aquéllos en la ley Reguladora de la Jurisdicción Contencioso-Administrativa (8).

Art. 216. Los actos y acuerdos de las Entidades locales que menoscaben competencias del Estado o de las Comunidades Autónomas, interfieran su ejercicio o excedan de la competencia de dichas Entidades, podrán ser impugnados directamente, sin necesidad de previo requerimiento, ante la Jurisdicción contencioso-Administrativa, por la Administración del Estado o de la correspondiente Comunidad Autónoma, en el plazo de quince días hábiles a partir de la recepción de la comunicación del acuerdo.

---

(7) Apéndice 7.
(8) Artículos 122 a 125 de dicha Ley.

En estos supuestos se estará a lo dispuesto, en cuanto a requisitos que deberá reunir la impugnación y a los efectos suspensivos de la misma, al artículo 66, párrafo segundo, de la Ley 7/1985, de 2 de abril.

Art. 217. Si una Entidad local adoptara actos o acuerdos que atenten gravemente al interés general de España, el Delegado del Gobierno, previo requerimiento al Presidente de la Corporación y en el caso de no ser atendido, podrá suspenderlos y adoptar las medidas pertinentes a la protección de dicho interés, debiendo impugnarlos en el plazo de diez días desde la suspensión, ante la Jurisdicción Contencioso-Administrativa.

Sección 4.ª De la revisión de los actos en vía administrativa

Art. 218. 1. Sin perjuicio de las previsiones específicas contenidas en los artículos 65, 67 y 110 de la Ley 7/1985, de 2 de abril (9), los órganos de las Entidades locales podrán revisar sus actos, resoluciones y acuerdos, en los términos y con el alcance que se establece en la legislación del Estado reguladora del procedimiento administrativo común (10).

2. La solicitud de dictamen del Consejo de Estado, en los casos que proceda legalmente, se cursará por conducto del Presidente de la Comunidad Autónoma y a través del Ministerio para las Administraciones públicas.

Sección 5.ª Del ejercicio de acciones

Art. 219. 1. Las Entidades locales territoriales están legitimadas para impugnar las disposiciones y actos de las Administraciones del Estado y de las Comunidades Autónomas que lesionen su autonomía, tal como ésta resulta garantizada por la Constitución y la Ley 7/1985, de 2 de abril (11).

2. Asimismo, las Entidades locales territoriales están legitimadas para promover, en los términos del artículo 119 de la Ley 7/1985, de 2 de abril, la impugnación ante el Tribunal Constitucional de leyes del Estado o de las Comunidades Autónomas cuando se estime que son éstas las que lesionan la autonomía constitucionalmente garantizada.

Art. 220. 1. Las Entidades locales tienen la obligación de ejercer las acciones necesarias para la defensa de sus bienes y derechos (12).

---

(9) Apéndice 7.

(10) Artículos 102 a 106 de la Ley 30/1992, de 26 de noviembre (apéndice 15). Véase la disposición transitoria 2.ª del presente Real Decreto.

(11) Artículo 63.3 de dicha Ley (apéndice 7).

(12) En materia de investigación de sus bienes el artículo 55 del Reglamento de Bienes de las Entidades Locales, aprobado por Real Decreto 1372/1986, de 13 de junio («BOE» núm. 101, de 7 de julio), dispone:

«1. El conocimiento de las cuestiones de naturaleza civil que se susciten con ocasión de la investigación practicada corresponderá a la jurisdicción ordinaria.

2. Cualquier vecino que se hallare en pleno goce de sus derechos civiles y políticos podrá requerir su ejercicio a la Entidad interesada. Este requerimiento, del que se dará conocimiento a quienes pudiesen resultar afectados por las correspondientes acciones suspenderá el plazo para el ejercicio de las mismas por un término de treinta días hábiles.

3. Si en el plazo de esos treinta días, la Entidad no acordara el ejercicio de las acciones solicitadas, los vecinos podrán ejercitar dicha acción en nombre e interés de la Entidad local, facilitándoles ésta los antecedentes, documentos y elementos de prueba necesarios y que al efecto soliciten.

4. De prosperar la acción, el actor tendrá derecho a ser reembolsado por la Entidad de las costas procesales y a la indemnización de cuantos daños y perjuicios se le hubieran seguido.

Art. 221. 1. Los acuerdos para el ejercicio de acciones necesarias para la defensa de los bienes y derechos de las Etndiades locales deberán adoptarse previo dictamen del Secretario o, en su caso, de la Asesoría Jurídica, y, en defecto de ambos, de un Letrado.

2. De acuerdo con lo dispuesto en el artículo 54.4 del Real Decreto Legislativo 781/1986, de 18 de abril, y en el artículo 447.2 de la ley Orgánica 6/1985, de 1 de julio, del Poder Judicial, la representación y defensa en juicio de los Entes locales corresponderán a los Letrados que sirvan en los Servicios Jurídicos de los mismos, salvo que designen Abogado colegiado que les represente y defienda (13).

Sección 6.ª De los conflictos de atribuciones y competencias

Art. 222. 1. Los conflictos de atribuciones que surjan entre órganos y entidades dependientes de una misma Entidad local se resolverán:

a) Por el Pleno, cuando se trate de conflictos que afecten a órganos colegiados, miembros de éstos o Entidades locales de ámbito territorial inferior al municipio.

b) Por el Alcalde o Presidente de la Corporación en el resto de los supuestos.

2. Los conflictos de competencias planteados entre diferentes Entidades locales serán resueltos por la Administración de la Comunidad Autónoma o por la Administración del Estado, previa audiencia de las

---

2. Los efectados por la resolución del expediente de investigación podrán impugnarla en vía contencioso-administrativa.

3. Los denunciantes, además, podrán recurrir, en vía contencioso-administrativa los acuerdos que la Corporación adopte sobre garantías, premios e indemnizaciones».

Y tratándose del deslinde, el artículo 65 del mismo Reglamento establece:

«El acuerdo resolutorio de deslinde será ejecutivo y sólo podrá ser impugnado en vía contencioso-administrativa, sin perjuicio de que cuantos se estimen lesionados en sus derechos puedan hacerlos valer ante la jurisdicción ordinaria».

(13) Véase la nota al artículo 35 de la Ley reguladora de la Jurisdicción Contencioso-Administrativa.

Comunidades Autónomas afectadas, según se trate de Entidades pertenecientes a la misma o a distinta Comunidad, y sin perjuicio de la ulterior posibilidad de impugnar la resolución dictada ante la Jurisdicción Contencioso-Administrativa.

CAPITULO IV

Responsabilidad de las Entidades Locales

Art. 223. Las Entidades locales responderán directamente de los daños y perjuicios causados a los particulares en sus bienes y derechos como consecuencia del funcionamiento de los servicios públicos o de la actuación, en ejercicio de sus cargos, de sus autoridades, funcionarios o agentes, en los términos establecidos en la legislación general sobre responsabilidad administrativa (14).

Art. 224. 1. Cuando la Entidad local explote una industria o Empresa como persona jurídica de derecho privado, la será aplicable las disposiciones del Código Civil sobre responsabilidad por daños y perjuicios (15).

2. En tales casos asumirá respecto de los actos ejecutados por los empleados en dicha explotación la calidad de dueño y patrono de la Empresa a efectos de la responsabilidad que pudiera contraer por hechos ilícitos de esos agentes constitutivos de dañar a las persona, a los bienes o a los derechos de terceros.

3. Los perjudicados deberán interponer la reclamación a que se refiere el artículo 212 del presente Reglamento con carácter previo a la formulación de la correspondiente demanda judicial.

4. Contra el acuerdo o resolución que recaiga procederá la acción correspondiente ante los Tribunales en juicio ordinario.

Art. 225. 1. Las Entidades locales podrán instruir expediente con audiencia del interesado, para declarar la responsabilidad civil de sus autoridades, miembros, funcionarios y dependientes que, por dolo, culpa o negligencia graves, hubieren causado daños y perjuicios a la Administración o a terceros, si éstos hubieran sido indemnizados por aquélla.

2. El declarado responsable por la Administración podrá interponer el correspondiente recurso contencioso-administrativo.

....

Disposiciones adicionales

Primera. De acuerdo con la disposición adicional primera de la Constitución y con lo dispuesto en los artículos 3, 24.2 y 37 del Estatuto

---

(14) Artículos 139 a 146 de la Ley 30/1992, de 26 de noviembre (apéndice 15).
(15) Artículos 1.902 a 1.910 de dicho Código.

 Vasco, los territorios históricos de Alava, Guipúzcoa y Vizcaya organizarán libremente sus propias Instituciones y dictarán las normas necesarias para su funcionamiento, sin que les sean de aplicación las contenidas en la Ley 7/1985, de 2 de abril, y el presente Reglamento, en materia de organización provincial.

Segunda. El presente Reglamento regirá en Navarra en los términos previstos en la disposición adicional tercera de la ley 7/1985, de 2 de abril.

Tercera. Las provincias constituidas en Comunidades Autónomas Uniprovinciales y la Comunidad Foral de Navarra no se rigen por lo dispuesto en este Reglamento en materia de organización y funcionamiento provincial y lo harán por sus propios Estatutos y restantes disposiciones peculiares.

....

Disposiciones transitorias

....

Segunda. Mientras el Estado no dicte la legislación sobre procedimiento administrativo común a que se refiere el artículo 149.1.18 de la Constitución, las menciones que en el presente Reglamento se efectúan a dicha normativa se entienden referidas a la *Ley de Procedimiento Administrativo de 17 de julio de 1958* (16).

Disposición derogatoria

Queda derogado el Reglamento de Organización, Funcionamiento y Régimen Jurídico de las Corporaciones locales, aprobado por Decreto de 17 de mayo de 1952; el Real Decreto 1531/1979, de 22 de junio, por el que se regulan las asignaciones y otras compensaciones que podrán percibir los miembros de las Corporaciones locales; el Real Decreto 1169/1983, de 4 de mayo, por el que se dictan normas para la constitución de las Corporaciones locales, y cuantas normas de igual o inferior rango se opongan a lo dispuesto en el presente Reglamento.

Disposición final

El presente Reglamento entrará en vigor al día siguiente de su publicación en el «Boletín Oficial del Estado».

---

(16) En la actualidad, Ley 30/1992, de 26 de noviembre (apéndice 15).

APENDICE 9

LEY 39/1988, DE 28 DE DICIEMBRE (JEFATURA), REGULADORA DE LAS HACIENDAS LOCALES

(«BOE» núm. 313, de 30 de diciembre de 1988; corrección de errores en «BOE» núm. 193, de 14 de agosto de 1989)

TITULO PRIMERO

Recursos de las Haciendas Locales

....

CAPITULO III

TRIBUTOS

Sección 1.ª Normas generales

....

Art. 14. 1. Respecto de los procedimientos especiales de revisión de los actos dictados en materia de gestión tributaria, se estará a los dispuesto en el artículo 110 de la Ley 7/1985, de 2 de abril (1), reguladora de Bases de Régimen Local y en los apartados siguientes.

2. La devolución de ingresos indebidos y la rectificación de errores materiales y de hecho en el ámbito de los tributos locales se ajustarán a lo dispuesto en los artículos 115 y 156 de la Ley General Tributaria (2).

---

(1) Apéndice 7.

(2) El citado artículo 156 dispone:

«La Administración rectificará en cualquier momento, de oficio o a instancia del interesado, los errores materiales o de hecho y los aritméticos, siempre que no hubieren transcurrido cinco años desde que se dictó el objeto de la rectificación.»

El artículo 155 figura transcrito en nota al artículo 110 de la Ley reguladora de las Bases del Régimen Local (apéndice 7).

3. No serán en ningún caso revisables los actos administrativos confirmados por sentencia judicial firme.

4. Contra los actos de las Entidades locales sobre aplicación y efectividad de los tributos locales podrá formularse ante el mismo órgano que los dictó, el recurso de reposición a que se refiere el artículo 108 de la Ley 7/1985, de 2 de abril (1), previo al contencioso-administrativo, en el plazo de un mes, a contar desde la notificación expresa o la exposición pública de los correspondientes padrones o matrículas de contribuyentes.

Para interponer el recurso de reposición, contra los actos sobre aplicación y efectividad de los tributos locales, no se requerirá el previo pago de la cantidad exigida; no obstante, la interposición del recurso no detendrá, en ningún caso, la acción administrativa para la cobranza, amenos que el interesado solicite, dentro del plazo para interponer el recurso, la suspensión de la ejecución del acto impugnado, a cuyo efecto será indispensable, para solicitar dicha suspensión, acompañar garantía que cubra el total de la deuda tributaria, en cuyo supuesto se otorgará la suspensión instada. A tal efecto, no se admitirán otras garantías, a elección del recurrente, que las siguientes:

a) Depósito en dinero efectivo o en valores públicos en la Caja General de Depósitos o en sus sucursales, o, en su caso, en la Corporación o Entidad interesada.

b) Aval o fianza de carácter solidario prestado por un Banco o banquero registrado oficialmente, por una Caja de Ahorros Confederada, Caja Postal de Ahorros o por Cooperativa de Crédito calificada.

c) Fianza provisional y solidaria prestada por dos contribuyentes de la localidad de reconocida solvencia, sólo para débitos inferiores a 100.000 pesetas.

En casos muy cualificados y excepcionales podrán, sin embargo, las Entidades acreedoras acordar discrecionalmente, a instancia de parte, la suspensión del procedimiento, sin prestación de garantía alguna, cuando el recurrente alegue y justifique en su solicitud la imposibilidad de prestarla o demuestre fehacientemente la existencia de errores materiales o aritméticos en los actos sobre aplicación y efectividad de los tributos locales.

La concesión de la suspensión llevará siempre aparejada la obligación de satisfacer intereses de demora por todo el tiempo de aquélla y sólo producirá efectos en el recurso de reposición.

5. La jurisdicción Contencioso-Administrativa será la única competente para dirimir todas las controversias de hecho y de derecho que se susciten entre las Entidades locales y los sujetos pasivos, los responsables y cualquier otro obligado tributario, en relación con las cuestiones a que se refiere la presente Ley.

....

Art. 17. 1. Los acuerdos provisionales adoptados por las Corporaciones locales para el establecimiento, supresión y ordenación de tributos y para la fijación de los elementos necesarios en orden a la determinación de las respectivas cuotas tributarias, así como las aprobaciones y modificaciones de las correspondientes Ordenanzas fiscales, se expondrán en el tablón de anuncios de la Entidad durante treinta días, como mínimo, dentro de los cuales los interesados podrán examinar el expediente y presentar las reclamaciones que estimen oportunas.

2. Las Entidades locales publicarán, en todo caso, los anuncios de exposición en el «Boletín Oficial» de la provincia, o, en su caso, en el de la Comunidad Autónoma uniprovincial. Las Diputaciones provinciales, los órganos de gobierno de las Entidades supramunicipales y los Ayuntamientos de población superior a 10.000 habitantes deberán publicarlos, además, en un diario de los de mayor difusión de la provincia, o de la Comunidad Autónoma uniprovincial.

3. Finalizado el período de exposición pública, las Corporaciones locales adoptarán los acuerdos definitivos que procedan, resolviendo las reclamaciones que se hubieran presentado y aprobando la redacción definitiva de la Ordenanza, su derogación o las modificaciones a que se refiera el acuerdo provisional. En el caso de que no se hubieran presentado reclamaciones, se entenderá definitivamente adoptado el acuerdo hasta entonces provisional.

4. En todo caso, los acuerdos definitivos a que se refiere el apartado anterior, incluyendo los provisionales elevados automáticamente a tal categoría, y el texto integrado de las Ordenanzas o de sus modificaciones, habrán de ser publicados en el «Boletín Oficial» de la provincia o, en su caso, de la Comunidad Autónoma uniprovincial, sin que entren en vigor hasta que se haya llevado a cabo dicha publicación.

5. Las Diputaciones Provinciales, Consejos, Cabildos Insulares y, en todo caso, las demás Entidades locales cuando su población sea superior a 20.000 habitantes, editarán el texto íntegro de las Ordenanzas fiscales reguladoras de sus tributos dentro del primer cuatrimestre del ejercicio económico correspondiente.

En todo caso, las Entidades locales habrán de expedir copias de las Ordenanzas fiscales publicadas a quienes las demanden.

Art. 18. A los efectos de lo dispuesto en el apartado 1 del artículo anterior, tendrán la consideración de interesados:

a) Los que tuvieran un interés directo o resulten afectados por tales acuerdos.

b) Los Colegios Oficiales, Cámaras Oficiales, Asociaciones y demás Entidades legalmente constituidas para velar por los intereses profesionales, económicos o vecinales, cuando actúen en defensa de los que les son propios (3).

Art. 19. 1. Las Ordenanzas fiscales de las Entidades locales a que se refiere el artículo 17.3 de la presente Ley regirán durante el plazo, determinado o indefinido, previsto en las mismas, sin que quepa contra ellas otro recurso que el contencioso-administrativo que se podrá interponer, a partir de su publicación en el «Boletín Oficial» de la provincia, o, en su caso, de la Comunidad Autónoma uniprovincial, en la forma y plazos que establecen las normas reguladoras de dicha jurisdicción (4).

2. Si por virtud de resolución judicial resultaren anulados o modificados los acuerdos locales o el texto de las Ordenanzas en materia fiscal, la Corporación deberá publicar en los términos establecidos en el artículo 17.4 de la presente Ley, bien la anulación, bien la nueva redacción de los preceptos modificados conforme a la resolución correspondiente:

....

TITULO VI

Presupuesto y gasto público

CAPITULO PRIMERO

De los Presupuestos (5)

Sección 1.ª Contenido y aprobación

....

Art. 150. 1. Aprobado inicialmente el Presupuesto General, se expondrá al público, previo anuncio en el «Boletín Oficial» de la provincia, o, en su caso, de la Comunidad Autónoma uniprovincial, por quince días, durante los cuales los interesados podrán examinarlos y presentar reclamaciones ante el Pleno. El Presupuesto se considerará definitivamente aprobado si durante el citado plazo no se hubiesen presentado reclamaciones; en caso contrario, el Pleno dispondrá de un plazo de un mes para resolverlas.

2. La aprobación definitiva del Presupuesto General por el Pleno de la Corporación habrá de realizarse antes del día 31 de diciembre del año anterior al del ejercicio en que deba aplicarse.

---

(3) Véanse el artículo 28 de la Ley Reguladora de la Jurisdicción Contencioso-Administrativa y el artículo 151 de la presente Ley.

(4) Artículos 56 y siguientes de la Ley Reguladora de la Jurisdicción Contencioso-Administrativa.

(5) Véase el Real Decreto 500/1990, de 20 de abril («BOE» núm. 101, de 27 de abril, corrección de errores en «BOE» núm. 136, de 7 de junio), por el que se desarrolla este capítulo primero.

3. El Presupuesto General, definitivamente aprobado, será insertado en el «Boletín Oficial» de la Corporación, si lo tuviere y, resumido por capítulos de cada uno de los presupuestos que lo integran, en el de la provincia, o, en su caso, de la Comunidad Autónoma uniprovincial.

4. Del Presupuesto General definitivamente aprobado se remitirá copia a la Administración del Estado y a la correspondiente Comunidad Autónoma. La remisión se realizará simultáneamente el envío al «Boletín Oficial» a que se refiere el apartado anterior.

5. El Presupuesto entrará en vigor, en el ejercicio correspondiente, una vez publicado en la forma prevista en el apartado 3 de este artículo.

6. Si al iniciarse el ejercicio económico no hubiese entrado en vigor el Presupuesto correspondiente, se considerará automáticamente prorrogado el del anterior, con sus créditos iniciales, sin perjuicio de las modificaciones que se realicen conforme a lo dispuesto en los artículos 159, 159 y 160 y hasta la entra en vigor del nuevo Presupuesto. La prórroga no afectará a los créditos para servicios o programas que deban concluir en el ejercicio anterior o que estén financiados con crédito u otros ingresos específicos o afectados.

7. Copia del Presupuesto y de sus modificaciones deberá hallarse a disposición del público, a efectos informativos, desde su aprobación definitiva hasta la finalización del ejercicio.

Art. 151. 1. A los efectos de lo dispuesto en el apartado 1 del artículo anterior, tendrán la consideración de interesados:

a) Los habitantes en el territorio de la respectiva Entidad local.

b) Los que resulten directamente afectados, aunque no habiten en el territorio de la Entidad local.

c) Los Colegios Oficiales, Cámaras Oficiales, Sindicatos, Asociaciones y demás Entidades legalmente constituidas para velar por intereses profesionales o económicos y vecinales, cuando actúen en defensa de los que les son propios (6).

2. Unicamente podrán entablarse reclamaciones contra el Presupuesto:

a) Por no haberse ajustado su elaboración y aprobación a los trámites establecidos en esta Ley.

b) Por omitir el crédito necesario para el cumplimiento de obligaciones exigibles a la Entidad local, en virtud de precepto legal o de cualquier otro título legítimo.

c) Por ser de manifiesta insuficiencia los ingresos con relación a los gastos presupuestados o bien de éstos respecto a las necesidades para las que esté previsto.

---

(6) Véanse el artículo 28 de la Ley Reguladora de la Jurisdicción Contencioso-Administrativa y el artículo 18 de la presente Ley.

Art. 152. 1. Contra la aprobación definitiva del Presupuesto podrá interponerse directamente recurso contencioso-administrativo, en la forma y plazos que establecen las normas de dicha jurisdicción (4).

2. El Tribunal de Cuentas deberá informar previamente a la resolución del recurso cuando la impugnación afecte o se refiera a la nivelación presupuestaria.

3. La interposición de recursos no suspenderá por sí sola la aplicación del Presupuesto definitivamente aprobado por la Corporación.

Sección 2.ª De los créditos y sus modificaciones

....

Art. 160. 1. Las Entidades locales regularán en las bases de ejecución del Presupuesto el régimen de transferencias estableciendo, en cada caso, el órgano competente para autorizarlas.

2. En todo caso, la aprobación de las transferencias de crédito entre distintos grupos de función corresponderá al Pleno de la Corporación, salvo cuando las bajas y las altas afecten a créditos de personal.

3. Los Organismos autónomos podrán realizar operaciones de transferencias de crédito con sujeción a lo dispuesto en los apartados anteriores.

4. Las modificaciones presupuestarias a que se refiere este artículo, en cuanto sean aprobadas por el Pleno, seguirán las normas sobre información, reclamaciones, recursos y publicidad a que se refieren los artículos 150, 151 y 152 de la Ley.

....

REGIMEN ELECTORAL GENERAL

APENDICE 10

LEY ORGANICA 5/1985, DE 19 DE JUNIO (JEFATURA DEL ESTADO), DEL REGIMEN ELECTORAL GENERAL

(«BOE» núm. 147, de 20 de junio de 1985; corrección de errores en «BOE» núm. 17, de 20 de enero de 1986)

....

TITULO PRELIMINAR

Art. 1.° 1. La presente Ley Orgánica es de aplicación:

a) A las elecciones de Diputados y Senadores a Cortes Generales sin perjuicio de lo dispuesto en los Estatutos de Autonomía para la designación de los Senadores previstos en el artículo 69.5 de la Constitución.

b) A las elecciones de los miembros de las Corporaciones locales.

c) A las elecciones de los Diputados del Parlamento Europeo (1).

2. Asimismo, en los términos que establece la disposición adicional primera de la presente ley, es de aplicación a las elecciones a las Asambleas de las Comunidades Autónomas, y tiene carácter supletorio de la legislación autonómica en la materia (2).

---

(1) El apartado *c)* ha sido añadido por la Ley Orgánica 1/1987, de 2 de abril («BOE» número 80, de 3 de abril).

(2) Véase la disposición adicional primera de la presente Ley Orgánica.

TITULO PRIMERO

Disposiciones comunes para las elecciones por sufragio universal directo

....

CAPITULO VI

PROCEDIMIENTO ELECTORAL

....

Sección 3.ª Recurso contra la proclamación de candidaturas y candidatos

Art. 49. 1. A partir de la proclamación, cualquier candidato excluido y los representantes de las candidaturas proclamadas o cuya proclamación hubiera sido denegada, disponen de un plazo de dos días para interponer recurso contra los acuerdos de proclamación de las Juntas Electorales, ante el Juzgado de lo contencioso-administrativo. En el mismo acto de interposición debe presentar las alegaciones que estime pertinentes acompañadas de los elementos de prueba oportunos.

2. El plazo para interponer el recurso previsto en el párrafo anterior discurre a partir de la publicación de los candidatos proclamados, sin perjuicio de la preceptiva notificación al representante de aquél o aquéllos que hubieran sido excluidos.

3. La resolución judicial, que habrá de dictarse en los dos días siguientes a la interposición del recurso, tiene carácter firme e inapelable, sin perjuicio del procedimiento de amparo ante el Tribunal Constitucional, a cuyo efecto, con el recurso regulado en el presente artículo, se entenderá cumplido el requisito establecido en el artículo 44.1, *a)*, de la Ley Orgánica del Tribunal Constitucional (3).

---

(3) Dicho artículo dispone:

«1. Las violaciones de los derechos y libertades susceptibles de amparo constitucional que tuvieran su origen inmediato en un acto u omisión de un órgano judicial podrán dar lugar a este recurso siempre que se cumplan los requisitos siguientes:

a) Que se hayan agotado todos los recursos utilizables dentro de la vía judicial.

....»

El acuerdo del Pleno del Tribunal Constitucional de 23 de mayo de 1986 («BOE» núm. 124, de 24 de mayo) dispone:

«Artículo 1.° El recurso de amparo frente a los acuerdos de proclamación de candidaturas previsto en el artículo 49, apartados 3 y 4, de la Ley Orgánica 5/1985, de 19 de junio, del Régimen Electoral General, se interpondrá con los requisitos indicados en el artículo 49 de la Ley Orgánica del Tribunal Constitucional. Se acompañarán tantas copias como partes hubiera habido en el proceso anterior y una más para el Ministerio Fiscal.

El plazo para su interposición será de dos días a partir de la notificación de la resolución judicial recaída en el proceso contencioso-administrativo frente al acto de proclamación de candidatos.

4. El amparo debe solicitarse en el plazo de dos días y el Tribunal Constitucional debe resolver sobre el mismo en los tres días siguientes.

....

Sección 7.ª Encuestas electorales

Art. 69. Entre el día de la convocatoria y el de la celebración de cualquier tipo de elecciones se aplica el siguiente régimen de publicación de encuestas electorales:

....

6. Las resoluciones de la Junta Electoral Central sobre materia de encuestas y sondeos son notificadas a los interesados y publicadas. Pueden ser objeto de recurso ante la Jurisdicción Contencioso-Administrativa, en la forma prevista en su ley Reguladora y sin que sea preceptivo el recurso previo de reposición.

....

Art. 2.° El recurso de amparo se entenderá admitido a trámite cuando el derecho cuyo amparo se pretenda sea el alegado como fundamento del recurso contencioso-administrativo previo a que se refiere el artículo 49, 1 y 2, de la Ley Orgánica 5/1985.

Art. 3.° Presentado el recurso ante un órgano judicial radicado en la sede de la Audiencia Territorial que haya entendido del recurso contencioso-administrativo previo, aquél procederá a remitir inmediatamente al Tribunal Constitucional la demanda y documentos que la acompañen, así como una copia de los mismos.

Al mismo tiempo, comunicará a la Audiencia Territorial la formalización del recurso, para que proceda a remitir a este Tribunal, en el mismo día, las correspondientes actuaciones, así como las seguidas ante la Junta Electoral, si obraren en su poder.

Con dicha comunicación enviará a la Audiencia el resto de las copias que se acompañen del escrito de demanda y documentos adjuntos.

Art. 4.° La Audiencia remitirá las actuaciones en el día en que reciba la comunicación a que se refiere el artículo anterior, y dará simultáneamente traslado de la demanda a las partes en el procedimiento previo, con excepción de la demandante en amparo, para que en el plazo de dos días puedan personarse, mediante Procurador habilitado, ante el Tribunal Constitucional, y formular las alegaciones que estimen convenientes a su derecho.

Art. 5.° El día de recibimiento por parte del Tribunal Constitucional de la demanda se dará vista de la misma al Ministerio Fiscal, para que en el plazo de un día pueda efectuar las alegaciones procedentes.

Art. 6.° Deducidas las alegaciones a que se refiere el artículo anterior, o transcurrido el plazo previsto en el mismo, la Sala del Tribunal Constitucional dictará sentencia, sin más trámite, en el plazo de tres días.

Art. 7.° La Sala, al resolver el amparo, pronunciará en su sentencia alguno de estos fallos:

a) Inadmisibilidad del recurso.

b) Estimación de la demanda y reconocimiento, en su caso, del derecho del recurrente a figurar entre los candidatos.

c) Desestimación de la demanda.

Art. 8.° De acuerdo con lo señalado en el artículo 119 de la Ley Orgánica 5/1985, se entenderán naturales los días a que se refieren los artículos anteriores.

DISPOSICION FINAL

El presente acuerdo entrará en vigor el mismo día de su publicación en el «Boletín Oficial del Estado».

Art. 109. Pueden ser objeto de recurso contencioso-electoral los acuerdos de las Juntas Electorales sobre proclamación de electos, así como la elección y proclamación de los Presidentes de las Corporaciones locales.

Art. 110. Están legitimados para interponer el recurso contencioso-electoral o para oponerse a los que se interpongan:

a) Los candidatos proclamados o no proclamados.

b) Los representantes de las candidaturas concurrentes en la circunscripción.

c) Los partidos políticos, asociaciones, federaciones y coaliciones que hayan presentado candidatura en la circunscripción (4).

Art. 111. La representación pública y la defensa de la legalidad en el recurso contencioso-electoral corresponde al Ministerio Fiscal.

Art. 112. 1. El recurso contencioso-electoral se interpone ante la Junta Electoral correspondiente dentro de los tres días siguientes al acto de proclamación de electos y se formaliza en el mismo escrito, en el que se consignan los hechos, los fundamentos de derecho y la petición que se deduzca.

2. El Tribunal competente para la resolución de los recursos contencioso-electorales que se refieren a elecciones generales o al Parlamento Europeo es la Sala de lo Contencioso-Administrativo del Tribunal Supremo. En el supuesto de elecciones autonómicas o locales, el Tribunal competente es la Sala de lo Contencioso-Administrativo del Tribunal Superior de Justicia de la respectiva Comunidad Autónoma (5).

3. Al día siguiente de su presentación el Presidente de la Junta ha de remitir a la Sala competente el escrito de interposición, el expediente electoral y un informe de la Junta en el que se consigne cuanto se estime procedente como fundamento del acuerdo impugnado. La resolución que ordena la remisión se notificará, inmediatamente después de su cumplimiento, a los representantes de las candidaturas concurrentes en la circunscripción, emplazándoles para que puedan comparecer ante la Sala dentro de los dos días siguientes (5).

4. La Sala, al día siguiente de la finalización del término para la comparecencia de los interesados, dará traslado del escrito de interposición y de los documentos que lo acompañen al Ministerio Fiscal y a las partes que se hubieran personado en el proceso, poniéndole de manifiesto el expediente electoral y el informe de la Junta Electoral, para que en el

---

(4) Véase el artículo 28 de la Ley reguladora de la Jurisdicción Contencioso-Administrativa.

(5) Apartado redactado conforme a la Ley Orgánica 8/1991, de 13 de marzo («BOE» núm. 63, de 14 de marzo, corrección de erratas en «BOE» núm. 65, de 16 de marzo), de modificación de la presente.

plazo común e improrrogable de cuatro días puedan formular las alegaciones que estimen convenientes. A los escritos de alegaciones se pueden acompañar los documentos que, a su juicio, puedan servir para apoyar o desvirtuar los fundamentos de la impugnación. Asimismo, se puede solicitar el recibimiento a prueba y proponer aquellas que se consideren oportunas.

5. Transcurrido el período de alegaciones, la Sala, dentro del día siguiente, podrá acordar de oficio o a instancia de parte el recibimiento a prueba y la práctica de las que declara pertinentes. La fase probatoria se desarrollará con arreglo a las normas establecidas para el proceso contencioso-administrativo, si bien el plazo no podrá exceder de cinco días (6).

Art. 113. 1. Concluido el período probatorio, en su caso, la Sala, si más trámite, dictará sentencia en el plazo de cuatro días.

2. La sentencia habrá de pronunciar alguno de los fallos siguientes:

a) Inadmisibilidad del recurso.

b) Validez de la elección y de la proclamación de electos, con expresión, en su caso, de la lista más votada.

c) Nulidad de acuerdo de proclamación de uno o varios electos y proclamación como tal de aquél o aquéllos a quienes corresponda.

d) Nulidad de la elección celebrada en aquella o aquellas Mesas que resulten afectadas por irregularidades invalidantes y necesidad de efectuar nueva convocatoria en las mismas, que podrá limitarse al acto de la votación, o de proceder a una nueva elección cuando se trate del Presidente de una Corporación local, en todo caso en el plazo de tres meses a partir de la sentencia. No obstante, la invalidez de la votación en una o varias Mesas o en una o varias Secciones no comportará nueva convocatoria electoral en las mismas cuando su resultado no altere la atribución de escaños en la circunscripción (7).

Art. 114. 1. La sentencia se notifica a los interesados no más tarde del día trigésimo séptimo posterior a las elecciones (8).

2. Contra la misma no procede recurso contencioso alguno, ordinario ni extraordinario, salvo el de aclaración, y sin perjuicio del recurso de amparo ante el Tribunal Constitucional. El amparo debe solicitarse en el plazo de tres días y el Tribunal Constitucional debe resolver sobre el mismo en los quince días siguientes (9).

---

(6) Artículos 74 y 75 de la Ley reguladora de la Jurisdicción Contencioso-Administrativa.

(7) Este apartado 2 *d)*, figura redactado conforme a la Ley Orgánica 8/1991, de 13 de marzo.

(8) Véase el artículo 225.2 de la presente Ley.

(9) Apartado redactado conforme a la Ley Orgánica 8/1991, de 13 de marzo.

El acuerdo del Pleno del Tribunal Constitucional de 24 de abril de 1991 («BOE» núm. 103, de 30 de abril), dispone:

«Artículo único. 1. La tramitación del recurso de amparo a que se refiere el artículo 114.2 de la Ley de Régimen Electoral General se regirá por lo dispuesto en dicho precepto y, en lo que resulte aplicable, por lo prevenido, con carácter general, en la Ley Orgánica del Tribunal

Art. 115. 1. Las sentencias se comunican a la Junta Electoral correspondiente, mediante testimonio en forma, con devolución del expediente, para su inmediato y estricto cumplimiento.

2. La Sala, de oficio o a instancias del Ministerio Fiscal o de las partes, podrá dirigirse directamente a las autoridades organismos e instituciones de todo orden a las que alcance el contenido de la sentencia y, asimismo, adoptará cuantas medidas sean adecuadas para la ejecución de los pronunciamientos contenidos en el fallo.

Art. 116. 1. Los recursos contencioso-electorales tienen carácter de urgentes y gozan de preferencia absoluta en su sustanciación y fallo ante las Salas de lo Contencioso-Administrativo competentes (10).

2. En todo lo no expresamente regulado por esta Ley en materia contencioso-electoral será de aplicación la Ley de la Jurisdicción Contencioso-Administrativa.

Art. 117. Los recursos judiciales previstos en esta Ley son gratuitos. No obstante procederá la condena en costas a la parte o partes que hayan mantenido posiciones infundadas, salvo que circunstancias excepcionales, valoradas en la resolución que se dicte, motiven su no imposición (11).

....

TITULO III

Disposiciones especiales para las elecciones municipales

....

Constitucional. Se observarán, asimismo, las normas establecidas por el Pleno del Tribunal Constitucional para la tramitación del recurso de amparo previsto en el artículo 49.3 y 4, de la Ley Orgánica 5/1985 (acuerdo de 23 de mayo de 1986, «Boletín Oficial del Estado» del día 24), sin más modificaciones que las que se establecen en el número siguiente y las que derivan del objeto específico de este recurso de amparo.

2. Los plazos establecidos en el acuerdo del Pleno del Tribunal Constitucional citado en el número anterior tendrán, a estos solos efectos, la duración siguiente:

a) De tres días, los plazos establecidos para la interposición del recurso de amparo y para la personación y alegaciones de quienes hayan sido parte en el procedimiento previo (artículo 1, párrafo segundo, y 4 del acuerdo).

b) De cinco días, el plazo establecido para la formulación de alegaciones por el Ministerio Fiscal (artículo 5 del acuerdo).

c) De diez días, el plazo establecido para dictar sentencia (artículo 6 del acuerdo).

DISPOSICION FINAL

El presente acuerdo entrará en vigor el mismo día de su publicación en el «Boletín Oficial del Estado».

(10) Véase el artículo 77 de la Ley reguladora de la Jurisdicción Contencioso-Administrativa.

(11) Véanse los artículos 130 a 132 de la Ley reguladora de la Jurisdicción Contencioso-Administrativa.

CAPITULO VIII

Mandato y constitución de las Corporaciones municipales

....

Art. 195. 1. Las Corporaciones municipales se constituyen en sesión pública el vigésimo día posterior a la celebración de las elecciones, salvo que se hubiese presentado recurso contencioso-electoral contra la proclamación de los Concejales electos, en cuyo supuesto se constituyen el cuadragésimo día posterior a las elecciones (12).

....

TITULO VI

Disposiciones especiales para las elecciones al Parlamento Europeo (13)

....

CAPITULO V

Procedimiento electoral

....

Sección V. Contencioso electoral

Art. 225. 1. El Tribunal competente a efectos de recurso contencioso-electoral es el Tribunal Supremo.

2. La notificación de la sentencia que resuelve un proceso contencioso-electoral se producirá no más tarde del cuadragésimo quinto día posterior a las elecciones.

....

Disposiciones adicionales

Primera. Lo dispuesto en esta Ley se entiende sin perjuicio del ejercicio de las competencias reconocidas, dentro del respeto a la Constitución y a la presente Ley Orgánica, a las Comunidades Autónomas por sus respectivos Estatutos.

2. En aplicación de las competencias que la Constitución reserva al Estado se aplican también a las elecciones a Asambleas Legislativas de

(12) Véanse los artículos 37 y 142 del Reglamento de Organización, Funcionamiento y Régimen Jurídico de las Entidades Locales (apéndice 8).

(13) Título añadido por Ley Orgánica 1/1987, de 2 de abril («BOE» núm. 80, de 3 de abril).

Comunidades Autónomas convocadas por éstas, los siguientes artículos del título I de esta Ley Orgánica:

1 al 42; 44; 45; 46.1, 2, 4, 5, 6, 8; 47.4; 49; 51.2, 3; 52; 53; 54; 58; 59; 60; 61; 62; 63; 65; 66; 68; 69; 70.1, 3; 72; 73; 74; 75; 85; 86.1; 90; 91; 92; 93; 94; 95.3; 96; 103.2; 108.2 y 8; 109 a 119; 125 a 130; 131.2; 132, y 135 a 152.

3. Los restantes artículos del título I de esta Ley tienen carácter supletorio de la legislación que en su caso aprueben las Comunidades Autónomas, siendo de aplicación en las elecciones a sus Asambleas Legislativas en el supuesto de que las mismas no legislen sobre ellos.

4. El contenido de los títulos II, III, IV y V de esta Ley Orgánica no pueden ser modificados o sustituidos por la Legislación de las Comunidades Autónomas.

....

Disposiciones transitorias

....

Quinta. Hasta tanto entre en funcionamiento los Juzgados de lo contencioso-administrativo y los Tribunales Superiores de Justicia, las competencias que les atribuye esta Ley serán desarrolladas por las Salas de lo Contencioso-Administrativo existentes.

Disposición derogatoria

Quedan derogados el Real Decreto-ley 20/1977, de 18 de marzo, sobre normas electorales; la Ley 29/1978, de 17 de julio, de elecciones locales; la Ley Orgánica 6/1983, de 2 de marzo, que modifica determinados artículos de la anterior; la Ley 14/1980, de 18 de abril, sobre régimen de encuestas electorales y cuantas disposiciones se opongan a lo establecido en la presente Ley.

Disposición final

La presente Ley entrará en vigor al día siguiente de su publicación en el «Boletín Oficial del Estado».

REGIMEN DEL SUELO Y ORDENACION URBANA

APENDICE 11

REAL DECRETO LEGISLATIVO 1/1992, DE 26 DE JUNIO (OBRAS PUBLICAS Y TRANSPORTES), POR EL QUE SE APRUEBA EL TEXTO REFUNDIDO DE LA LEY SOBRE EL REGIMEN DEL SUELO Y ORDENACION URBANA

(«BOE» núm. 156, de 30 de junio; corrección de erratas en «BOE» núm. 177, de 24 de julio)

....

TITULO IX

Régimen jurídico

CAPITULO PRIMERO

PETICIONES, ACTOS Y ACUERDOS

Art. 299. *Peticiones.*–Las Entidades locales y Organismos urbanísticos habrán de resolver las peticiones fundadas que se les dirijan con arreglo a esta Ley.

Art. 300. *Administración demandada en subrogación.*–Las decisiones que adoptaren los órganos autonómicos mediante subrogación se considerarán como actos del Ayuntamiento titular, a los solos efectos de los recursos admisibles.

Art. 301. *Ejecución forzosa y vía de apremio.*–1. Los Ayuntamientos podrán utilizar la ejecución forzosa y la vía de apremio para exigir el cumplimiento de sus deberes a los propietarios, individuales o asociados, y a las empresas urbanizadoras.

2. Los procedimientos de ejecución y apremio se dirigirán ante todo contra los bienes de las personas que no hubieren cumplido sus obligaciones, y sólo en caso de insolvencia, frente a la Asociación administrativa de propietarios.

3. También podrán ejercer las mismas facultades, a solicitud de la Asociación, contra los propietarios que incumplieren los compromisos contraídos con ella.

Art. 302. *Revisión de oficio.*–Las Entidades locales podrán revisar de oficio sus actos y acuerdos en materia de urbanismo con arreglo a lo dispuesto en los artículos 109 y siguientes de la ley de Procedimiento Administrativo (1).

CAPITULO II

ACCIONES Y RECURSOS

Art. 303. *Competencias de la jurisdicción contenciosa.*–Tendrán carácter jurídico administrativo todas las cuestiones que se suscitaren con ocasión o como consecuencia de los actos y convenios regulados en la legislación urbanística aplicable entre los órganos competentes de las Administraciones públicas y los propietarios, individuales o asociados o empresas urbanizadoras, incluso las relativas a cesiones de terrenos para urbanizar o edificar.

Art. 304. *Acción pública.*–1. Será pública la acción para exigir ante los Organos administrativos y los Tribunales Contencioso-Administrativos la observancia de la legislación urbanística y de los Planes, Programas, Proyectos, Normas y Ordenanzas.

2. Si dicha acción está motivada por la ejecución de obras que se consideren ilegales, podrá ejercitarse durante la ejecución de las mismas y hasta el transcurso de los plazos establecidos para la adopción de las medidas de protección de la legalidad urbanística.

Art. 305. *Acción ante Tribunales ordinarios.*–Los propietarios y titulares de derechos reales, además de lo previsto en el artículo anterior y en el artículo 266 (2), podrán exigir ante los Tribunales ordinarios la demolición de las obras e instalaciones que vulneren lo dispuesto respecto a la distancia entre construcciones, pozos, cisternas, o fosas, comunidad de elementos constructivos u otros urbanos, así como las disposiciones relativas a usos incómodos, insalubres o peligrosos

---

(1) En la actualidad, artículos 102 a 106 de la Ley 30/1992, de 26 de noviembre (apéndice 15).

(2) El citado artículo dispone:

«Resarcimiento de daños y perjuicios

Los que como consecuencia de una infracción urbanística sufrieren daño o perjuicio podrán exigir de cualquiera de los infractores, con carácter solidario, el resarcimiento e indemnización.»

que estuvieren directamente encaminadas a tutelar el uso de las demás fincas.

Art. 306. *Recurso contencioso-administrativo.*–1. Los actos de las Entidades Locales, cualquiera que sea su objeto, que pongan fin a la vía administrativa serán recurribles directamente ante la Jurisdicción Contencioso-Administrativa.

2. Los actos de aprobación definitiva de Planes de Ordenación y Proyectos de Urbanización, sin perjuicio de los recursos administrativos que puedan proceder, serán impugnados ante la jurisdicción contencioso-administrativa en los términos prevenidos en el artículo 29 de la Ley Reguladora de dicha jurisdicción.

RECURSO CONTENCIOSO-DISCIPLINARIO MILITAR

APENDICE 12

LEY ORGANICA 2/1989, DE 13 DE ABRIL (JEFATURA DEL ESTADO), PROCESAL MILITAR

(«BOE» núm. 92, de 18 de abril de 1989)

PREAMBULO

....

Por último, en el libro IV se regulan los procedimientos no penales de que conoce la Jurisdicción Militar, entre los que desctaca el contencioso-disciplinario militar. En la configuración y articulación de este procedimiento se ha seguido la pauta del contencioso-administrativo de la Ley de 27 de diciembre de 1956, pero introduciendo las peculiaridades propias del ámbito objetivo a que se contrae el recurso contencioso-disciplinario —la materia disciplinaria en las Fuerzas Armadas—, y estableciendo, como órganos judiciales competentes para el enjuiciamiento de dicho recurso, el Tribunal Militar Central y la Sala de lo Militar del Tribunal Supremo. Precisamente por el hecho de que estos órganos judiciales militares tengan competencia en esta materia, se ha instituido un único recurso contra las decisiones adoptadas en primera instancia, recurso que no es el de apelación, como en la Ley de 1956, sino el de casación, siguiendo de esta forma el camino iniciado por el artículo 58 de la Ley Orgánica del Poder Judicial (1).

---

(1) Apéndice 1.

LIBRO IV

De los procedimientos judiciales militares no penales

PARTE PRIMERA

DEL RECURSO CONTENCIOSO-DISCIPLINARIO MILITAR

TITULO PRIMERO

Disposiciones generales

Art. 448. La Jurisdicción Militar en materia contencioso-disciplinaria militar, conocerá de las pretensiones que se deduzcan en relación con los actos recurribles de las Autoridades y Mandos Militares sancionadores, dictados en aplicación de la Ley Orgánica 12/1985, de 27 de noviembre, de Régimen Disciplinario de las Fuerzas Armadas (en adelante, Ley Disciplinaria).

Art. 449. Los órganos judiciales que sean competentes para conocer de su recurso contencioso-disciplinario militar, lo serán también para todas sus incidencias y para fiscalizar la ejecución de la sentencia que dicten.

La competencia de tales órganos será improrrogable y se apreciará por los mismos, incluso de oficio, previa audiencia de las partes.

Cuando se declare la incompetencia de uno de dichos órganos con anterioridad a la sentencia, se remitirán las actuaciones al que sea competente.

Art. 450. La competencia en materia disciplinaria militar se extenderá al concimiento y decisión de las cuestiones prejudiciales e incidentales, directamente relacionadas con un recurso contencioso-disciplinario militar, aunque no pertenezcan a aquella materia.

La decisión que se pronuncie sobre cuestiones prejudiciales e incidentales no producirá efectos fuera del proceso en que se dicte y podrá ser revisada en el orden jurisdiccional correspondiente.

Art. 451. La competencia de los Tribunales Militares Territoriales, en la materia a que se refiere el artículo 45.6 de la Ley Orgánica de la Competencia y Organización de la Jurisdicción Militar (2) se determinará conforme a las siguientes reglas:

1.ª Será competente el Tribunal en cuyo territorio se encuentre destinado el mando que originariamente impuso la sanción, o aquel en cuyo territorio tenga su destino o domicilio el demandante, a elección de éste.

---

(2) El citado artículo dispone:

«El Tribunal Militar Territorial conocerá:

....

6. De los recursos jurisdiccionales que procedan, en materia disciplinaria militar, por sanciones impuestas por los mandos militares y que no sean de la competencia de la Sala de lo Militar del Tribunal Supremo ni del Tribunal Militar Central».

2.ª A estos efectos, se entenderá que los mandos de la Armada que estén destinados en un buque lo están en el lugar donde tenga su sede la Unidad a que esté afecto el buque.

Art. 452. Las cuestiones de competencia que se susciten entre Tribunales Militares territoriales se sustanciarán y resolverán conforme a lo dispuesto en el capítulo III del título I del libro I, con las adaptaciones que resulten necesarias en cuanto a la naturaleza del procedimiento y las partes que intervienen el mismo.

Por las mismas reglas y con similares adaptaciones se sustanciarán y resolverán las diferencias de criterio en cuanto a su competencia que puedan surgir entre distintos Tribunales Militares de diferente nivel jerárquico.

Art. 453. El procedimiento contencioso-disciplinario militar regulado en el presente libro constituye el único cauce para obtener la tutela judicial efectiva en materia disciplinaria militar.

El procedimiento contencioso-administrativo militar ordinario, que se regula en los títulos II al IV, ambos inclusive, de este libro, es aplicable a toda pretensión que se deduzca contra la imposición de cualquier sanción por falta grave militar o por la imposición de las sanciones disciplinarias extraordinarias que señala el artículo 61 de la Ley Orgánica de Régimen Disciplinario de las Fuerzas Armadas (3).

Contra las sanciones disciplinarias que afecten al ejercicio de derechos fundamentales señalados en el artículo 53.2 de la Constitución, podrá interponerse el recurso contencioso-disciplinario militar preferente y sumario que se regula en el título V de este libro (4).

Art. 454. El procedimiento contencioso-disciplinario militar será gratuito y en él no podrá condenarse en costas ni exigir depósitos.

Art. 455. No se admitirán coadyuvantes en los recursos contencioso-disciplinarios militares.

Art. 456. La interposición de un recurso contencioso-disciplinario militar interrumpirá el plazo para la prescripción de la sanción y de la falta o causa que señala el artículo 59 de la Ley Disciplinaria (5), durante

---

(3) El citado artículo establece:

«Son sanciones disciplinarias extraordinarias:

— La pérdida de puestos en el escalafón.
— La suspensión de empleo.
— La separación del servicio».

(4) Téngase en cuenta que el Tribunal Constitucional, por providencias de 18 de septiembre, 30 de octubre, 13 de noviembre y 27 de noviembre de 1989 («BOE» núms. 232, de 27 de septiembre; 268, de 8 de noviembre; 279, de 21 de noviembre, y 290, de 4 de diciembre), ha admitido a trámite cuestiones de inconstitucionalidad por supuesta inconstitucionalidad del párrafo tercero de este artículo y del 518, por poder vulnerar el artículo 53.2 de la Constitución.

(5) El citado artículo establece:

«Mediante la incoación de expediente gubernativo se podrán imponer sanciones disciplinarias extraordinarias a los militares profesionales. Procederá la incoación de expediente gubernativo por cualquiera de las causas siguientes:

1. Acumular en el expediente personal informes o notas desfavorables que desmerezcan su cualificación o aptitud profesional.

toda la tramitación de aquél, hasta que la sentencia firme sea notificada y comunicada.

Art. 457. La Ley de Enjuiciamiento Civil será legislación supletoria de esta parte primera del Libro IV.

TITULO II

De las partes

CAPITULO PRIMERO

DE LA CAPACIDAD PROCESAL

Art. 458. Tendrán capacidad procesal las personas que estén en el pleno ejercicio de sus derechos civiles y los menores de edad si han sido los sancionados en vía disciplinaria militar.

CAPITULO II

DE LA LEGITIMACIÓN

Art. 459. Estarán legitimadas para demandar la declaración de no ser conformes a derecho y, en su caso, la anulación de los actos en materia disciplinaria militar, así como para pretender el reconocimiento de una situación jurídica individualizada y el restablecimiento de la misma, las personas a quienes se haya impuesto una sanción de las señaladas en la Ley Disciplinaria.

Art. 460. Si el sancionado en vía disciplinaria militar falleciere durante los plazos de interposición del recurso contencioso-disciplinario militar o estuviere ya interpuesto, estarán legitimados para interponerlo o continuarlo su cónyuge supérstite o persona ligada a aquél por una relación estable de convivencia afectiva, o sus herederos.

Art. 461. Se considerará parte demandada la Administración sancionadora en la vía disciplinaria militar.

Art. 462. Para interponer los recursos de casación y revisión estarán legitimadas las mismas personas a que se refieren los artículos 459 y 460, y por parte de la Administración sancionadora, el Ministro de Defensa, o Autoridad o Mando militar en quien delegue.

---

2. Observar mala conducta habitual e incorregible.
3. Observar conductas gravemente contrarias a la disciplina, servicio o dignidad militar, que no constituyan delito.
4. Haber demostrado con reiteración pública y manifiestamente una actitud contraria a la Constitución o a su Majestad el Rey».

CAPITULO III

DE LA REPRESENTACIÓN Y DEFENSA DE LAS PARTES

Art. 463. El demandante podrá conferir su representación a un Procurador, valerse tan sólo de Abogado con poder al efecto, o comparecer por sí mismo asistido o no de abogado.

No obstante, para que el demandante pueda interponer y sustanciar los recursos de casación y revisión, será necesario que comparezca asistido y, en su caso, representado por Letrado.

Art. 464. Sin perjuicio de lo dispuesto en el artículo 447 de la Ley Orgánica 6/1985, de 1 de julio, del Poder Judicial (6), y normas concordantes, el Director general del Servicio Jurídico del Estado podrá, a propuesta del Ministerio de Defensa, encomendar las funciones de representación y defensa a que se refiere dicho artículo a un miembro del Cuerpo Jurídico de los destinados en las Asesorías Jurídicas de los Mandos Militares Superiores.

Quien ostente esta representación y defensa no podrá allanarse a la demanda sin estar autorizado para ello por el Ministro de Defensa. Si estimare que el acto recurrido no se ajusta a derecho, lo hará presente en comunicación razonada al Ministro de Defensa, para que acuerde lo que estime procedente, en cuyo caso podrá solicitar la suspensión del procedo por plazo de treinta días. En estos casos, el Ministro, si lo considera conveniente, podrá solicitar informe de la Dirección General del Servicio Jurídico del Estado, del Asesor Jurídico general de la Defensa, o de ambos (7).

TITULO III

Del objeto del recurso contencioso-disciplinario militar

CAPITULO PRIMERO

DE LOS ACTOS IMPUGNABLES

Art. 465. El recurso contencioso-disciplinario militar será admisible en relación con los actos definitivos dictados por las Autoridades o Mandos sancionadores en aplicación de la Ley Disciplinaria, que causen estado en vía administrativa. A estos efectos, se considera que causan estado los actos resolutorios de los recursos de alzada, súplica y reposición que se regulan en los artículos 50, 52 y 76 de la Ley Disciplinaria (8).

---

(6) Apéndice 1.

(7) Véanse el artículo 499 y la disposición final de la presente Ley Orgánica.

(8) Los citados artículos disponen:

«Art. 50. El recurso se dirigirá por conducto reglamentario a la autoridad o mando superior al que impuso la sanción, teniendo en cuenta el escalonamiento jerárquico señalado en el artículo 19 y, en su caso, lo previsto en el artículo 32. Podrá interponerse en un plazo que se ini-

Los actos de trámite no podrán ser recurridos separadamente de la resolución que ponga fin al procedimiento disciplinario, a excepción del acuerdo de apertura del procedimiento sancionador en los supuestos previstos en el párrafo primero del artículo 44 de la Ley Disciplinaria (9), cuando se hubiere producido fuera del plazo señalado en dicho párrafo.

En estos casos, acreditada la interposición del recurso contencioso-disciplinario, se paralizará el procedimiento sancionador hasta tanto se resuelva aquél, dejándose en suspenso la medida que previene el artículo 45 de la Ley Disciplinaria (10), si se hubiere adoptado.

Art. 466. Las Autoridades y Mandos competentes para resolver los recursos en vía disciplinaria, dictarán resolución en el plazo máximo de un mes, contado a partir de la recepción de la interposición.

Art. 467. Cuando se interpusiere algún recurso disciplinario ante Autoridades o Mandos disciplinarios competentes y éstos no notificaran su decisión en el plazo de dos meses, podrá considerarse desestimado al efecto de formular frente a esta denegación presunta el correspondiente recurso contencioso-disciplinario militar o esperar la resolución expresa de la petición. Caducará la acción a los seis meses de interponer el recurso, en la vía disciplinaria militar.

En todo caso, la denegación presunta no excluirá el deber de la Autoridad o Mando disciplinario de dictar una resolución expresa, debidamente fundada.

Art. 468. No se admitirá recurso contencioso-disciplinario militar respecto de:

---

ciará el día siguiente al de notificación de la sanción y finalizará a los quince días de su cumplimiento cuando entrañe la restricción o privación de libertad, o de su notificación en los demás casos.

Cuando la sanción hubiera sido impuesta por el Ministro de Defensa, el recurso procedente será el de súplica, que se podrá imponer ante dicha autoridad en la forma y plazos señalados en el párrafo anterior.

Art. 52. Contra la resolución por la que se impone sanción por falta grave, podrá interponerse el recurso procedente regulado en el artículo 50. La resolución de dicho recurso pondrá fin a la vía administrativa, y contra la misma podrá interponerse, en el plazo de dos meses, recurso contencioso-disciplinario militar.

Art. 76. Contra las sanciones se podrá interponer recurso de reposición ante el Ministro de Defensa. Contra su resolución podrá interponerse, en el plazo de dos meses, recurso contencioso-disciplinario militar».

(9) El citado párrafo establece:

«Dentro de los quince días, contados desde la imposición de una sanción por falta leve, la autoridad disciplinaria ordenará, si a su juicio los hechos sancionados pudieran ser constitutivos de una falta grave, la apertura del procedimiento previsto en el presente capítulo o dará parte a la autoridad competente para ello».

(10) Dicho artículo establece:

«Cuando la naturaleza y circunstancias de la falta exijan una acción inmediata para mantener la disciplina, la autoridad que tenga las atribuciones disciplinarias previstas en los artículos 20 al 22 de la presente Ley podrá ordenar el arresto preventivo del infractor, que le será de abono para el cumplimiento de la sanción que le pueda ser impuesta, no pudiendo, en ningún caso, permanecer en esa situación más de un mes».

a) Los actos que sean reproducción de otros anteriores que tengan carácter de definitivos y firmes y los confirmatorios de acuerdos consentidos por no haber sido recurridos en tiempo y forma.

b) Los actos que resuelvan recursos por falta leve, salvo lo dispuesto para el procedimiento contencioso-disciplinario militar preferente y sumario.

c) La resolución de separación del servicio como consecuencia de sentencia firme por delito de rebelión, cuando se imponga pena de privación de libertad que exceda de seis años por cualquier delito o pena de inhabilitación absoluta como principal o accesoria (11).

CAPITULO II

DE LAS PRETENSIONES DE LAS PARTES

Art. 469. El demandante podrá pretender la declaración de no ser conformes a derecho y, en su caso, la anulación de la sanción según el capítulo precedente. Además, podrá pretender el reconocimiento de una situación jurídica individualizada y la adopción de las medidas adecuadas para el pleno restablecimiento de la misma, entre ellas la indemnización de los daños y perjuicios, cuando proceda.

Art. 470. La Jurisdicción Militar, en materia contencioso-disciplinaria, juzgará dentro del límite de las pretensiones formuladas por las partes y de las alegaciones deducidas para fundamentar el recurso y la oposición.

No obstante, si el Tribunal, al dictar sentencia, estimare que la cuestión sometida a su conocimiento pudiera no haber sido apreciada debidamente por las partes, por existir en apariencia otros motivos susceptibles de fundar el recurso o la oposición, lo someterá a aquéllas mediante providencia en que, advirtiendo que no se prejuzga el fallo definitivo, los expondrá y concederá a los interesados un plazo común de diez días para que formulen las alegaciones que estimen oportunas, con suspensión del plazo para dictar el fallo.

CAPITULO III

DE LA ACUMULACIÓN

Art. 471. Serán acumulables en un proceso las pretensiones que no sean incompatibles entre sí y se deduzcan en relación con un mismo acto.

Lo serán también las que se refieran a varios actos cuando unos sean reproducción, confirmación o ejecución de otros o exista entre ellos cualquier otra conexión directa.

---

(11) Véanse los artículos 478, *b)* y ,de la presente Ley Orgánica.

Art. 472. Si antes de formalizarse la demanda se dictare algún acto que guardare la relación a que se refiere el artículo anterior con otro que sea objeto de un recurso contencioso-disciplinario militar en tramitación, el demandante podrá solicitar la ampliación del recurso a aquel acto administrativo, dentro del plazo que señala el artículo 475.

Interpuestos varios recursos contencioso-disciplinario militares con ocasión de actos en los que concurra alguna de las circunstancias señaladas en el artículo 471, el Tribunal podrá en cualquier momento procesal, previa audiencia de las partes, decretar la acumulación bien de oficio o a instancia de alguna de ellas.

TITULO IV

Del procedimiento contencioso-disciplinario

CAPITULO PRIMERO

De las diligencias preliminares

Art. 473. Contra los actos de imposición de sanción que hayan causado estado en vía disciplinaria militar, no procederá la interposición del recurso de reposición como previo al contencioso-disciplinario. El recurso contencioso-disciplinario militar se deducirá, indistintamente, contra el acto sancionador orginario, el que resolviere, expresa o presuntamente el recurso interpuesto contra dicho acto, o contra ambos a la vez.

No obstante, si el acto que decidiere el recurso reformare el impugnado, el recurso contencioso-disciplinario militar se deducirá contra aquél.

CAPITULO II

De la interposición del recurso

Art. 474. El recurso contencioso-disciplinario militar se iniciará por un escrito reducido a expresar los datos personales del recurrente, citar el acto por razón del cual se formule y a solicitar que se tenga por interpuesto el recurso.

A este escrito se acompañará:

a) El documento que acredite la representación del compareciente, cuando no sea el mismo interesado, salvo si figurase unido a las actuaciones de otro recurso pendiente ante el mismo Tribunal, en cuyo caso podrá solicitarse que se expida certificación del mismo y su unión a los autos.

b) El documento o documentos que acrediten la legitimación con que el actor se presente en juicio cuando se trate del supuesto del artículo 460.

c) La copia o traslado del acto, o, cuando menos, indicación del expediente en que haya recaído.

Si con el escrito de interposición no se acompañan los documentos expresados o los presentados son incompletos, y en general, siempre que el tribunal estime que no concurren los requisitos exigidos por esta Ley para la validez de la comparecencia, señalará un plazo de diez días para que el recurrente pueda subsanar el defecto, y si no lo hace ordenará el archivo de las actuaciones.

Art. 475. El plazo para interponer el recurso contencioso-disciplinario militar será de dos meses, contado desde el día siguiente a la notificación del acto recurrible. No obstante, cuando dicho acto se hubiera notificado fuera del suelo español ò de las aguas jurisdiccionales españolas, se prorrogará dicho plazo, finalizando éste una vez transcurridos dos meses desde que el sancionado hubiese regresado a suelo español.

Art. 476. Las notificaciones de los actos sancionadores dictados en aplicación de la Ley Disciplinaria deberán reunir los requisitos ordenados en la misma y en las demás leyes y reglamentos sobre procedimiento administrativo.

Sin el cumplimiento de los expresados requisitos no se tendrán por válidas ni producirán efectos legales en cuanto al recurso contencioso-disciplinario militar, salvo si los interesados, dándose por enterados, utilizaren en tiempo y forma dicho recurso.

Art. 477. El Tribunal, en el mismo día de la presentación o en el siguiente hábil, acordará reclamar el expediente. Dicha reclamación se hará por vía telegráfica o similar y con carácter urgente a la Autoridad o Mando sancionadores para que en el plazo de cinco días, a contar desde la recepción del requerimiento, remita el expediente. El envío del mismo se hará directamente al Tribunal.

Si en el plazo señalado no se hubiere recibido el expediente, el Tribunal, de oficio, lo recordará nuevamente para que lo efectúe en un plazo de cinco días con apercibimiento de multa de 5.000 pesetas al jefe de la dependencia en la que obrare el expediente y a cualquier otra persona responsable de la demora.

Si transcurrido este último plazo no se hubiere recibido el expediente, se deducirá sin más trámites el oportuno testimonio de particulares para exigir la responsabilidad personal y directa por desobediencia en que hubiere podido incurrir cualquiera de las personas señaladas en el párrafo anterior, imponiendo en todo caso al jefe de la dependencia la multa antes mencionada, que se hará efectiva por el Tribunal por la vía de apremio (12).

---

(12) Véanse los artículos 483 y 514 de la presente Ley Orgánica.

Art. 478. Recibido el expediente y examinado por el Tribunal, si lo considera necesario, declarará no haber lugar a la admisión del recurso, cuando constare de modo inequívoco y manifiesto:

a) La falta de jurisdicción o la incompetencia del Tribunal.
b) Deducirse el recurso frente a alguno de los actos relacionados en el artículo 468.
c) No haberse interpuesto los recursos en vía disciplinaria que fueran preceptivos.
d) Haber caducado el plazo de interposición del recurso.

El Tribunal, antes de declarar la inadmisión, hará saber a las partes el motivo en que pudiere fundarse para que, en el plazo común de diez días, alegue lo que estime procedente y acompañen los documentos a que hubiere lugar.

Contra el auto que acuerde la inadmisión del recurso podrá interponerse recurso de súplica, y contra el desestimatorio de éste, el de casación, cuando hubiere sido dictado por la Sala de Justicia del Tribunal Militar Central, o por un Tribunal Militar Territorial (13).

CAPITULO III

Del emplazamiento de los demandados

Art. 479. El emplazamiento de la Administración sancionadora que dictó el acto objeto del recurso se entenderá efectuado por la reclamación del expediente, la cual se pondrá en conocimiento del representante de aquélla. Mediante dicha comunicación se entenderá personada y parte.

CAPITULO IV

De la demanda y contestación

Art. 480. Cumplimentado lo dispuesto en los artículos anteriores, el expediente se pondrá de manifiesto al demandante en la Secretaría del Tribunal para que deduzca la demanda en el plazo de quince días.

Si el demandante estuviere defendido por Abogado, podrá el Tribunal acordar se entreguen a éste o al Procurador, si lo hubiere, bajo recibo en forma, las actuaciones.

Si la demanda no se presentara en el plazo concedido para ello, se declarará de oficio caducado el recurso.

Art. 481. Presentada la demanda, se dará traslado de la misma, con entrega del expediente, al representante de la Administracion, para que la conteste en el plazo de quince días.

(13) Véanse los artículos 502 y 503 de esta Ley Orgánica.

Si el representante de la Administración no contestare la demanda en el plazo concedido al efecto, se tendrá por decaído en su derecho a contestar.

Art. 482. En los escritos de demanda y contestación se consignarán con la debida separación los hechos, los fundamentos de derecho y las pretensiones que se deduzcan, en justificación de las cuales podrán alegarse cuantos motivos procedan, aunque no se hubieran expuesto en el previo recurso en vía disciplinaria.

A la demanda y contestación se acompañarán los documentos en que directamente se funde el derecho, y si no obraren en poder de las partes, se designará el archivo, oficina, protocolo o persona en cuyo poder se encuentren.

Después de la demanda y la contestación no se admitirán al actor, ni al demandado, más documentos de la naturaleza expresada que los que se hallen en alguno de los casos previstos en la Ley de Enjuiciamiento Civil, y al demandante sólo aquellos otros que tengan por objeto desvirtuar las alegaciones del demandado.

La demanda y contestación contendrá, en su caso, los otrosí a que hacen referencia los artículos 485 y 487.

Art. 483. Si las partes estimaren que el expediente no está completo, podrán solicitar, dentro de los cinco días primeros del plazo concedido para formular la demanda y contestación, que se reclamen los antecedentes adecuados para completarlo.

La solicitud a que se refiere el párrafo anterior suspenderá el curso del plazo correspondiente.

El Tribunal proveerá lo pertinente en el plazo de tres días.

La Administración deberá, en su caso, completar el expediente en el plazo y forma previstos en el artículo 477.

Art. 484. Los motivos que darían lugar a la inadmisibilidad de la demanda podrán invocarse en la contestación, pero no surtirán efecto como alegaciones previas; en todo caso, el demandante podrá subsanarlos dentro del plazo de diez días, contados a partir del siguiente a aquél en que se dé traslado del escrito de contestación a la demanda en que se alegaron aquellos motivos (14).

CAPITULO V

De la prueba

Art. 485. Solamente se podrá pedir el recibimiento del proceso a prueba por medio de otrosí en los escritos de demanda y contestación.

La solicitud no será admisible si no expresare los puntos de hecho sobre los cuales haya de versar la prueba o hubiere conformidad acerca de los mismos entre las partes.

---

(14) Véase el artículo 512 de la presente Ley.

La prueba se desarrollará con arreglo a las normas establecidas para el proceso civil ordinario, si bien el plazo será de veinte días comunes para proponer y practicar, prorrogables hasta treinta, si el Tribunal lo estima necesario.

El Tribunal podrá delegar en uno de sus Magistrados o Vocales Togados, o en un Juez Togado Militar, la práctica de todas o algunas de las diligencias probatorias. En estos casos, podrá intervenir en representación de la Administración el miembro de la Asesoría Jurídica del Mando adscrito al Organo Judicial del que dependa el Juzgado Togado en que se practique la prueba.

Art. 486. El Tribunal podrá también acordar, de oficio, el recibimiento a prueba y disponer la práctica de cuantas estime pertinentes para la más acertada decisión del asunto.

Concluida la fase probatoria, el Tribunal podrá también acordar, antes o después de la vista o señalamiento para fallo, la práctica de cualquier diligencia de prueba que estimare procedente.

Las partes tendrán intervención en las pruebas que se practiquen por iniciativa del Tribunal. Si éste hiciera uso de su facultad después de celebrarse la vista o señalamiento para fallo, el resultado de las diligencias de prueba se pondrá de manifiesto a las partes, las cuales podrán, en el plazo de tres días, alegar cuanto estimen conveniente acerca de su alcance e importancia.

CAPITULO VI

DE LA VISTA Y CONCLUSIONES

Art. 487. Habrá lugar a la celebración de la vista cuando lo pidan las dos partes o el Tribunal lo estime necesario.

La solicitud de vista se formulará por medio de otrosí en los escritos de demanda y contestación, o en el plazo de tres días, contados desde que se notifique la providencia que declare concluso el período de prueba.

Art. 488. Si el Tribunal acordare la celebración de la vista señalará la fecha de la audiencia.

El Tribunal podrá acordar que la Secretaría redacte una nota suficiente del asunto, y que se distribuyan ejemplares de ella a los miembros del Tribunal con la antelación necesaria.

Art. 489. Si el Tribunal no acordase la celebración de vista, dispondrá, en sustitución de la misma, que las partes presenten unas conclusiones sucintas acerca de los hechos alegados, la prueba practicada, en su caso, y los fundamentos jurídicos en que, respectivamente, apoyen sus pretensiones, de las que acompañarán tantas copias como miembros del Tribunal.

El plazo para formular el escrito será de diez días, comunes para las partes.

Presentadas las conclusiones, se distribuirán las copias a los miembros del Tribunal, y éste señalará día para la votación y fallo (15).

Art. 490. En el acto de la vista o en los escritos de conclusiones no podrán plantearse cuestiones no suscitadas en los escritos de demanda y contestación.

Cuando el Tribunal juzgue oportuno que en el acto de la vista o en las conclusiones se traten cuestiones que no hayan sido planteadas en los escritos de las partes, lo pondrá en conocimiento de éstas, dictando oportunamente providencia al efecto, que deberá ser notificada con tres días de antelación.

En el acto de la vista o en el escrito de conclusiones, el demandante podrá solicitar que la sentencia formule pronunciamiento concreto sobre la existencia y cuantía de los daños y perjuicios de cuyo resarcimiento se trate, si constaren ya probados en autos (16).

CAPITULO VII

DE LA SENTENCIA

Art. 491. La sentencia se dictará en el plazo de cinco días desde la celebración de la vista o del señalamiento para la votación y fallo, según los casos, y decidirá todas las cuestiones controvertidas en el proceso.

Art. 492. La sentencia pronunciará alguno de los fallos siguientes:

a) Inadmisibilidad del recurso contencioso-disciplinario militar.

b) Estimación o desestimación total o parcial del recurso contencioso-disciplinario militar.

Art. 493. La sentencia declarará la inadmisibilidad del recurso contencioso-disciplinario militar cuando:

a) Se hubiere interpuesto ante un Tribunal que carezca de jurisdicción o de competencia para ello, por corresponder el asunto a otra jurisdicción o a otro órgano de la Jurisdicción Militar, respectivamente.

b) Se hubiere interpuesto por persona incapaz, no legitimada o no debidamente representada.

c) Tuviere por objeto actos no susceptibles de impugnación, a tenor del artículo 468.

d) Recayere sobre cosa juzgada.

e) No se hubieren interpuesto los recursos preceptivos en vía disciplinaria militar.

f) Se hubiere presentado el escrito inicial del recurso contencioso-disciplinario fuera del plazo establecido.

---

(15) Véase el artículo 518, *h)* de esta Ley.
(16) Véase el artículo 495, *b)* de esta Ley.

Art. 494. La sentencia desestimará el recurso contencioso-disciplinario militar cuando se ajustare a derecho el acto a que se refiere.

La sentencia estimará el recurso contencioso-disciplinario militar cuando el acto incurriere en cualquier forma de infracción del ordenamiento jurídico, incluso la desviación de poder.

Constituirá desviación de poder el ejercicio de la potestad sancionadora para fines distintos de los fijados por el ordenamiento jurídico.

Art. 495. Cuando la sentencia estimare el recurso contencioso-disciplinario militar:

a) Declarará no ser conforme a derecho, anulará total o parcialmente el acto recurrido y, en su caso, reconocerá la situación jurídica individualizada y adoptará cuantas medidas sean necesarias para el pleno restablecimiento de la misma.

b) Si se hubiera pretendido el resarcimiento de daños o la indemnización de perjuicios, la sentencia se limitará a declarar el derecho en el supuesto de que hayan sido causados y quedará diferida al período de ejecución de sentencia la determinación de la cuantía de los mismos, salvo lo previsto en el artículo 490, párrafo tercero.

Art. 496. La sentencia que declarare la inadmisibilidad o desestimación del recurso contencioso-disciplinario sólo producirá efectos entre las partes.

La sentencia que anulare el acto producirá efectos entre las partes y respecto de las personas afectadas por los mismos.

Art. 497. La sentencia y los votos particulares, en su caso, deberán ser notificados a las partes en el plazo de tres días después de firmada y, a su vez, en el mismo plazo, comunicados una y otros al Ministerio de Defensa (17).

CAPITULO VIII

De los otros modos de terminación del procedimiento

Art. 498. El demandante podrá desistir del recurso contencioso disciplinario militar. El desistimiento será admisible en cualquier momento del procedimiento antes de dictarse sentencia.

Para que el desistimiento del representante en juicio produzca efectos será necesario que lo ratifique el demandante o que esté autorizado con poder al efecto.

El Tribunal dictará auto en el que declarará terminado el procedimiento y ordenará el archivo del procedimiento y la devolución del expediente a la oficina de que procediera.

Si fueran varios los demandantes, el procedimiento continuará respecto de aquellos que no hubieren desistido.

---

(17) Véase el artículo 501 de la presente Ley Orgánica.

Si, presentada la demanda, el procedimiento contencioso-disciplinario militar se detuviere durante un año por culpa del demandante, se producirán los mismos efectos señalados en los párrafos precedentes.

Art. 499. El demandado podrá allanarse al recurso contencioso disciplinario militar, con los requisitos exigidos en el párrafo tercero del artículo 464.

Allanado el demandado, el Tribunal, sin más trámites, dictará sentencia, de conformidad con las pretensiones del demandante, salvo si ello supusiere una infracción manifiesta del ordenamiento jurídico, en cuyo caso dictará la sentencia que estime justa.

Art. 500. Si, interpuesto recurso contencioso-disciplinario militar, la Administración sancionadora demandada reconociese totalmente en vía administrativa las pretensiones del demandante cualquiera de las partes podrá ponerlo en conocimiento del Tribunal si la Administración no lo hiciera.

El Tribunal, previa comprobación de lo alegado, dictará auto en el que declarará terminado el procedimiento, y que contendrá, íntegramente, el acto administrativo mediante el cual se da satisfacción al demandante, y ordenará el archivo del recurso y la devolución del expediente.

Art. 501. El auto o la sentencia a que se refieren los artículos precedentes, serán notificados y comunicados en la forma y plazos que señala el artículo 497.

CAPITULO IX

DE LOS RECURSOS CONTRA PROVIDENCIAS, AUTOS Y SENTENCIAS

Art. 502. Contra las providencias y autos dictados por la Sala de lo Militar del Tribunal Supremo, por la Sala de Justicia del Tribunal Militar Central y por los Tribunales Militares Territoriales en los procesos contencioso-disciplinarios militares, solamente cabrá recurso de súplica ante dichos Tribunales, salvo lo dispuesto en el último párrafo del artículo 478.

Art. 503. Contra las sentencias y los autos a que se refiere el artículo 478 dictados por la Sala de Justicia del Tribunal Militar Central o por un Tribunal Militar Territorial cabrá el recurso de casación regulado en la Sección segunda del capítulo II del título IV de la Ley de la Jurisdicción Contencioso-Administrativa de 27 de diciembre de 1956, que se interpondrá ante la Sala de lo Militar del Tribunal Supremo.

El recurso se sustanciará por los mismos motivos y trámites que se señalan en los artículos 93 a 102 de la mencionada Ley, con la salvedad de que no se impondrán costas (18).

---

(18) Artículo redactado conforme a la disposición final cuarta de la Ley 10/1992, de 30 de abril, de Medidas Urgentes de Reforma Procesal (apéndice 14).

Art. 504. Las sentencias firmes dictadas en recurso contencioso-disciplinario militar por la Sala de lo Militar del Tribunal Supremo, así como los autos también firmes, a los que se refiere el artículo 478, dictados por dicha Sala, podrán ser objeto de recurso de revisión en los siguientes casos:

a) Si la parte dispositiva de la sentencia contuviere contradicciones en sus decisiones.

b) Si se hubieran dictado resoluciones contrarias entre sí respecto a los mismos litigantes y otros diferentes en idéntica situación, donde, en mérito a hechos, fundamentos y pretensiones sustancialmente iguales, se llegue a pronunciamientos distintos.

c) Si después de pronunciada la sentencia se recobraren documentos decisivos, detenidos por fuerza mayor o por obra de la parte en cuyo favor se hubiere dictado.

d) Si hubiere recaído la sentencia en virtud de documentos que al tiempo de dictarse aquélla ignoraba una de las partes haber sido reconocidos y declarados falsos o cuya falsedad se reconociese o declarase después.

e) Si, habiéndose dictado la sentencia en virtud de prueba testifical, fuesen los testigos condenados por falso testimonio en las declaraciones constitutivas de aquélla.

f) Si la sentencia se hubiera ganado injustamente en virtud de prevaricación, cohecho, violencia u otra maquinación fraudulenta.

g) Si la sentencia se hubiere dictado con infracción de lo dispuesto en el artículo 490 o si en ella no se resolviese alguna de las cuestiones planteadas en la demanda y contestación.

En lo referente a términos y procedimientos respecto a este recurso, regirán las disposiciones de las secciones segunda, tercera y cuarta del título XXII, libro II, de la Ley de Enjuiciamiento Civil.

Exceptúanse los casos previstos en los apartados *a), b)* y *g)* de este artículo, en los cuales el recurso de revisión deberá formularse en el plazo de un mes, contado desde la notificación de la firmeza de la sentencia.

El recurso se interpondrá ante la Sala del Tribunal Supremo a que se refiere el artículo 61 de la Ley Orgánica del Poder Judicial (19).

Art. 505. Contra las sentencias firmes dictadas por la Sala de Justicia del Tribunal Militar Central o por los Tribunales Militares Territoriales se podrá interponer recurso de revisión ante la Sala de lo Militar del Tribunal Supremo en los mismos plazos y por iguales trámites que los señalados en el segundo párrafo del artículo anterior.

Este recurso podrá fundamentarse en los mismos motivos que los relacionados en el primer párrafo del artículo anterior, menos en los de los apartados *a), b)* y *g)*.

---

(19) Véase la disposición final de la presente Ley.

CAPITULO X

DE LA EJECUCIÓN DE LA SENTENCIA

Art. 506. La ejecución de las sentencias firmes dictadas resolviendo recursos contencioso-disciplinarios corresponderá a la Administración.

Art. 507. Una vez que sean firmes las sentencias dictadas se notificarán a las partes y se comunicarán en el plazo de diez días, por medio de testimonio en forma, a la Administración para que se lleven a puro y debido efecto, adopte las medidas que procedan y practique lo que exija el cumplimiento de las declaraciones contenidas en el fallo.

Art. 508. La Administración acusará recibo de la recepción de la sentencia en el plazo de diez días, y en el plazo más breve posible, no superior a dos meses, contados desde que se reciba aquélla, adoptará una de estas soluciones:

a) Ejecución del fallo, tomando a la vez las medidas al efecto.

b) Petición motivada al Tribunal, con acompañamiento de las pruebas que crea preciso, para que se suspenda total o parcialmente el cumplimiento de la sentencia, por el tiempo que se solicite.

c) Petición al Tribunal de inejecución en absoluto, total o parcial, del fallo, justificándola con las razones en que la base y con acompañamiento de las pruebas que crea preciso.

En el segundo y tercer supuesto, recibida la petición por el Tribunal, oirá a las partes y dictará auto acreciendo o denegando lo solicitado, y en el primer caso podrá señalar la suma que deba satisfacerse al interesado como resarcimiento de los daños e indemnización de los perjuicios resultantes del aplazamiento, si no fuera posible atender en otra forma a la eficacia de lo resuelto en la sentencia. También fijará el plazo de suspensión.

El auto será notificado a las partes y comunicado al órgano peticionario.

Art. 509. No podrá suspenderse ni declararse inejecutable una sentencia por causas de imposibilidad material o legal y, si este caso se presentare, será sometido por la Administración, por medio de la Fiscalía Jurídico-Militar, al Tribunal respectivo, dentro del plazo de dos meses, a fin de que, con audiencia de las partes, se acuerde la forma de llevar a efecto el fallo.

Art. 510. El Tribunal sentenciador, mientras no conste en los autos la total ejecución de la sentencia o la efectividad de las indemnizaciones señaladas en sus casos respectivos, adoptará, a instancia de las partes interesadas, cuantas medidas sean adecuadas para promoverlas y activarlas.

Transcurridos seis meses desde la fecha de recepción del testimonio de la sentencia por la Autoridad administrativa, o desde la fijación de la indemnización, sin que se hubiese ejecutado aquélla o satisfecho ésta, el Tribunal, con audiencia de las partes, adoptará las medidas que considere procedentes para el cumplimiento de lo mandado.

Sin perjuicio de ello, deducirá el tanto de culpa que correspondiere por delito de desobediencia, para su remisión al Tribunal competente.

Art. 511. Las sentencias dictadas en materia contencioso-disciplinaria militar se publicarán en el «Boletín Oficial del Ministerio de Defensa».

CAPITULO XI

Disposiciones comunes

Art. 512. Los plazos serán improrrogables, salvo el supuesto del artículo 484, y, una vez transcurridos, se tendrá por caducado el derecho y por medio el trámite o recurso que hubiere dejado de utilizarse, sin necesidad de apremio ni de acuse de rebeldía, dándose a los autos, de oficio, el curso que corresponda; sin embargo, se admitirá el escrito que proceda, incluso el de demanda, y producirá sus efectos legales, si se presentare dentro del día en que se notifique la oportuna providencia.

Son días inhábiles, y durante ellos no correrán los plazos, los domingos, los días de fiesta nacional, los festivos a efectos laborales en la respectiva Comunidad Autónoma o localidad y los del mes de agosto.

Art. 513. La interposición del recurso contencioso-disciplinario no impedirá a la Administración sancionadora ejecutar el acto objeto del mismo, salvo que el Tribunal acordare, a instancia del actor, la suspensión.

Podrá acordarse la suspensión de las sanciones por falta grave y de las extraordinarias:

a) Cuando la impugnación del acto recurrido se fundamente en alguna de las causas de nulidad de pleno derecho previstas en el apartado 1 del artículo 47 de la Ley de Procedimiento Administrativo y así lo aprecie el Tribunal.

b) Si, durante la tramitación del recurso en vía disciplinaria, se hubiese acordado ya la suspensión del acto recurrido en virtud de lo dispuesto en el artículo 54 de la Ley Disciplinaria (20).

c) Si la sanción recurrida fuere la de pérdida de destino y llevara consigo el traslado forzoso del sancionado fuera de la localidad donde hasta entonces estuviere residiendo.

---

(20) El citado artículo dispone:

«El sancionado podrá solicitar la suspensión de la sanción privativa de libertad por falta grave durante el tiempo de tramitación del recurso. La autoridad ante quien se presente deberá resolver dicha petición en el plazo de cinco días, debiendo denegarse, si con ella se causa perjuicio a la disciplina militar».

d) Si la ejecución hubiese de ocasionar daños o perjuicios de reparación imposible o difícil.

Art. 514. La suspensión sólo se podrá pedir, por medio de otrosí, en el escrito de interposición del recurso, aunque no esté ejecutándose la sanción en el momento de la interposición, advirtiéndose, en ese caso, por el actor, que se solicita para el caso de que con posterioridad comenzara la ejecución.

Solicitada la suspensión, el Tribunal, al propio tiempo que reclama el expediente que dispone el artículo 477, interesará de la Autoridad sancionadora que informe sobre la petición de suspensión, en el término de diez días.

Emitido el informe, o transcurrido un plazo de quince días sin haberlo recibido, el Tribunal acordará lo procedente.

Acordada la suspensión, se comunicará a la Autoridad sancionadora, siendo aplicable a la efectividad de la suspensión lo dispuesto en el capítulo X de este título.

Art. 515. Todas las cuestiones incidentales que se suscitaren en el proceso, incluso las que se refieran a nulidad de actuaciones, se sustanciarán en piezas separadas y sin suspender el curso de los autos.

Art. 516. La nulidad de un acto no implicará la de los sucesivos que fueren independientes del mismo.

El Tribunal que pronunciare la nulidad de actuaciones deberá disponer, siempre que fuere posible, la conservación de aquellos actos cuyo contenido hubiere permanecido el mismo, de no haberse cometido la infracción origen de la nulidad.

Art. 517. Cuando se alegare que alguno de los actos de las partes no reúne los requisitos dispuestos en el presente título y en los precedentes de este Libro, la que se hallare en tal supuesto podrá subsanar el defecto dentro de los diez días siguientes a aquel en que se notifique el escrito que contenga la alegación.

Cuando el Tribunal apreciare de oficio la existencia de alguno de los defectos a que se refiere el párrafo anterior, dictará providencia en la que los reseñará y otorgará el mencionado plazo para la subsanación, con suspensión, en su caso, del fijado para dictar sentencia.

TITULO V

Del procedimiento contencioso-disciplinario militar preferente y sumario

Art. 518. Contra los actos de la Administración sancionadora que afecten al ejercicio de los derechos fundamentales de la persona, mencionados en el artículo 453 de esta Ley (21), podrá interponerse recurso

(21) Véase la nota a dicho artículo.

Ap. 12 contencioso-disciplinario militar preferente y sumario de conformidad con las reglas de procedimiento establecidas para el procedimiento contencioso-disciplinario militar ordinario con las siguientes modificaciones:

a) Será parte en el procedimiento la Fiscalía Jurídico Militar.

b) Para la interposición de este recurso no será necesario el recurso de reposición ni la utilización de cualquier otro previo en vía disciplinaria, salvo cuando se trate de sanciones por falta leve que se precisará haber agotado la vía disciplinaria.

c) Quien ostente la representación y defensa de la Administración sancionadora no podrá allanarse a la demanda.

d) Para que proceda la acumulación de actuaciones deberán ser todas las pretensiones objeto de procedimiento contencioso-disciplinario militar preferente y sumario.

e) El recurso se interpondrá dentro de los cinco días siguientes a la notificación del acto impugnado, si fuera expreso. En caso de silencio administrativo, el plazo anterior se computará una vez transcurridos diez días desde la solicitud del sancionado, ante la Administración sancionadora, sin necesidad de denunciar la mora.

Los demás plazos señalados para el procedimiento contencioso-disciplinario militar ordinario quedarán reducidos a cinco días los superiores a este plazo, salvo el recibimiento a prueba que será de diez días comunes para proponer y practicar. La sentencia se dictará en el plazo de tres días.

f) Cuando se solicite la suspensión del acto impugnado, el Tribunal oirá a las otras partes en el plazo de tres días y resolverá en el plazo de otros tres, ponderando la defensa del derecho fundamental alegado con los intereses de la disciplina militar.

g) La resolución que ordene la remisión del expediente se notificará de inmediato a las partes emplazándoles para que puedan comparecer ante el Tribunal en el plazo de cinco días. La falta de envío del expediente dentro del plazo previsto y la de alegaciones por parte de la Administración sancionadora no suspenderá el curso de los autos.

h) No se dará vista, que será sustituida por el trámite de conclusiones que determina el artículo 489.

i) La tramitación de estos recursos tendrá carácter urgente a todos los efectos orgánicos y procesales.

j) La puesta de manifiesto de las actuaciones se sustituirá, cuando sea posible, por la entrega de copia de las mismas, debidamente cotejada.

k) Para la tramitación y resolución del recurso contencioso-disciplinario militar preferente y sumario, los Tribunales Militares se constituirán en la forma que determinan los artículos 41.3 y 51.3 de la Ley Orgánica de Competencia y Organización de la Jurisdicción Militar (22).

....

---

(22) Los citados artículos establecen:

«Art. 41. La Sala de Justicia del Tribunal Militar Central se constituirá de la siguiente forma:

....

Primera. La Ley de Enjuiciamiento Criminal y sus disposiciones complementarias, serán aplicables a los procedimientos penales militares, que se regirán por dichas normas en cuanto no se regule y no se oponga a la presente Ley.

Segunda. Se añadirá un párrafo final al artículo cuarto de la Ley Orgánica 12/1985, de 27 de noviembre, del Régimen Disciplinario de las Fuerzas Armadas, del siguiente tenor:

«La incoación de un expediente disciplinario por falta grave o de un expediente gubernativo será comunicada al Fiscal Jurídico Militar, con remisión de copia del escrito que los inicia».

Tercera. El párrafo primero del artículo 56 de la Ley Orgánica 12/1985, de 27 de noviembre, del Régimen Disciplinario de las Fuerzas Armadas, quedará redactado como sigue:

«Las notas desfavorables a que hace referencia el artículo anterior serán canceladas a instancia del interesado una vez transcurrido el plazo de un año, cuando se trate de falta leve, o de dos años si es falta grave».

Cuarta. El párrafo segundo del artículo 77 de la Ley Orgánica 12/1985, de 27 de noviembre, del Régimen Disciplinario de las Fuerzas Armadas, quedará redactado como sigue:

«Las notas desfavorables serán canceladas una vez transcurrido el plazo de cuatro años, y de conformidad con el procedimiento establecido para las faltas graves en los artículos 55 a 58 de la presente Ley».

Quinta. La disposición adicional cuarta de la Ley Orgánica 12/1985, de 27 de noviembre, del Régimen Disciplinario de las Fuerzas Armadas, quedará redactada como sigue:

«La Ley de Procedimiento Administrativo y la Ley Procesal Militar serán de aplicación subsidiaria en todas las cuestiones de procedimiento y de recurso no previstas en esa Ley».

Sexta. El artículo 12.1 de la Ley Orgánica 4/1987, de 15 de julio, de la Competencia y Organización de la Jurisdicción Militar, quedará redactado como sigue:

«Los comprendidos en el Código Penal Militar. Salvo lo dispuesto en el artículo 14, en todos los demás casos la Jurisdicción Militar conocerá

---

3. Por su Auditor Presidente y dos Vocales Togados, para conocer del resto de los asuntos de su competencia.

Art. 51. Cada una de las secciones del Tribunal Militar Territorial se constituirá de la siguiente forma:

....

3. Por su Auditor Presidente o quien le sustituya y dos Vocales Togados para conocer del resto de los asuntos de su competencia».

de los delitos comprendidos en el Código Penal Militar, incluso en aquellos supuestos en que, siendo susceptibles de ser calificados con arreglo al Código Penal común, les corresponda pena más grave con arreglo a este último, en cuyo caso se aplicará éste».

Séptima. El artículo 71 de la Ley Orgánica de la Competencia y Organización de la Jurisdicción Militar quedará redactado como sigue:

«El conocimiento de los delitos competencia de la Jurisdicción Militar cometidos en el extranjero, siempre que no se trate de alguno de los supuestos previstos en los artículos 63 y 64, corresponderá a los Juzgados Togados Militares y Tribunales Militares, con sede en Madrid, según sus respectivas atribuciones».

Octava. Las solicitudes de indulto que se promuevan por los condenados en la Jurisdicción Militar y las propuestas de conmutación o indulto que promuevan los Tribunales Militares, así como los expedientes que se tramiten, se ajustarán a lo previsto en la legislación común sobre la materia, salvo en lo que se especifica en las reglas siguientes.

Denegada una petición de indulto no podrá solicitarse nuevamente la gracia hasta transcurrido un año de notificada la denegación, salvo que apareciesen circunstancias nuevas y excepcionales que aconsejaran dar curso a la petición.

Regla primera.—No podrá indultarse ninguna pena principal o accesoria que esté cumplida. Tampoco podrá indultarse la pena de pérdida de empleo, sino en virtud de una Ley.

Los efectos de las penas, tanto principales como accesorias, no podrán indultarse separadamente de las penas en que tienen su origen los citados efectos, sin perjuicio de lo dispuesto para la pena de pérdida de empleo en el párrafo anterior. Para que el indulto alcance a los efectos de las penas, habrá de declararse así expresamente en la concesión.

Regla segunda.—Las facultades que al Ministro de Justicia confiere la legislación común, se entenderán referidas al Ministro de Defensa.

El Tribunal sentenciador, a efectos de los trámites de indulto, será el Tribunal *a quo*.

Las instancias de solicitud de indulto se dirigirán al Ministro de Defensa y se entregarán por quienes las promuevan, en caso de encontrarse en prisión el condenado, al Gobernador o Director del Establecimiento, el cual las documentará con la hoja histórico-penal, así como informe de conducta en prisión del mismo, remitiéndolas al Tribunal sentenciador.

El Tribunal sentenciador que reciba instancias de indulto, total o parcial, de algún condenado, oirá al Fiscal Jurídico Militar sobre la procedencia de acceder o no, total o parcialmente, a la gracia solicitada, y con su propio informe y testimonio de la sentencia la remitirá al Ministro de Defensa.

El Ministro de Defensa, previo informe de la Asesoría Jurídica General del Departamento, elevará su propuesta al Consejo de Ministros.

Regla tercera.—Si el condenado no estuviera en prisión, la solicitud de indulto se presentará ante el Tribunal sentenciador, el cual procederá de la misma forma que se indica en el artículo anterior.

Regla cuarta.—Si la petición de gracia se basara en razones de carácter objetivo cuya realidad no constara, el Tribunal sentenciador podrá ordenar, de oficio o a instancia del Fiscal Jurídico Militar, las indagaciones precisas para confirmarlas, antes de elevar la petición (23).

Novena.—Se suprime el último párrafo del artículo 99 del Código Penal Militar.

DISPOSICIÓN TRANSITORIA

Los procedimientos que a la entrada en vigor de la presente Ley se encuentren en período de sumario se regirán por los trámites en ella dispuestos, con las siguientes excepciones:

1.ª Los instruidos por delitos comprendidos en el artículo 384 de esta Ley, se tramitarán por las normas del procedimiento regulado en el libro II.

2.ª En los procedimientos que se hubieran elevado en el trámite del artículo 712 del Código de Justicia Militar, el Tribunal sin más trámites determinará si abre el período del juicio oral o, por el contrario, lo devuelve al Juez Togado para la práctica de diligencias. En ambos casos se continuará el procedimiento conforme a lo regulado en esta Ley.

Los procedimientos que a la entrada en vigor de esta Ley se encuentren en período de plenario o en trámite de vista y fallo, se regirán por las normas del título III del libro II de esta Ley, quedando convalidadas las actuaciones practicadas hasta entonces.

Las diligencias previas que actualmente se tramitan por Jueces Togados, se regirán por las normas previstas en la sección primera del capítulo II del título I del libro II de esta Ley.

DISPOSICIÓN DEROGATORIA

Quedan derogados: El Decreto de 11 de julio de 1934, sobre Detención de Militares, el Tratado tercero del Código de Justicia Militar, de 17 de julio de 1945, los artículos 4.°, 5.° y 6.° de la Ley Orgánica 9/1980, de 6 de noviembre, así como cuantas disposiciones se opongan a lo establecido en esta Ley Orgánica.

DISPOSICIÓN FINAL

Esta Ley tiene naturaleza Orgánica, a excepción del capítulo I del título V del Libro I; capítulo II del título I del libro II, salvo el artícu-

(23) Véase la disposición final.

Ap. 12 lo 141; capítulo V, salvo el artículo 183, capítulo XI, capítulo XII, salvo los artículos 245 y 246, y capítulo XIII del título II del libro II; título IV, salvo los artículos 334 y 337 del libro II; capítulo II del título I del libro III; título III, título IV, salvo los artículos 407 y 415, y título V del libro III; título II de la parte primera del libro IV, salvo el artículo 464; título IV, salvo el artículo 504, y los capítulos X y XI, de la parte primera del libro IV; parte segunda del libro IV, y disposición adicional octava, que tienen el carácter de Ley ordinaria.

CONFLICTOS JURISDICCIONALES

APENDICE 13

LEY ORGANICA 2/1987, DE 18 DE MAYO (JEFATURA DEL ESTADO), DE CONFLICTOS JURISDICCIONALES

(«BOE» núm. 120, de 20 de mayo de 1987)

La ordenación actual de los conflictos jurisdiccionales está contenida en la Ley de 17 de julio de 1948 que, inspirada en el principio de concentración de poder propio de un régimen autoritario, atribuyó al Jefe del Estado la competencia para resolver por Decreto tales conflictos. Tal principio es incompatible con nuestro ordenamiento constitucional y con la posición que en el mismo ocupa el Rey. La Ley Orgánica 6/1985, de 1 de julio, del Poder Judicial, ha solucionado esa primera incompatibilidad con la Constitución, al otorgar a órganos mixtos, formados por representantes del Poder Judicial y del Consejo de Estado, en unos casos, y de aquél y de la jurisdicción militar, en otros, siempre bajo la presidencia de la más alta autoridad judicial de la nación, la competencia para la resolución de los conflictos de jurisdicción.

No obstante, la ordenación procedimental de la resolución de los conflictos ha de ser modificada para cubrir las insuficiencias que aún son imputables a la Ley de 1948. En efecto, la nueva organización de los poderes del Estado hace precisa una nueva y correlativa enumeración de los órganos legitimados para suscitar los conflictos. Desde el punto de vista del Poder Judicial tal legitimación se extiende a todos sus órganos, a diferencia de lo que dispone la Ley de 1948. Desde el punto de vista de las Administraciones públicas, la Ley, congruente con la nueva organización territorial del Estado, extiende la legitimación a las Comunidades Autónomas y a las diversas Administracioness Locales, asumiendo así, en lo que a estas últimas respecta, la doctrina del Tribunal Constitucional.

La regulación del procedimiento para el planteamiento y la resolución de los conflictos es objeto de una notoria simplificación. Esta es especialmente visible en la regulación de los llamados conflictos negativos, inspirada en la que se contiene en la Ley Orgánica del Tribunal Constitucional.

La Ley no contiene norma alguna sobre las llamadas «competencias» como conflictos intrajurisdiccionales que son, ni sobre los –«conflictos de atribuciones». Las «competencias» están hoy reguladas bajo el nombre de «conflictos de competencia» en el capítulo II del título III del libro I de la Ley Orgánica del Poder Judicial. Los conflictos de atribuciones, en todo aquello que no son conflictos sometidos a la Ley Orgánica del Tribunal Constitucional, han de ser objeto de una norma distinta. La exclusión de esta materia hace imposible proceder a la derogación total e incondicionada de la Ley de 17 de julio de 1948.

CAPITULO PRIMERO

DE LOS CONFLICTOS DE JURISDICCIÓN ENTRE LOS JUZGADOS O TRIBUNALES Y LA ADMINISTRACIÓN (1)

Artículo 1.° Los conflictos de jurisdicción entre los Juzgados o Tribunales y la Administración, serán resueltos por el órgano colegiado a que se refieren el artículo 38 de la Ley Orgánica 6/1985, de 1 de julio (2), del Poder Judicial, que recibirá el nombre de Tribunal de Conflictos de Jurisdicción.

Art. 2.° Cualquier Juzgado o Tribunal podrá plantear conflictos jurisdiccionales a la Administración. Sin embargo, los Juzgados de Paz tramitarán la cuestión al Juez de Primera Instancia e Instrucción que, de estimarlo, actuará conforme a lo dispuesto en el artículo 9.°

Art. 3.° Podrán plantear conflictos de jurisdicción a los Juzgados y Tribunales.

1.° En la Administración del Estado:

a) Los miembros del Gobierno.

b) Los Delegados del Gobierno en las Comunidades Autónomas.

c) Los Generales con mando de región militar o zona militar, los Almirantes con mando de zona marítima, el Almirante Jefe de la jurisdicción central, el Comandante General de la Flota y los Generales Jefes de región aérea o zona aérea.

d) Los Gobernadores civiles.

e) Los Delegados de Hacienda.

---

(1) Véase el artículo 30.

(2) Figura como apéndice 1.

2.° En la Administración autonómica, el órgano que señale el correspondiente Estatuto de Autonomía. A falta de previsión en el Estatuto de Autonomía, podrán plantear conflictos el Consejo de Gobierno de la Comunidad Autónoma o cualquiera de sus miembros, por conducto del Presidente.

3.° En la Administración local:

a) Los Presidentes de las Diputaciones Provinciales u órganos de la Administración local de ámbito provincial.

b) Los Presidentes de los Cabildos y Consejos Insulares.

c) Los Alcaldes Presidentes de los Ayuntamientos (3).

Art. 4.° 1. Cuando los demás órganos de las Administraciones públicas estimen que deben proponer la promoción de un conflicto jurisdiccional en defensa de su esfera de competencias, podrán solicitar su planteamiento al órgano correspondiente de los mencionados en el artículo anterior. A tal efecto, se dirigirán a él por conducto reglamentario, destacando los motivos que aconsejen el planteamiento del conflicto y razonando, con invocación de los preceptos legales en que se funde, los términos de la propuesta.

2. Si el órgano que recibió la propuesta decide aceptarla, promoverá el conflicto y dirigirá las demás actuaciones que se sigan, sin perjuicio de recabar del órgano solicitante toda la información que necesite.

Art. 5.° Sólo los titulares de los órganos a que se refiere el artículo 3 podrán plantear conflictos de jurisdicción a los Juzgados y Tribunales, y únicamente lo harán para reclamar el conocimiento de los asuntos que, de acuerdo con la legislación vigente, les corresponda entender a ellos mismos, a las autoridades que de ellos dependan, o a los órganos de la Administración pública en los ramos que representan.

Art. 6.° No podrán plantearse conflictos frente a la iniciación o seguimiento de un procedimiento de *habeas corpus* o de adopción en el mismo de las resoluciones de puesta en libertad o a disposición judicial.

Art. 7.° No podrán plantearse conflictos de jurisdicción a los Juzgados y Tribunales en los asuntos judiciales resueltos por auto o sentencia firmes o pendientes sólo de recurso de casación o de revisión, salvo cuando el conflicto nazca o se plantee con motivo de la ejecución de aquéllos o afecte a facultades de la Administración que hayan de ejercitarse en trámite de ejecución.

Art. 8.° Los Jueces y Tribunales no podrán suscitar conflictos de jurisdicción a las Administraciones públicas en relación con los asuntos ya resueltos por medio de acto que haya agotado la vía administrativa, salvo cuando el conflicto verse sobre la competencia para la ejecución del acto.

Art. 9.° 1. El Juez o Tribunal que, por su propia iniciativa o a instancia de parte, considere de su jurisdicción un asunto de que está conociendo un órgano administrativo, deberá, antes de requerirle de inhibi-

(3) Véanse los artículos 9.1 y 10.3.

ción, solicitar el informe del Ministerio Fiscal, que habrá de evacuarlo en plazo de cinco días. Si decide a su vista formalizar el conflicto de jurisdicción, dirigirá directamente al órgano que corresponda de los enumerados en el artículo 3, un requerimiento de inhibición citando los preceptos legales que sean de aplicación al caso y aquellos en que se apoye para reclamar el conocimiento del asunto.

2. El órgano requerido, una vez que reciba el oficio de inhibición, dará vista, si los hubiere, a los interesados en el procedimiento, para que se pronuncien en el plazo común de diez días, debiendo, en nuevo término de cinco días, pronunciar si mantiene su jurisdicción o si acepta la solicitud de inhibición. Contra esta decisión no cabrá recurso alguno (4).

Art. 10. 1. Cuando un órgano administrativo de los habilitados especialmente para ello por esta Ley entienda, de oficio o a instancia de parte, que debe plantear a un Juzgado o Tribunal un conflicto de jurisdicción, dará, en primer lugar, audiencia a los interesados en el expediente, si los hubiere.

2. Si el órgano administrativo acuerda, cumpliendo los requisitos establecidos por las normas sobre procedimiento administrativo y, en su caso, las previsiones de la presente Ley, tomar la iniciativa para plantear el conflicto de jurisdicción, dirigirá oficio de inhibición al Juez o Tribunal que esté conociendo de las actuaciones, expresando los preceptos legales a que se refiere el artículo 9.1.

3. Si el órgano que planteara el conflicto fuere uno de los comprendidos en el número 3, del artículo 3, el acuerdo de suscitarlo deberá ser adoptado, en todo caso, por la mayoría absoluta de los miembros del Pleno de la Corporación, previo informe del Secretario, quien deberá emitirlo en un plazo no superior a diez días.

4. Recibido el requerimiento, el Juez o Tribunal dará vista a las partes y al Ministerio Fiscal por plazo común de diez días para que se pronuncien y dictará auto, en el plazo de cinco días, manteniendo o declinando su jurisdicción.

5. Si el Juez o Tribunal declinara su competencia podrán las partes personadas y el Ministerio Fiscal interponer recurso de apelación ante el órgano jurisdiccional superior, a cuya resolución se dará preferencia y sin que contra ella quepa ulterior recurso. Los autos que dicte el Tribunal Supremo no serán, en ningún caso, susceptibles de recurso (5).

Art. 11. 1. El órgano administrativo o jurisdiccional, tan pronto como reciba el oficio de inhibición, suspenderá el procedimiento en lo que se refiere al asunto cuestionado, hasta la resolución del conflicto, adoptando, en todo caso, con carácter provisional, aquellas medidas imprescindibles para evitar que se eluda la acción de la justicia, que se cause grave perjuicio al interés público o que se originen daños graves e irreparables.

---

(4) Véanse el artículo 2 y la disposición adicional cuarta.

(5) Véase la disposición adicional cuarta.

2. Cuando el requerimiento se dirija a un órgano jurisdiccional del orden penal o que esté conociendo de un asunto tramitado por el procedimiento preferente para la tutela de los derechos y libertades fundamentales previsto en el artículo 53.2 de la Constitución no se suspenderá el procedimiento, sino, en su caso, hasta el momento de dictar sentencia. El Tribunal de conflictos otorgará preferencia a la tramitación de los conflictos en que concurran estas circunstancias (6).

3. Al remitirse las actuaciones al Tribunal de conflictos se expresarán las medidas que, en su caso, se hubieren adoptado en cumplimiento de lo dispuesto en el párrafo primero de este artículo.

Art. 12. 1. Cuando el requerido muestre su conformidad con el oficio de inhibición lo hará saber, en el plazo de cinco días, al órgano que tomó la iniciativa, remitiéndole las actuaciones y extendiendo la oportuna diligencia, sin perjuicio de lo previsto en el párrafo 5 del artículo 10.

2. Si el requerido decide mantener su jurisdicción, oficiará inmediatamente al órgano administrativo o Tribunal requirente, anunciándole que queda así formalmente planteado el conflicto de jurisdicción, y que envía en el mismo día las actuaciones al Presidente del Tribunal de conflictos, requiriéndole a que él haga lo propio en el mismo día de recepción. Ello, no obstante, requirente y requerido conservarán, en su caso, testimonio de lo necesario para realizar las actuaciones provisionales que hayan de adoptarse o mantenerse para evitar que se eluda la acción de la justicia, que se cause grave perjuicio al interés público o que se originen daños graves e irreparables.

Art. 13. 1. Quien viere rechazado el conocimiento de un asunto de su interés tanto por el Juez o Tribunal como por el órgano administrativo que él estime competentes, podrá instar un conflicto negativo de jurisdicción.

2. Una vez que se haya declarado incompetente, en resolución firme, la autoridad judicial o administrativa a la que inicialmente se hubiese dirigido, el interesado se dirigirá, acompañando copia auténtica o testimonio fehaciente de la resolución denegatoria dictada, a la otra autoridad.

3. Si también se declara incompetente, el interesado podrá formalizar sin más trámites y en el plazo improrrogable de quince días el conflicto negativo de jurisdicción, mediante escrito dirigido al Tribunal de conflictos de jurisdicción al que se unirán copias de las resoluciones de las autoridades administrativa y judicial, que se presentará ante el órgano jurisdiccional que se hubiera declarado incompetente. Este elevará las actuaciones al Tribunal de conflictos de jurisdicción y requerirá al órgano administrativo que hubiera intervenido para que actúe de igual forma, todo ello en plazo de diez días.

4. En todo caso se notificarán al interesado las resoluciones que se adopten (7).

---

(6) Véase el artículo 24.

(7) Véase la disposición adicional cuarta.

Art. 14. 1. Para resolver cualquier conflicto de jurisdicción, el Tribunal de conflictos dará vista de las actuaciones al Ministerio Fiscal y a la Administración interviniente por plazo común de diez días, dictando sentencia dentro de los diez días siguientes.

2. Las actuaciones del Tribunal de conflictos jurisdiccionales se regirán, en cuanto a deliberación y votación, por lo previsto en el título III del libro III de la Ley Orgánica 6/1985, de 1 de julio, del Poder Judicial (8), sin perjuicio del voto de calidad que corresponde al Presidente en caso de empate.

Art. 15. 1. Si en cualquier momento anterior a la sentencia apreciare el Tribunal la existencia de irregularidades procedimentales de tal entidad que impidan la formulación de un juicio fundado acerca del contenido del conflicto planteado, pero que puedan ser subsanadas, oficiará al contendiente o contendientes que hubieren ocasionado las irregularidades, dándoles a su discreción un breve plazo para subsanarlas.

2. Igualmente, el Tribunal podrá, si lo estima conveniente para formar su juicio, requerir a las partes en conflicto o a otras autoridades, para que en el plazo que señale le remitan los antecedentes que estime pertinentes.

3. De estimar el Tribunal de Conflictos de Jurisdicción que a través de las actuaciones previstas en los párrafos anteriores se han incorporado nuevos datos relevantes, dará nueva vista al Ministerio Fiscal y a la Administración pública contendiente, por plazo común de cinco días, y en los diez días siguientes dictará su sentencia.

Art. 16. 1. El Tribunal de Conflictos de Jurisdicción podrá apercibir o imponer multa, no superior a 50.000 pesetas, a aquellas personas, investidas o no de poder público, que no prestaren la necesaria colaboración y diligencia para la tramitación de los conflictos de jurisdicción, previo, en todo caso, el pertinente requerimiento.

2. La multa a que hace referencia el párrafo anterior podrá ser reiterada, si es preciso, y se impondrá sin perjuicio de las demás responsabilidades a que hubiere lugar (9).

Art. 17. 1. La sentencia declarará a quién corresponde la jurisdicción controvertida, no pudiendo extenderse a cuestiones ajenas al conflicto jurisdiccional planteado.

2. El Tribunal podrá también declarar que el conflicto fue planteado incorrectamente, en cuyo caso ordenará la reposición de las actuaciones al momento en que se produjo el defecto procedimental.

Art. 18. 1. El Tribunal de conflictos podrá imponer una multa no superior a 100.000 pesetas, a aquellas personas, investidas o no de poder público, que hubieren promovido un conflicto de jurisdicción con manifiesta temeridad o mala fe o para obstaculizar el normal funcionamiento de la Administración o de la Justicia.

---

(8) Artículos 233 y 253 y siguientes a la citada Ley.

(9) Véase la disposición adicional primera.

2. Igual sanción podrá imponerse a la autoridad administrativa o judicial que, por haberse declarado incompetente de forma manifiestamente injustificada, hubiere dado lugar a un conflicto de jurisdicción.

3. Lo dispuesto en los párrafos anteriores se entiende sin perjuicio de la exigencia de las demás responsabilidades a que hubiere lugar.

Art. 19. La sentencia se notificará inmediatamente a las partes y se publicará en el «Boletín Oficial del Estado», devolviéndose las actuaciones a quien corresponda.

Art. 20. 1. Contra las sentencias del Tribunal de Conflictos de Jurisdicción no cabrá otro recurso que el de amparo constitucional, cuando proceda. No obstante, podrá interponerse escrito de aclaración en los tres días siguientes a la notificación de la sentencia.

2. Las demás resoluciones del Tribunal de conflictos serán susceptibles de recurso de súplica ante el propio Tribunal que se interpondrá en los tres días siguientes a la notificación de la resolución recurrida.

Art. 21. El procedimiento para la sustanciación y resolución de los conflictos de jurisdicción será gratuito (10).

CAPITULO II

DE LOS CONFLICTOS DE JURISDICCIÓN ENTRE LOS JUZGADOS O TRIBUNALES Y LA JURISDICCIÓN MILITAR (11)

Art. 22. Los conflictos de jurisdicción entre los Juzgados y Tribunales ordinarios y los órganos de la jurisdicción militar serán resueltos por la Sala a que se refiere el artículo 39 de la Ley Orgánica del Poder Judicial, que se denominará Sala de Conflictos de Jurisdicción.

Art. 23. 1. El Juez o Tribunal que, por propia iniciativa o a instancia de parte, considere de su jurisdicción un asunto del que esté conociendo un órgano de la jurisdicción militar, solicitará el informe del Ministerio Fiscal, que deberá evacuarlo en término de cinco días. Si decide a su vista formalizar el conflicto de jurisdicción, se dirigirá directamente al órgano de la jurisdicción militar requerido.

2. Si un órgano de la jurisdicción militar considera de su jurisdicción un asunto del que esté conociendo un Juez o Tribunal ordinario, solicitará el parecer del Fiscal Jurídico Militar. Si visto éste, decide formalizar el conflicto, se dirigirá directamente al Juez o Tribunal requerido.

---

(10) Véanse el artículo 29 y la disposición adicional cuarta.

(11) El artículo 19 de la Ley Orgánica 4/1987, de 15 de julio («BOE» núm. 171, de 18 de julio), de la Competencia y Organización de la Jurisdicción Militar, dispone:

«Todos los órganos judiciales militares podrán promover y sostener conflictos de jurisdicción con las Administraciones públicas y con los Juzgados y Tribunales de la jurisdicción ordinaria.

El procedimiento para su tramitación será el establecido en la Ley de Conflictos Jurisdiccionales».

3. En los dos supuestos previstos en los párrafos anteriores, el requerimiento deberá ir acompañado de una exposición de los argumentos jurídicos y preceptos legales en que se funda (12).

Art. 24. Recibido el requerimiento, el órgano requerido actuará según lo previsto en los párrafos 1 y, en su caso, 2 del artículo 11, y dará vista a las partes y al Ministerio Fiscal o Fiscal Jurídico Militar, según corresponda, por plazo común de diez días, transcurrido el cual dictará auto, contra el que no cabrá recurso alguno, manteniendo o declinando su jurisdicción.

Art. 25. Cuando el requerido muestre su conformidad con el oficio de inhibición, lo hará saber inmediatamente al órgano que tomó la iniciativa, remitiéndole las actuaciones y extendiendo la oportuna diligencia (12).

Art. 26. 1. Si el requerido decide mantener su jurisdicción, lo comunicará inmediatamente al órgano requirente, anunciándole que queda así planteado formalmente el conflicto de jurisdicción y que envía en el mismo días las actuaciones a la Sala de Conflictos de Jurisdicción, instándole a que él haga lo propio.

2. No obstante, ambos órganos conservarán los testimonios precisos para garantizar las medidas cautelares que, en su caso, hubiera adoptado (12).

Art. 27. 1. Quien viere rechazado el conocimiento de un asunto de su interés, tanto por los Jueces y Tribunales ordinarios como por los órganos de la jurisdicción militar, podrá instar un conflicto negativo de jurisdicción.

2. A tal fin, deberá agotar la vía jurisdiccional, ordinaria o militar, por la que inicialmente hubiera deducido su pretensión, y se dirigirá después a la alternativa, acompañando copia auténtica o testimonio fehaciente de la resolución denegatoria dictada por los órganos de la jurisdicción a la que inicialmente se dirigió.

3. Si también este órgano jurisdiccional se declara incompetente, podrá formalizar sin más trámite, y en el plazo improrrogable de quince días, el conflicto negativo de jurisdicción, mediante escrito dirigido a la Sala de Conflictos de Jurisdicción, al que se acompañarán copias de las resoluciones de los órganos de la jurisdicción ordinaria y militar, y que se presentará ante el órgano de aquélla que se hubiera declarado incompetente. Este elevará las actuaciones a la Sala de Conflictos, y requerirá al órgano de la jurisdicción militar que hubiera intervenido para que actúe de igual forma, todo ello en el plazo de diez días (12).

4. En todo caso, se notificarán al interesado las resoluciones que se adopten.

Art. 28. Recibidas las actuaciones, la Sala de Conflictos de Jurisdicción dará vista de las mismas al Ministerio Fiscal y al Fiscal Jurídico Militar, por plazo de quince días, dictando sentencia dentro de los diez días siguientes.

---

(12) Véase la disposición adicional cuarta.

Art. 29. Será de aplicación, para la tramitación de los conflictos regulados en este capítulo, lo dispuesto en los artículos 15 a 21 de la presente Ley, sin más especialidades que las derivadas de la sustitución de la autoridad administrativa por los órganos correspondientes de la jurisdicción militar.

CAPITULO III

DE LOS CONFLICTOS DE JURISDICCIÓN ENTRE LOS JUZGADOS O TRIBUNALES DE LA JURISDICCIÓN MILITAR Y LA ADMINISTRACIÓN

Art. 30. Lo dispuesto en esta Ley en su capítulo I, es aplicable en su totalidad a los conflictos de jurisdicción que surjan entre los Juzgados o Tribunales de la jurisdicción militar y la Administración, sin más que entender referida la expresión Juzgados o Tribunales del articulado del capítulo a los Juzgados Militares o Tribunales Militares y la del Ministerio Fiscal, a la Fiscalía Jurídico Militar (13).

CAPITULO IV

DE LOS CONFLICTOS CON LA JURISDICCIÓN CONTABLE

Art. 31. 1. Los conflictos de jurisdicción que se susciten entre los órganos de la jurisdicción contable y la Administración y los que surjan entre los primeros y los órganos de la jurisdicción militar, serán resueltos por el Tribunal de Conflictos de Jurisdicción y por la Sala de Conflictos de Jurisdicción, respectivamente, según el procedimiento establecido en la presente Ley Orgánica (14).

2. A los efectos de los conflictos de competencia y cuestiones de competencia regulados en los capítulos II y III del título III de la Ley Orgánica 6/1985, de 1 de julio, del Poder Judicial, los órganos de la jurisdicción contable se entenderán comprendidos en el orden jurisdiccional contencioso-administrativo.

DISPOSICIONES ADICIONALES

Primera.—Se autoriza al Gobierno para revisar la cuantía de las multas previstas en los artículos 16 y 18, a fin de adaptarla a las modifica-

---

(13) Véase la nota al epígrafe que procede al artículo 22 de la presente Ley Orgánica.

(14) El artículo 50 de la Ley 7/1988, de 5 de abril («BOE núm. 84, del 7), de Funcionamiento del Tribunal de Cuentas, dispone:

«Los conflictos que se susciten entre los órganos de la jurisdicción contable y la Administración o las restantes jurisdiccionales serán resueltos de conformidad con lo dispuesto en la Ley Orgánica de Conflictos Jurisdiccionales».

ciones del índice de precios al consumo, así como para dictar las disposiciones necesarias para el desarrollo y ejecución de la presente Ley.

Segunda.—Al artículo 12 de la Ley Orgánica 3/1980, de 22 de abril, del Consejo de Estado, se añadirá un nuevo párrafo redactado en los siguientes términos:

«3. Sin perjuicio de las otras funciones que les encomiende la presente Ley Orgánica, tres Consejeros Permanentes designados para cada año por el Pleno a propuesta de la Comisión Permanente se integrarán en el Tribunal de Conflictos previsto en el artículo 38 de la Ley Orgánica 6/1985, de 1 de julio».

Tercera.—Se suprime el inciso «y cuestiones de competencia» que figura en el texto del párrafo séptimo del artículo 22 de la Ley Orgánica 3/1980, de 22 de abril, del Consejo de Estado.

Cuarta.—No tienen carácter orgánico los artículos 9, 10, 12, 13, 15, 17.2, 19, 20, 21, 23, 25, 26 y 27, así como las disposiciones adicional primera y transitoria primera.

DISPOSICIONES TRANSITORIAS

Primera.—Los conflictos jurisdiccionales en curso seguirán tramitándose, cualquiera que sea su estado, de acuerdo con lo dispuesto en la presente Ley Orgánica, si bien no retrocederán en su tramitación.

Segunda.—En tanto no se promulgue y entre en vigor la Ley Orgánica de competencia y organización de la jurisdicción militar (15), y a los efectos del artículo 30, tendrán competencia para promover y sostener conflictos jurisdiccionales con la Administración, las Autoridades Judiciales Militares que enumera el artículo 49 del Código de Justicia Militar y el Consejo Supremo de Justicia Militar, en el ámbito de sus respectivas competencias. Los autos que dicte el Consejo Supremo de Justicia Militar, a los efectos del número 5 del artículo 10, no serán susceptibles de recurso.

DISPOSICIONES DEROGATORIAS

Primera.—1. Quedan derogados:

a) La Ley de 17 de julio de 1948, de Conflictos Jurisdiccionales, salvo los artículos 48 a 53, ambos inclusive, subsistiendo la vigencia, a los solos efectos de lo dispuesto en dichos artículos, de los capítulos II y III.

b) El título III del libro I de la Ley de Enjuiciamiento Civil, cuyos artículos 125 a 152 quedan sin contenido y los artículos 48 a 50 de la Ley de Enjuiciamiento Criminal y 381 del Código Penal, que también quedan sin contenido.

(15) Véase la nota al epígrafe que precede al artículo 22 de la presente Ley Orgánica.

2. Quedan derogados, igualmente, los artículos 459 y 460 del Código de Justicia Militar, en cuanto tengan por objeto conflictos jurisdiccionales de los comprendidos en esta Ley, así como el artículo 462 del mismo Código.

Segunda.—Quedan derogadas, además, cuantas disposiciones se opongan a la presente Ley Orgánica.

MEDIDAS URGENTES DE REFORMA PROCESAL

APENDICE 14

LEY 10/1992, DE 30 DE ABRIL (JEFATURA DEL ESTADO), DE MEDIDAS URGENTES DE REFORMA PROCESAL

(«BOE núm. 108, de 5 de mayo de 1992)

Exposición de motivos

1

La toma de conciencia por nuestra ciudadanía de sus derechos democráticos produce un progresivo aumento de la litigiosidad. En respuesta a esta demanda se viene planteando la necesidad de modernización de nuestras normas procesales. Una reforma global del ordenamiento procesal es tarea que debe acometerse sin precipitaciones y ponderando cuantos elementos confluyen en los distintos procesos, al objeto de conseguir un resultado que revista la deseada funcionalidad.

Ello no empece, sin embargo, para que se afronten cuantas reformas legislativas de carácter parcial sean necesarias para un más eficaz funcionamiento de la Administración de Justicia. Antes al contrario, la perspectiva de una transformación de carácter general no puede hacer olvidar la realidad cotidiana ni impedir, por lo mismo, aquellas iniciativas de carácter parcial encaminadas a adaptar paulatinamente las normas procesales a las necesidades que la experiencia muestra ineludibles.

Este es, precisamente, el objetivo de la presente Ley, que afecta a tres, el civil, el penal y el contencioso-administrativo, de los órdenes jurisdiccionales.

Con independencia de sus concretos contenidos técnicos, de los que se dará cuenta más adelante, las reformas acometidas por esta Ley tienen un hilo conductor común: aprovechar los recursos a disposición de la Administración de Justicia y procurar, así, que esta última se imparta de la forma más rápida y eficaz posible, de acuerdo con las exigencias del artículo 24 de la Constitución.

....

4

El proceso contencioso-administrativo, en fin, también se ve afectado por la presente Ley.

Es, en efecto, necesario abordar, sin mayor dilación, la regulación del recurso de casación en el orden jurisdiccional contencioso-administrativo. Ello no obstará para que se continúen realizando cuantas actuaciones son necesarias para mejor adecuación de este procedimiento.

El recurso de casación en lo contencioso-administrativo —importante novedad en nuestro ordenamiento—, que, sin duda, ofrece algunas importantes peculiaridades, se mantiene, sin embargo, dentro de la línea típica de estas acciones de impugnación cuya finalidad básica es la protección de la norma y la creación de pautas interpretativas uniformes que presten la máxima seguridad jurídica conforme a las exigencias de un Estado de Derecho.

Junto al recurso de casación ordinario, de acceso limitado, se crea un recurso de casación para unificación de doctrina inspirado en el actual artículo 102.1.*b)* de la Ley de la Jurisdicción Contencioso-Administrativa y se mantiene la posibilidad impugnatoria ante el Tribunal Supremo hasta ahora vigente en interés de ley, si bien en forma casacional.

Del recurso de casación ordinario merece destacarse su exclusión en los casos de aplicación o interpretación del Derecho autonómico. La posible concurrencia de Derecho estatal y autonómico en una sentencia obliga a sentar el criterio de la relevancia e influencia de aquél en el fallo de la sentencia cuando su infracción se invoca como motivo de casación.

En el aspecto procedimental se regula el trámite de admisión, de particular importancia en un orden jurisdiccional en que son frecuentes las impugnaciones masivas que tienen identidad de soluciones, sin perjuicio de las demás finalidades que persigue este instrumento de depuración que libera al Tribunal de toda la tramitación de un procedimiento cuando carezca, *ab initio,* de sentido, en detrimento de su dedicación a aquellos que, sea cual sea su destino final, merezcan la atención del Tribunal.

El recurso de casación para unificación de doctrina se prevé para aquellos supuestos en que, no siendo posible el recurso de casación ordinario, exista contradicción entre sentencias de los Tribunales o con la doctrina del propio Tribunal Supremo. En ambos casos el recurso es más exigente en cuanto a su procedencia, al exigirse la identidad de litigantes o situaciones y de hechos, fundamentos y pretensiones que establece el actual artículo 102.1.*b)* de la Ley vigente.

El recurso de casación en interés de la Ley introduce la importante novedad de abrir su utilización a entidades que ostenten la representación de interés generales afectados por la resolución que se impugna, únicos interesados en una depuración de doctrina, carente, sin embargo, de relevancia práctica para el caso concreto que se enjuicia.

....

CAPITULO III

REFORMAS DEL PROCESO CONTENCIOSO-ADMINISTRATIVO

Artículo 7.° *Modificación de la Ley reguladora de la Jurisdicción Contencioso-Administrativa.*—Los artículos y rúbricas que a continuación se relacionan de la Ley de la Jurisdicción Contencioso-Administrativa, de 27 de diciembre de 1956, tendrán la siguiente redacción:

....

DISPOSICIÓN TRANSITORIA TERCERA. —RÉGIMEN DE RECURSOS EN EL ORDEN CONTENCIOSO-ADMINISTRATIVO

1. El régimen de recursos regulado en esta Ley será de plena aplicación a las resoluciones judiciales que se dicten por los órganos del orden jurisdiccional contencioso-administrativo con posterioridad a su entrada en vigor y a las que siendo de fecha anterior no hayan ganado firmeza por no haber transcurrido el plazo establecido en la normativa precedente para interponer el recurso de apelación cuando procediera. En este último caso, el plazo para la formulación del escrito de preparación del recurso de casación, si procediere, comenzará a contarse a partir de la entrada en vigor de esta Ley.
2. Los recursos de apelación interpuestos con anterioridad a la entrada en vigor de esta Ley se regirán por la normativa anterior. Esto, no obstante, será de aplicación directa lo dispuesto en esta Ley sobre la inadmisibilidad del recurso de casación cuando el recurso careciera manifiestamente de fundamento o se hubieren desestimado en el fondo otros recursos sustancialmente iguales, a cuyo efecto la Sala de lo Contencioso-Administrativo del Tribunal Supremo podrá abrir el incidente de inadmisión cualquiera que fuera el estado de tramitación.

....

DISPOSICIÓN DEROGATORIA SEGUNDA.—DEROGACIÓN DE NORMAS REGULADORAS DEL PROCESO CONTENCIOSO-ADMINISTRATIVO

Quedan derogadas las normas reguladoras del recurso de apelación en materia contencioso-administrativa previstas en cualquier disposición legal, sin perjuicio de la procedencia del recurso de casación, en su caso, y en los términos previstos en la presente Ley.

Disposición derogatoria tercera.—Cláusula general de derogación

Quedan derogadas cuantas disposiciones de igual o inferior rango se opongan a lo establecido en la presente Ley.

....

Disposición final cuarta. Modificación de la Ley Orgánica Procesal Militar

El artículo 503 de la Ley Orgánica 2/1989, de 13 de abril, Procesal Militar, queda redactado de la forma siguiente:

....

Disposición final quinta.—Entrada en vigor

Esta Ley entrará en vigor al día siguiente de su publicación en el «Boletín Oficial del Estado».

PROCEDIMIENTO ADMINISTRATIVO COMUN

APENDICE 15

LEY 30/1992, DE 26 DE NOVIEMBRE (JEFATURA DEL ESTADO), DE REGIMEN JURIDICO DE LAS ADMINISTRACIONES PUBLICAS Y DEL PROCEDIMIENTO ADMINISTRATIVO COMUN

(«BOE» núm. 285, de 27 de noviembre; corrección de errores en «BOE» núm. 311 de 28 de diciembre)

TITULO PRELIMINAR

Del ámbito de aplicación y principios generales

Artículo 1. *Objeto de la Ley.* La presente Ley establece y regula la base de régimen jurídico, el procedimiento administrativo común y el sistema de responsabilidad de las Administraciones Públicas, siendo aplicable a todas ellas.

Art. 2. *Ambito de aplicación.* 1. Se entiende, a los efectos de esta Ley, por Administraciones Públicas:

a) La Administración General del Estado.
b) Las Administraciones de las Comunidades Autónomas.
c) Las entidades que integran la Administración Local.

2. Las Entidades de Derecho Público con personalidad jurídica propia vinculadas o dependientes de cualquiera de las Administraciones Públicas tendrán asimismo la consideración de Administración Pública. Estas Entidades sujetarán su actividad a la presente Ley cuando ejerzan potestades administrativas, sometiéndose en el resto de su actividad a lo que dispongan sus normas de creación.

Art. 3. *Principios generales.* 1. Las Administraciones Públicas sirven con objetividad los intereses generales y actúan de acuerdo con los principios de eficacia, jerarquía, descentralización, desconcentración y coordinación, con sometimiento pleno a la Constitución, a la Ley y al Derecho.

2. Las Administraciones Públicas, en sus relaciones, se rigen por el principio de cooperación, y en su actuación por los criterios de eficiencia y servicio a los ciudadanos.

3. Bajo la dirección del Gobierno de la Nación, de los órganos de gobierno de las Comunidades Autónomas y de los correspondientes de las Entidades que integran la Administración Local, la actuación de la Administración Pública respectiva se desarrolla para alcanzar los objetivos que establecen las leyes y el resto del ordenamiento jurídico.

4. Cada una de las Administraciones Públicas actúa para el cumplimiento de sus fines con personalidad jurídica única.

....

TITULO II

De los órganos de las Administraciones Públicas

CAPITULO PRIMERO

Principios generales y competencia

....

Art. 13. *Delegación de competencias.* 1. En cada Administración Pública se podrá acordar la delegación del ejercicio de competencias atribuidas a sus órganos administrativos en otros órganos, aunque no sean jerárquicamente dependientes, cuando existan circunstancias de índole técnica, económica, social, jurídica o territorial que lo hagan conveniente.

2. En ningún caso podrán ser objeto de delegación las competencias relativas a:

a) Los asuntos que se refieran a relaciones con la Jefatura del Estado, Presidencia del Gobierno de la Nación, Cortes Generales, Presidencias de los Consejos de Gobierno de las Comunidades Autónomas y Asambleas Legislativas de las Comunidades Autónomas.

b) La adopción de disposiciones de carácter general.

c) La resolución de recursos en los órganos administrativos que hayan dictado los actos objeto de recurso.

d) Las materias en que así se determine por norma con rango de Ley.

3. Las delegaciones de competencias y su revocación deberán publicarse en el «Boletín Oficial del Estado», en el de la Comunidad

Autónoma o en el de la Provincia, según la Administración a que pertenezca el órgano delegante, y el ámbito territorial de competencia de éste.

4. Las resoluciones administrativas que se adopten por delegación indicarán expresamente esta circunstancia y se considerarán dictadas por el órgano delegante.

5. Salvo autorización expresa de una Ley, no podrán delegarse las competencias que se ejerzan por delegación, ni el ejercicio de la competencia para resolver un asunto cuando se haya emitido con anterioridad dictamen preceptivo acerca del mismo.

6. La delegación será revocable en cualquier momento por el órgano que la haya conferido.

7. La delegación de competencias atribuidas a órganos colegiados, para cuyo ejercicio ordinario se requiera un quórum especial, deberá adoptarse observando, en todo caso, dicho quórum.

....

TITULO IV

De la actividad de las Administraciones Públicas

CAPITULO PRIMERO

NORMAS GENERALES

....

Art. 42. *Obligaciones de resolver.* 1. La Administración está obligada a dictar resolución expresa sobre cuantas solicitudes se formulen por los interesados así como en los procedimientos iniciados de oficio cuya instrucción y resolución afecte a los ciudadanos o a cualquier interesado.

Están exceptuados de esta obligación los procedimientos en que se produzca la prescripción, la caducidad, la renuncia o el desistimiento en los términos previstos en esta Ley, así como los relativos al ejercicio de derechos que sólo deba ser objeto de comunicación y aquéllos en los que se haya producido la pérdida sobrevenida del objeto del procedimiento.

2. El plazo máximo para resolver las solicitudes que se formulen por los interesados será el que resulte de la tramitación del procedimiento aplicable en cada caso. Cuando la norma de procedimiento no fije plazos, el plazo máximo de resolución será de tres meses.

Cuando el número de solicitudes formuladas impidan razonablemente el cumplimiento de los plazos previstos en el procedimiento aplicable o el plazo máximo de resolución, el órgano competente para instruir o, en su caso, resolver las solicitudes, podrá proponer la ampliación de los plazos que posibilite la adopción de una resolución expresa al órgano competente para resolver o, en su caso, al órgano jerárquicamente superior.

La ampliación de los plazos a que se refiere este artículo no podrá ser superior al plazo inicialmente establecido en la tramitación del procedimiento.

Contra el acuerdo que resuelva sobre la ampliación de plazos no cabrá recurso alguno.

3. Los titulares de los órganos administrativos que tengan la competencia para resolver los procedimientos que se tramiten y el personal al servicio de las Administraciones Públicas que tenga a su cargo el despacho de los asuntos, son responsables directos de que la obligación de resolución expresa se haga efectiva en los plazos establecidos.

El incumplimiento de lo dispuesto en este artículo dará lugar a la exigencia de responsabilidad disciplinaria o, en su caso, será causa de remoción del puesto de trabajo.

Art. 43. *Actos presuntos.* 1. No obstante lo previsto en el artículo anterior, si venciese el plazo de resolución y el órgano competente no la hubiese dictado expresamente, se producirán los efectos jurídicos que se establecen en este artículo.

El vencimiento del plazo de resolución no exime a las Administraciones Públicas de la obligación de resolver, pero deberán abstenerse de hacerlo cuando se haya emitido la certificación a que se refiere el artículo 44.

2. Cuando en los procedimientos iniciados en virtud de solicitudes formuladas por los interesados no haya recaído resolución en plazo, se podrán entender estimadas aquéllas en los siguientes supuestos:

a) Solicitudes de concesión de licencias y autorizaciones de instalación, traslado o ampliación de empresas o centros de trabajo.

b) Solicitudes cuya estimación habilitaría al solicitante para el ejercicio de derechos preexistentes, salvo que la estimación tuviera como consecuencia que se transfirieran al solicitante o a terceros facultades relativas al dominio público o al servicio público, en cuyo caso se entenderán desestimadas.

c) En todos los casos, las solicitudes en cuya normativa de aplicación no se establezca quedarán desestimadas si no recae resolución expresa.

3. Cuando en los procedimientos iniciados en virtud de solicitudes formuladas por los interesados no haya recaído resolución en plazo, se podrá entender desestimada la solicitud en los siguientes supuestos:

a) Procedimientos de ejercicio del derecho de petición del artículo 29 de la Constitución.

b) Resolución de recursos administrativos. Ello no obstante, cuando el recurso se haya interpuesto contra la desestimación presunta de una solicitud por el transcurso del plazo, se entenderá estimado el recurso si llegado el plazo de resolución de éste el órgano administrativo competente no dictase resolución expresa sobre el mismo.

4. Cuando se trate de procedimientos iniciados de oficio no susceptibles de producir actos favorables para los ciudadanos, se entenderán caducados y se procederá al archivo de las actuaciones, a solicitud de cualquier interesado o de oficio por el propio órgano competente para dictar la resolución, en el plazo de treinta días desde el vencimiento del plazo en que debió ser dictada, excepto en los casos en que el procedimiento se hubiera paralizado por causa imputable al interesado, en los que se interrumpirá el cómputo del plazo para resolver el procedimiento.

5. Cada Administración, para mejor conocimiento de los ciudadanos, podrá publicar de acuerdo con el régimen de actos presuntos previsto en la presente Ley una relación de los procedimientos en que la falta de resolución expresa produce efectos estimatorios y de aquellos en que los produce desestimatorios.

Art. 44. *Certificación de actos presuntos.* 1. Los actos administrativos presuntos se podrán hacer valer tanto ante la Administración como ante cualquier otra persona, natural o jurídica, pública o privada.

2. Para su eficacia, los interesados o la propia Administración deberá acreditar los actos presuntos mediante certificación emitida por el órgano competente que debió resolver expresamente el procedimiento, que deberá extenderla inexcusablemente en el plazo de veinte días desde que le fue solicitada salvo que en dicho plazo haya dictado resolución expresa, sin que se pueda delegar esta competencia específica.

La certificación de actos presuntos de órganos colegiados se emitirá por los Secretarios de los mismos, o por las personas que tengan atribuidas sus funciones.

La no emisión, cuando proceda, de la certificación dentro del plazo y con los requisitos establecidos, una vez solicitada en debida forma, será considerada como falta muy grave.

3. La certificación que se emita deberá ser comprensiva de la solicitud presentada o del objeto del procedimiento seguido, de la fecha de iniciación, del vencimiento del plazo para dictar resolución y de los efectos generados por la ausencia de resolución expresa.

Si la certificación no fuese emitida en el plazo establecido en el número anterior, los actos presuntos serán igualmente eficaces y se podrán acreditar mediante la exhibición de la petición de la certificación sin que quede por ello desvirtuado el carácter estimatorio o desestimatorio legalmente establecido para el acto presunto.

4. Los interesados podrán solicitar la certificación correspondiente a partir del día siguiente al del vencimiento del plazo en que debió dictarse la resolución y podrán solicitar de la Administración que se exijan las responsabilidades correspondientes.

5. Los plazos para interponer recursos administrativos y contencioso-administrativo respecto de los actos presuntos se contarán a partir

del día siguiente a la recepción de la certificación, y si ésta no fuese emitida en plazo, a partir del día siguiente al de finalización de dicho plazo.

....

TITULO V

De las disposiciones y los actos administrativos

CAPITULO PRIMERO

DISPOSICIONES ADMINISTRATIVAS

Art. 51. *Jerarquía y competencia.* 1. Las disposiciones administrativas no podrán vulnerar la Constitución o las Leyes ni regular aquellas materias que la Constitución o los Estatutos de Autonomía reconocen de la competencia de las Cortes Generales o de las Asambleas Legislativas de las Comunidades Autónomas.

2. Ninguna disposición administrativa podrá vulnerar los preceptos de otra de rango superior.

3. Las disposiciones administrativas se ajustarán al orden de jerarquía que establezcan las leyes.

Art. 52. *Publicidad e inderogabilidad singular.* 1. Para que produzcan efectos jurídicos las disposiciones administrativas habrán de publicarse en el Diario oficial que corresponda.

2. Las resoluciones administrativas de carácter particular no podrán vulnerar lo establecido en una disposición de carácter general, aunque aquéllas tengan igual o superior rango a éstas.

....

CAPITULO III

EFICACIA DE LOS ACTOS

Art. 56. *Ejecutividad.* Los actos de las Administraciones Públicas sujetos al Derecho Administrativo serán ejecutivos con arreglo a lo dispuesto en esta Ley.

Art. 57. *Efectos.* 1. Los actos de las Administraciones Públicas sujetos al Derecho Administrativo se presumirán válidos y producirán efectos desde la fecha en que se dicten, salvo que en ellos se disponga otra cosa.

2. La eficacia quedará demorada cuando así lo exija el contenido del acto o esté supeditada a su notificación, publicación o aprobación superior.

3. Excepcionalmente, podrá otorgarse eficacia retroactiva a los actos cuando se dicten en sustitución de actos anulados, y, asimismo, cuando

produzcan efectos favorables al interesado, siempre que los supuestos de hecho necesarios existieran ya en la fecha a que se retrotraiga la eficacia del acto y ésta no lesione derechos o intereses legítimos de otras personas.

Art. 58. *Notificación.* 1. Se notificarán a los interesados las resoluciones y actos administrativos en el artículo siguiente.

2. Toda notificación deberá ser cursada en el plazo de diez días a partir de la fecha en que el acto haya sido dictado, y deberá contener el texto íntegro de la resolución, con indicación de si es o no definitivo en la vía administrativa, la expresión de los recursos que procedan, órgano ante el que hubieran de presentarse y plazo para interponerlos, sin perjuicio de que los interesados puedan ejercitar, en su caso, cualquier otro que estimen procedente.

3. Las notificaciones defectuosas surtirán efecto a partir de la fecha en que el interesado realice actuaciones que supongan el conocimiento del contenido de la resolución o acto objeto de la notificación, o interpongan el recurso procedente.

Art. 59. *Práctica de la notificación.* 1. Las notificaciones se practicarán por cualquier medio que permita tener constancia de la recepción por el interesado o su representante, así como de la fecha, la identidad y el contenido del acto notificado.

La acreditación de la notificación efectuada se incorporará al expediente.

2. En los procedimientos iniciados a solicitud del interesado, la notificación se practicará en el lugar que éste haya señalado a tal efecto en la solicitud. Cuando ello no fuera posible, en cualquier lugar adecuado a tal fin, y por cualquier medio conforme a lo dispuesto en el apartado primero de este artículo.

Cuando la notificación se practique en el domicilio del interesado, de no hallarse presente éste en el momento de entregarse la notificación, podrá hacerse cargo de la misma cualquier persona que se encuentre en el domicilio y haga constar su identidad.

3. Cuando el interesado o su representante rechace la notificación de una actuación administrativa, se hará constar en el expediente, especificándose las circunstancias del intento de notificación y se tendrá por efectuado el trámite siguiéndose el procedimiento.

4. Cuando los interesados en un procedimiento sean desconocidos, se ignore el lugar de la notificación o el medio a que se refiere el punto 1 de este artículo, o bien, intentada la notificación, no se hubiese podido practicar, la notificación se hará por medio de anuncios en el tablón de edictos del ayuntamiento de su último domicilio y en el «Boletín Oficial del Estado» de la Comunidad Autónoma o de la Provincia, según cual sea la Administración de la que proceda el acto a notificar, y el ámbito territorial del órgano que lo dictó.

En el caso de que el último domicilio conocido radicara en un país extranjero, la notificación se efectuará mediante su publicación en el tablón de anuncios del consulado o Sección consular de la Embajada correspondiente.

Las Administraciones Públicas podrán establecer otras formas de notificación complementarias a través de los restantes medios de difusión, que no excluirán la obligación de notificar conforme a los dos párrafos anteriores.

5. La publicación, en los términos del artículo siguiente, sustituirá a la notificación surtiendo sus mismos efectos en los siguientes casos:

a) Cuando el acto tenga por destinatario a una pluralidad indeterminada de personas o cuando la Administración estime que la notificación efectuada a un solo interesado es insuficiente para garantizar la notificación a todos, siendo, en este último caso, adicional a la notificación efectuada.

b) Cuando se trate de actos integrantes de un procedimiento selectivo o de concurrencia competitiva de cualquier tipo. En este caso, la convocatoria del procedimiento deberá indicar el tablón de anuncios o medio de comunicación donde se efectuarán las sucesivas publicaciones, careciendo de validez las que se lleven a cabo en lugares distintos.

Art. 60. *Publicación.* 1. Los actos administrativos serán objeto de publicación cuando así lo establezcan las normas reguladoras de cada procedimiento o cuando lo aconsejen razones de interés público apreciadas por el órgano competente.

2. La publicación de un acto deberá contener los mismos elementos que el punto 2 del artículo 58 exige respecto de las notificaciones. Será también aplicable a la publicación lo establecido en el punto 3 del mismo artículo.

En los supuestos de publicaciones de actos que contengan elementos comunes, podrán publicarse de forma conjunta los aspectos coincidentes, especificándose solamente los aspectos individuales de cada acto.

Art. 61. *Indicación de notificaciones y publicaciones.* Si el órgano competente apreciase que la norificación por medio de anuncios o la publicación de un acto lesiona derechos o intereses legítimos, se limitará a publicar en el diario oficial que corresponda una somera indicación del contenido del acto y del lugar donde los interesados podrán comparecer, en el plazo que se establezca, para conocimiento del contenido íntegro del mencionado acto y constancia de tal conocimiento.

CAPITULO IV

NULIDAD Y ANULABILIDAD

Art. 62. *Nulidad de pleno derecho.* 1. Los actos de las Administraciones Públicas son nulos de pleno derecho en los casos siguientes:

a) Los que lesionen el contenido esencial de los derechos y libertades susceptibles de amparo constitucional.

b) Los dictados por órgano manifiestamente incompetente por razón de la materia o del territorio.

c) Los que tengan un contenido imposible.

d) Los que sean constitutivos de infracción penal o se dicten como consecuencia de ésta.

e) Los dictados prescindiendo total y absolutamente del procedimiento legalmente establecido o de las normas que contienen las reglas esenciales para la formación de la voluntad de los órganos colegiados.

f) Los actos expresos o presuntos contrarios al ordenamiento jurídico por los que se adquieren facultades o derechos cuando se carezca de los requisitos esenciales para su adquisición.

g) Cualquier otro que se establezca expresamente en una disposición de rango legal.

2. También serán nulas de pleno derecho las disposiciones administrativas que vulneren la Constitución, las leyes u otras disposiciones administrativas de rango superior, las que regulen materias reservadas a la Ley, y las que establezcan la retroactividad de disposiciones sancionadoras no favorables o restrictivas de derechos individuales.

Art. 63. *Anulabilidad.* 1. Son anulables los actos de la Administración que incurran en cualquier infracción del ordenamiento jurídico, incluso la desviación de poder.

2. No obstante, el defecto de forma sólo determinará la anulabilidad cuando el acto carezca de los requisitos formales indispensable para alcanzar su fin o dé lugar a la indefensión de los interesados.

3. La realización de actuaciones administrativas fuera del tiempo establecido para ellas sólo implicará la anulabilidad del acto cuando así lo imponga la naturaleza del término o plazo.

....

TITULO VII

De la revisión de los actos en vía administrativa

CAPITULO PRIMERO

REVISIÓN DE OFICIO

Art. 102. *Revisión de actos nulos.* 1. Las Administraciones Públicas podrán, en cualquier momento, por iniciativa propia o a solicitud del interesado, y previo dictamen favorable del Consejo de Estado u órgano consultivo de la Comunidad Autónoma, si lo hubiere, declarar de oficio la nulidad de los actos enumerados en el artículo 62.1, que hayan puesto fin a la vía administrativa o contra los que no se haya interpuesto recurso administrativo en plazo.

2. El procedimiento de revisión de oficio, fundado en una causa de nulidad, se instruirá y resolverá de acuerdo con las diposiciones del Título VI de esta Ley. En todo caso, la resolución que recaiga requiere dictamen previo del Consejo de Estado u órgano consultivo de la Comunidad Autónoma si lo hubiere, y no es susceptible de recurso administrativo alguno, sin perjuicio de la competencia del Orden Jurisdiccional Contencioso-Administrativo.

3. Las Administraciones Públicas, al declarar la nulidad de un acto, podrán establecer en la misma resolución por la que se declara esa nulidad, las indemnizaciones que proceda reconocer a los interesados, si se dan las circunstancias previstas en los artículos 139.2 y 141.1 de esta Ley.

4. Transcurrido el plazo para resolver sin que se hubiera dictado resolución se podrá entender que ésta es contraria a la revisión del acto. La eficacia de tal resolución presunta se regirá por lo dispuesto en el artículo 44 de la presente Ley.

Art. 103. *Revisión de actos anulables.* 1. Podrán ser anulados por la Administración, a iniciativa propia o a solicitud del interesado, previo dictamen del Consejo de Estado u órgano consultivo de la Comunidad Autónoma si lo hubiere, los actos declarativos de derechos cuando concurran las siguientes circunstancias:

a) Que dichos actos infrinjan gravemente normas de rango legal o reglamentario.

b) Que el procedimiento de revisión se inicie antes de transcurridos cuatro años desde que fueron dictados.

2. En los demás casos, la anulación de los actos declarativos de derechos requerirá la declaración previa de lesividad para el interés público y la ulterior impugnación ante el Orden Jurisdiccional Contencioso-Administrativo.

3. Si el acto proviniera de la Administración General del Estado, la declaración de lesividad se realizará mediante Orden ministerial del Departamento autor del acto administrativo, o bien mediante acuerdo del Consejo de Ministros; cuando su norma de creación así lo determine, la declaración se realizará por los órganos a los que corresponda de las Entidades de Derecho Público a que se refiere el artículo 2.2 de esta Ley.

4. Si el acto proviniera de las Comunidades Autónomas o de la Administración Local, la declaración de lesividad se adoptará por el órgano de cada Administración competente en la materia.

5. La declaración de lesividad deberá adoptarse en el plazo de cuatro años desde que se dictó el acto administrativo de referencia.

6. Transcurrido el plazo para resolver sin que se hubiera dictado resolución, se podrá entender que ésta es contraria a la revisión del acto. La

eficacia de tal resolución presunta se regirá por lo dispuesto en el artículo 44 de la presente Ley.

Art. 104. *Suspensión.* Iniciado el procedimiento de revisión de oficio, el órgano competente para resolver podrá suspender la ejecución del acto, cuando ésta pudiera causar perjuicios de imposible o difícil reparación.

Art. 105. *Revocación de actos.* 1. Las Administraciones Públicas podrán revocar en cualquier momento sus actos, expresos o presuntos, no declarativos de derechos y los de gravamen, siempre que tal revocación no sea contraria al ordenamiento jurídico.

2. Las Administraciones Públicas podrán, asimismo, rectificar en cualquier momento, de oficio o a instancia de los interesados, los errores materiales, de hecho o aritméticos existentes en sus actos.

Art. 106. *Límites de la revisión.* Las facultades de revisión no podrán ser ejercitadas cuando por prescripción de acciones, por el tiempo transcurrido o por otras circunstancias, su ejercicio resulte contrario a la equidad, a la buena fe, al derecho de los particulares o a las leyes.

CAPITULO II

Recursos administrativos

Sección 1.ª Principios generales

Art. 107. *Objeto y clases.* 1. Contra las resoluciones que no pongan fin a la vía administrativa y los actos de trámite que determinen la imposibilidad de continuar un procedimiento o produzcan indefensión podrá interponerse por los interesados el recurso ordinario a que se refiere la sección 2.ª de este capítulo.

La oposición a los restantes actos de trámite deberá alegarse por los interesados, para su consideración en la resolución que ponga fin al procedimiento, y para la impugnación de tales actos en el recurso administrativo que, en su caso, se interponga contra la misma.

2. Las leyes podrán sustituir el recurso ordinario, en supuestos o ámbitos sectoriales determinados, y cuando la especificidad de la materia así lo justifique, por otros procedimientos de impugnación o reclamación, incluidos los de conciliación, mediación y arbitraje, ante órganos colegiados o comisiones específicas no sometidas a instrucciones jerárquicas, con respecto a los principios, garantías y plazos que la presente Ley reconoce a los ciudadanos y a los interesados en todo procedimiento administrativo. La aplicación de estos procedimientos en el ámbito de la Administración Local no podrá suponer el desconocimiento de las facultades resolutorias reconocidas a los órganos representativos electos establecidos por la Ley.

3. Contra las disposiciones administrativas de carácter general no cabrá recurso en vía administrativa.

Los recursos contra un acto administrativo que se funden únicamente en la ilegalidad de alguna disposición administrativa de carácter general podrán interponerse directamente ante el órgano que dictó dicha disposición.

4. Las reclamaciones económico-administrativas se ajustarán a los procedimientos establecidos por su legislación específica.

Art. 108. *Recurso de revisión.* Contra las resoluciones que pongan fin a la vía administrativa sólo procederá el recurso extraordinario de revisión, cuando concurra alguna de las circunstancias previstas en el artículo 118.

Art. 109. *Fin de la vía administrativa.* Ponen fin a la vía administrativa:

a) Las resoluciones de los recursos ordinarios.

b) Las resoluciones de los procedimientos de impugnación a que se refiere el artículo 107.2.

c) Las resoluciones de los órganos administrativos que carezcan de superior jerárquico, salvo que una Ley establezca lo contrario (1).

d) Las demás resoluciones de órganos administrativos, cuando una disposición legal o reglamentaria así lo establezca.

Art. 110. *Interposición de recurso.* 1. La interposición del recurso deberá expresar:

a) El nombre y apellidos del recurrente, así como la identificación del medio y, en su caso, del lugar que se señale a efectos de notificaciones.

b) El acto que se recurre y la razón de su impugnación.

c) Lugar, fecha e identificación personal del recurrente.

d) Organo, centro o unidad administrativa al que se dirige.

e) Las demás particularidades exigidas en su caso por las disposiciones específicas.

2. El error en la calificación del recurso por parte del recurrente no será obstáculo para su tramitación, siempre que se deduzca su verdadero carácter.

3. La interposición de recurso contencioso-administrativo contra actos que ponen fin a la vía administrativa requerirá comunicación previa al órgano que dictó el acto impugnado.

Art. 111. *Suspensión de la ejecución.* 1. La interposición de cualquier recurso, excepto en los casos en que una disposición establezca lo contrario, no suspenderá la ejecución del acto impugnado.

2. No obstante lo dispuesto en el apartado anterior, el órgano a quien competa resolver el recurso, previa ponderación, suficientemente razonada, entre el perjuicio que causaría al interés público o a terceros la suspensión y el perjuicio que se causa al recurrente como consecuencia

(1) Véase la disposición adicional novena.

de la eficacia inmediata del acto recurrido, podrá suspender de oficio o a solicitud del recurrente, la ejecución del acto recurrido, cuando concurra alguna de las siguientes circunstancias:

a) Que la ejecución pudiera causar perjuicios de imposible o difícil reparación.

b) Que la impugnación se fundamente en alguna de las causas de nulidad de pleno derecho previstas en el artículo 62.1 de esta Ley.

3. Al dictar acuerdo de suspensión podrán adoptarse las medidas cautelares que sean necesarias para asegurar la protección del interés público y la eficacia de la resolución impugnada.

4. El acto impugnado se entenderá suspendido en su ejecución si transcurridos treinta días desde que la solicitud de suspensión haya tenido entrada en el órgano competente para decidir sobre la misma, éste no ha dictado la resolución expresa, sin necesidad de solicitar la certificación que regula el artículo 44 de esta Ley.

5. Cuando el recurso tenga por objeto la impugnación de un acto administrativo que afecte a una pluralidad indeterminada de personas, la suspensión de su eficacia habrá de ser publicada en el periódico oficial en que aquél se insertó.

Art. 112. *Audiencia de los interesados.* 1. Cuando hayan de tenerse en cuenta nuevos hechos o documentos no recogidos en el expediente originario, se pondrán de manifiesto a los interesados para que, en un plazo no inferior a diez días ni superior a quince, formulen las alegaciones y presenten los documentos y justificantes que estimen procedentes.

No se tendrán en cuenta en la resolución de los recursos, hechos, documentos o alegaciones del recurrente, cuando habiendo podido aportarlos en el trámite de alegaciones no lo haya hecho.

2. Si hubiera otros interesados se les dará en todo caso, traslado del recurso para que en el plazo antes citado, aleguen cuanto estimen procedente.

3. El recurso, los informes y las propuestas no tienen el carácter de documentos nuevos a los efectos de este artículo. Tampoco lo tendrán los que los interesados hayan aportado al expediente antes de recaer la resolución impugnada.

Art. 113. *Resolución.* 1. La resolución del recurso estimará en todo o en parte o desestimará las pretensiones formuladas en el mismo o declarará su inadmisión.

2. Cuando existiendo vicio de forma no se estime procedente resolver sobre el fondo se ordenará la retroacción del procedimiento al momento en el que el vicio fue cometido salvo lo dispuesto en el artículo 67.

3. El órgano que resuelva el recurso decidirá cuantas cuestiones, tanto de forma como de fondo, plantee el procedimiento, hayan sido o no

alegadas por los interesados. En este último caso se les oirá previamente. No obstante, la resolución será congruente con las peticiones formuladas por el recurrente, sin que en ningún caso pueda agravarse su situación inicial.

Sección 2.ª Recurso ordinario

Art. 114. *Objeto y plazo.* 1. Las resoluciones y actos a que se refiere el artículo 107.1 podrán ser recurridas ante el órgano superior jerárquico del que los dictó. A estos efectos, los Tribunales y órganos de selección del personal al servicio de las Administraciones Públicas se considerarán dependientes de la Autoridad que haya nombrado al Presidente de los mismos.

2. El plazo para la interposición del recurso ordinario será de un mes. Transcurrido dicho plazo sin haberse interpuesto el recurso, la resolución será firme a todos los efectos, sin perjuicio, en su caso, de la procedencia del recurso extraordinario de revisión.

Art. 115. *Motivos.* 1. El recurso ordinario podrá fundarse en cualquiera de los motivos de nulidad o anulabilidad previstos en los artículos 62 y 63 de la presente Ley.

2. Los vicios y defectos que hagan anulable el acto no podrán ser alegados por los causantes de los mismos.

Art. 116. *Interposición.* 1. El recurso podrá interponerse ante el órgano que dictó el acto que se impugna o ante el órgano competente para resolverlo.

2. Si el recurso se hubiera presentado ante el órgano que dictó el acto impugnado, éste deberá remitirlo al competente en el plazo de diez días, con su informe y con una copia completa y ordenada del expediente.

3. El titular del órgano que dictó el acto recurrido será responsable directo del cumplimiento de lo previsto en el párrafo anterior.

Art. 117. *Resolución presunta.* Transcurridos tres meses desde la interposición del recurso ordinario sin que recaiga resolución, se podrá entender desestimado, salvo en el supuesto previsto en el artículo 43.3-b, y quedará expedita la vía procedente.

Sección 3.ª Recurso de revisión

Art. 118. *Objeto y plazos.* 1. Contra los actos que agoten la vía administrativa o contra los que no se haya interpuesto recurso administrativo en plazo podrá interponerse el recurso extraordinario de revisión ante el órgano administrativo que los dictó, cuando concurra alguna de las circunstancias siguientes:

1.ª Que al dictarlos se hubiera incurrido en error de hecho, que resulte de los propios documentos incorporados al expediente.

2.ª Que aparezcan o se aporten documentos de valor esencial para la resolución del asunto que, aunque sean posteriors, evidencien el error de la resolución recurrida.

3.ª Que en la resolución hayan influido esencialmente documentos o testimonios declarados falsos por sentencia judicial firme, anterior o posterior a aquella resolución.

4.ª Que la resolución se hubiese dictado como consecuencia de prevaricación, cohecho, violencia, maquinación fraudulenta u otra conducta punible y se haya declarado así en virtud de sentencia judicial firme.

2. El recurso extraordinario de revisión se interpondrá cuando se trate de la causa primera, dentro del plazo de cuatro años siguientes a la fecha de la notificación de la resolución impugnada. En los demás casos, el plazo será de tres meses a contar desde el conocimiento de los documentos o desde que la sentencia judicial quedó firme.

3. Lo establecido en el presente artículo no perjudica el derecho de los interesados a formular la solicitud y la instancia a que se refieren los artículos 102 y 105.2 de la presente Ley ni su derecho a que las mismas se sustancien y resuelvan.

Art. 119. *Plazos y resolución.* 1. En la presentación del recurso serán de aplicación las disposiciones del artículo 116 de la presente Ley.

2. El órgano al que corresponde conocer del recurso extraordinario de revisión debe pronunciarse no sólo sobre la procedencia del recurso, sino también, en su caso, sobre el fondo de la cuestión resuelta por el acto recurrido.

3. Transcurrido el plazo de tres meses desde la interposición del recurso extraordinario de revisión sin que recaiga resolución, se entenderá desestimado, quedando expedita la vía jurisdiccional contencioso-administrativa.

TITULO VIII

De las reclamaciones previas al ejercicio de las acciones civiles y laborales

CAPITULO PRIMERO

DISPOSICIONES GENERALES

Art. 120. *Naturaleza.* 1. La reclamación en vía administrativa es requisito previo al ejercicio de acciones fundadas en derecho privado o laboral contra cualquier Administración Pública, salvo los supuestos en que dicho requisito esté exceptuado por una disposición con rango de Ley.

2. Dicha reclamación se tramitará y resolverá por las normas contenidas en este Título y, por aquellas que, en cada caso, sean de aplicación, y en su defecto, por las generales de esta Ley.

Art. 121. *Efectos.* 1. Si planteada una reclamación ante las Administraciones Públicas, ésta no ha sido resuelta y no ha transcurrido el plazo en que deba entenderse desestimada, no podrá deducirse la misma pretensión ante la jurisdicción correspondiente.

2. Planteada la reclamación previa se interrumpirán los plazos para el ejercicio de las acciones judiciales, que volverán a contarse a partir de la fecha en que se haya practicado la notificación expresa de la resolución o, en su caso, desde que se entienda desestimada por el transcurso del plazo.

CAPITULO II

Reclamación previa a la vía judicial civil

Art. 122. *Iniciación.* 1. La reclamación se dirigirá al órgano competente de la Administración Pública de que se trate.

2. En la Administración General del Estado se planteará ante el Ministro del Departamento que por razón de la materia objeto de la reclamación sea competente. Las reclamaciones podrán presentarse en cualquiera de los lugares previstos por esta Ley para la presentación de escritos o solicitudes.

Art. 123. *Instrucción.* 1. El órgano ante el que se haya presentado la reclamación la remitirá en el plazo de cinco días al órgano competente en unión de todos los antecedentes del aunto.

2. El órgano competente para resolver podrá ordenar que se complete el expediente con los antecedentes, informes, documentos y datos que resulten necesarios.

Art. 124. *Resolución.* 1. Resuelta la reclamación por el Ministro u órgano competente, se notificará al interesado.

2. Si la Administración no notificara su decisión en el plazo de tres meses, el interesado podrá considerar desestimada su reclamación al efecto de formular la correspondiente demanda judicial.

CAPITULO III

Reclamación previa a la vía judicial laboral

Art. 125. *Tramitación.* 1. La reclamación deberá dirigirse al Jefe administrativo o Director del establecimiento u Organismo en que el trabajador preste sus servicios.

2. Transcurrido un mes sin haber sido notificada resolución alguna, el trabajador podrá considerar desestimada la reclamación a los efectos de la acción judicial laboral.

Art. 126. *Reclamaciones del personal civil no funcionario de la Administración Militar.* Las reclamaciones que formule el personal civil no funcionario al servicio de la Administración Militar se regirán por sus disposiciones específicas.

....

TITULO X

De la responsabilidad de las Administraciones Públicas y de sus autoridades y demás personal a su servicio

CAPITULO PRIMERO

RESPONSABILIDAD PATRIMONIAL DE LA ADMINISTRACIÓN PÚBLICA

Art. 139. *Principios de la responsabilidad.* 1. Los particulares tendrán derecho a ser indemnizados por las Administraciones Públicas correspondientes, de toda lesión que sufran en cualquiera de sus bienes y derechos, salvo en los casos de fuerza mayor, siempre que la lesión sea consecuencia del funcionamiento normal o anormal de los servicios públicos.

2. En todo caso, el daño alegado habrá de ser efectivo, evaluable económicamente e individualizado con relación a una persona o grupo de personas.

3. Las Administraciones Públicas indemnizarán a los particulares por la aplicación de actos legislativos de naturaleza no expropiatoria de derechos y que éstos no tengan el deber jurídico de soportar, cuando así se establezcan en los propios actos legislativos y en los términos que especifiquen dichos actos.

4. La responsabilidad patrimonial del Estado por el funcionamiento de la Administración de Justicia se regirá por la Ley Orgánica del Poder Judicial (2).

Art. 140. *Responsabilidad concurrente de las Administraciones Públicas.* Cuando de la gestión dimanante de fórmulas colegiadas de actuación entre varias Administraciones Públicas se derive responsabilidad en los términos previstos en la presente Ley, las Administraciones intervinientes responderán de forma solidaria.

Art. 141. *Indemnización.* 1. Sólo serán indemnizables las lesiones producidas al particular provenientes de daños que éste no tenga el deber jurídico de soportar de acuerdo con la Ley.

2. La indemnización se calculará con arreglo a los criterios de valoración establecidos en la legislación de expropiación forzosa, legislación fiscal y demás normas aplicables, ponderándose, en su caso, las valoraciones predominantes en el mercado.

---

(2) Artículos 61.5 y 292 a 297 de la citada ley (apéndice 1).

3. La cuantía de la indemnización se calculará con referencia al día en que la lesión efectivamente se produjo, sin perjuicio de lo dispuesto, respecto de los intereses de demora, por la Ley General Presupuestaria.

4. La indemnización procedente podrá sustituirse por una compensación en especie o ser abonada mediante pagos periódicos, cuando resulte más adecuado para lograr la reparación debida y convenga al interés público, siempre que exista acuerdo con el interesado.

Art. 142. *Procedimientos de responsabilidad patrimonial.* 1. Los procedimientos de responsabilidad patrimonial de las Administraciones Públicas se iniciarán de oficio o por reclamación de los interesados.

2. Los procedimientos de responsabilidad patrimonial se resolverán, por el Ministro respectivo, el Consejo de Ministros, si una Ley así lo dispone o por los órganos correspondientes de las Comunidades Autónomas o de las Entidades que integran la Administración Local. Cuando su norma de creación así lo determine, la reclamación se resolverá por los órganos a los que corresponda de las Entidades de Derecho Público a que se refiere el artículo 2.2 de esta Ley.

3. Para la determinación de la responsabilidad patrimonial se establecerá reglamentariamente un procedimiento general con inclusión de un procedimiento abreviado para los supuestos en que concurran las condiciones previstas en el artículo 143 de esta Ley.

4. La anulación en vía administrativa o por el orden jurisdiccional contencioso-administrativo de los actos o disposiciones administrativas no presupone derecho a la indemnización, pero si la resolución o disposición impugnada lo fuese por razón de su fondo o forma, el derecho a reclamar prescribirá al año de haberse dictado la Sentencia definitiva, no siendo de aplicación lo dispuesto en el punto 5.

5. En todo caso, el derecho a reclamar prescribe al año de producido el hecho o el acto que motive la indemnización o de manifestarse su efecto lesivo. En caso de daños, de carácter físico o psíquico a las personas, el plazo empezará a computarse desde la curación o la determinación del alcance de las secuelas.

6. La resolución administrativa de los procedimientos de responsabilidad patrimonial, cualquiera que fuese el tipo de relación, pública o privada, de que derive, pone fin a la vía administrativa.

7. Si no recae resolución expresa se podrá entender desestimada la solicitud de indemnización.

Art. 143. *Procedimiento abreviado.* 1. Iniciado el procedimiento general, cuando sean inequívocos la relación de causalidad entre el funcionamiento del servicio público y la lesión, así como la valoración del daño y el cálculo de la cuantía de la indemnización, el órgano competente podrá acordar la sustanciación de un procedimiento abreviado, a fin de reconocer el derecho a la indemnización en el plazo de treinta días.

2. En todo caso, los órganos competentes podrán acordar o proponer que se siga el procedimiento general.

3. Si no recae resolución expresa se podrá entender desestimada la solicitud de indemnización.

Art. 144. *Responsabilidad de Derecho Privado.* Cuando las Administraciones Públicas actúen en relaciones de derecho privado, responderán directamente de los daños y perjuicios causados por el personal que se encuentre a su servicio, considerándose la actuación del mismo, actos propios de la Administración bajo cuyo servicio se encuentre. La responsabilidad se exigirá de conformidad con lo previsto en los artículos 142 y 143, según proceda.

CAPITULO II

Responsabilidad de las autoridades y personal al servicio de las Administraciones Públicas

Art. 145. *Exigencia de la responsabilidad patrimonial de las autoridades y personal al servicio de las Administraciones Públicas.* 1. Para hacer efectiva la responsabilidad patrimonial a que se refiere el Capítulo I de este Título, los particulares exigirán directamente a la Administración Pública correspondiente las indemnizaciones por los daños y perjuicios causados por las autoridades y personal a su servicio.

2. La Administración correspondiente, cuando hubiere indemnizado directamente a los lesionados, podrá exigir de sus Autoridades y demás personal a su servicio la responsabilidad en que hubieran incurrido por dolo, culpa o negligencia grave, previa la instrucción del procedimiento que reglamentariamente se establezca.

Para la exigencia de dicha responsabilidad se ponderarán, entre otros, los siguientes criterios: El resultado dañoso producido, la existencia o no de intencionalidad, la responsabilidad profesional del personal al servicio de las Administraciones Públicas y su relación con la producción del resultado dañoso.

3. Asimismo, podrá la Administración instruir igual procedimiento a las Autoridades y demás personal a su servicio por los daños o perjuicios causados en sus bienes o derechos cuando hubiera concurrido dolo, culpa o negligencia grave.

En este supuesto, los criterios de ponderación aplicables serán los previstos en el punto 2.

4. La resolución declaratoria de responsabilidad pondrá fin a la vía administrativa.

5. Lo dispuesto en los párrafos anteriores se entenderá sin perjuicio de pasar, si procede, el tanto de la culpa a los Tribunales competentes.

Art. 146. *Responsabilidad civil y penal.* 1. La responsabilidad civil y penal del personal al servicio de las Administraciones Públicas se exigirá de acuerdo con lo previsto en la legislación correspondiente.

2. La exigencia de responsabilidad penal del personal al servicio de las Administraciones Públicas no suspenderá los procedimientos de reconocimiento de responsabilidad patrimonial que se instruyan ni interrumpirá el plazo de prescripción para iniciarlos, salvo que la determinación de los hechos en el orden jurisdiccional penal sea necesaria para la fijación de la responsabilidad patrimonial.

....

DISPOSICIÓN ADICIONAL TERCERA.—ADECUACIÓN DE PROCEDIMIENTOS

Reglamentariamente en el plazo de seis meses a partir de la entrada en vigor de esta Ley, se llevará a efecto la adecuación a la misma de las normas reguladoras de los distintos procedimientos administrativos, cualquiera que sea su rango, con específica mención de los efectos estimatorios o desestimatorios que la falta de resolución expresa produzca.

DISPOSICIÓN ADICIONAL CUARTA.—TASAS DE PROCEDIMIENTO

Las tasas que generen las actuaciones del procedimiento administrativo se exigirán de acuerdo con lo que disponga la norma que las regule.

DISPOSICIÓN ADICIONAL QUINTA.—PROCEDIMIENTOS ADMINISTRATIVOS EN MATERIA TRIBUTARIA

1. Los procedimientos administrativos en materia tributaria y, en particular, los procedimientos de gestión, liquidación, comprobación, investigación y recaudación de los diferentes tributos se regirán por su normativa específica y, subsidiariamente, por las disposiciones de esta Ley.

2. La revisión de actos en vía administrativa en materia tributaria se ajustará a lo dispuesto en los artículos 153 a 171 de la Ley General Tributaria y disposiciones dictadas en desarrollo y aplicación de la misma.

DISPOSICIÓN ADICIONAL SEXTA.—ACTOS DE SEGURIDAD SOCIAL Y DESEMPLEO

1. La impugnación de los actos de la Seguridad Social y Desempleo, en los términos previstos en el artículo 2.° del texto articulado de la Ley de Procedimiento laboral, aprobado por Real Decreto Legislativo 521/1990, de 27 de abril, así como su revisión de oficio, se regirán por lo dispuesto en dicha Ley.

2. Los actos de gestión recaudatoria de la Seguridad Social se regirán por lo dispuesto en su normativa específica.

Disposición adicional séptima.—Procedimiento administrativo sancionador por infracciones en el orden social y para la extensión de actas de liquidación de cuotas de la Seguridad Social

Los procedimientos administrativos para la imposición de sanciones por infracciones en el orden social y para la extensión de actas de liquidación de cuotas de la Seguridad Social se regirán por su normativa específica y, subsidiariamente, por las disposiciones de esta Ley.

Disposición adicional octava.—Procedimientos disciplinarios

Los procedimientos de ejercicio de la potestad disciplinaria de las Administraciones Públicas respecto del personal a su servicio y de quienes estén vinculados a ellas por una relación contractual se regirán por su normativa específica, no siéndoles de aplicación la presente Ley.

Disposición adicional novena

En el ámbito de la Administración General del Estado, de acuerdo con lo dispuesto en el apartado c) del artículo 109, ponen fin a la vía administrativa los actos y resoluciones siguientes:

a) Los adoptados por el Consejo de Ministros y sus Comisiones Delegadas.
b) Los adoptados por los Ministros en el ejercicio de las competencias que tienen atribuidas los Departamentos de los que son titulares.
c) Los adoptados por Subsecretarios y Directores generales en materia de personal.

Disposición adicional décima

El artículo 37.1 de la Ley Reguladora de la Jurisdicción Contencioso-Administrativa, de 27 de diciembre de 1956, queda redactado de la siguiente forma:

....

Disposición adicional undécima

Se añade un apartado f) al artículo 57.2 de la Ley Reguladora de la Jurisdicción Contencioso-Administrativa de 27 de diciembre de 1956:

....

DISPOSICIÓN TRANSITORIA PRIMERA.—CORPORACIONES DE DERECHO PÚBLICO

Las Corporaciones de Derecho Público representativas de intereses económicos y profesionales ajustarán su actuación a su legislación específica. En tanto no se complete esta legislación les serán de aplicación las prescripciones de esta Ley en lo que proceda.

DISPOSICIÓN TRANSITORIA SEGUNDA.—RÉGIMEN TRANSITORIO DE LOS PROCEDIMIENTOS

1. A los procedimientos ya iniciados antes de la entrada en vigor de la presente Ley no les será de aplicación la misma, rigiéndose por la normativa anterior.

2. Los procedimientos iniciados durante el plazo de adecuación contemplado en la disposición adicional tercera se regirán por lo dispuesto en la normativa anterior que les sea de aplicación, salvo que con anterioridad a la expiración de tal plazo haya entrado en vigor la normativa de adecuación correspondiente, en cuyo caso, los procedimientos iniciados con posterioridad a su entrada en vigor, se regularán por la citada normativa.

3. A los procedimientos iniciados con posterioridad al término del plazo de seis meses a que se refiere la disposición adicional tercera, les será de aplicación, en todo caso, lo dispuesto en la presente Ley.

DISPOSICIÓN DEROGATORIA

1. Quedan derogadas todas las normas de igual o inferior ranto en lo que contradigan o se opongan a lo dispuesto en la presente Ley.

2. Quedan derogadas expresamente las siguientes disposiciones:

a) De la Ley de Régimen Jurídico de la Administración del Estado, de 26 de julio de 1957: los puntos 3 y 5 del artículo 22, los artículos 29, 33, 34, 36, 37, 38, 39, 40, 41, 42 y 43.

b) De la Ley de Procedimiento Administrativo de 17 de julio de 1958: El Título Preliminar, los Capítulos primero, segundo y cuarto del título Primero, el Título Segundo, los artículos 29 y 30, el artículo 34, en sus puntos 2 y 3, el artículo 35, los Capítulos segundo, tercero, cuarto y quinto del Título Tercero, el Título Cuarto, el Título Quinto y los Capítulos segundo y tercero del Título Sexto.

c) De la Ley Reguladora de la Jurisdicción Contencioso-Administrativa de 27 de diciembre de 1956, los artículos 52, 53, 54 y 55.

3. Se declaran expresamente en vigor las normas, cualquiera que sea su rango, que regulen procedimientos de las Administraciones Pú-

blicas en lo que no contradigan o se opongan a lo dispuesto en la presente Ley.

4. Las referencias contenidas en normas vigentes a las disposiciones que se derogan expresamente deberán entenderse efectuadas a las disposiciones de esta Ley que regulan la misma materia que aquéllas.

DISPOSICIÓN FINAL.—DESARROLLO Y ENTRADA EN VIGOR DE LA LEY

Se autoriza al consejo de Ministros a dictar cuantas disposiciones de aplicación y desarrollo de la presente Ley sean necesarias, y en particular, para las que se refieran a la efectividad material y temporal del derecho reconocido en el artículo 35, f).

La presente Ley entrará en vigor tres meses después de su publicación en el «Boletín Oficial del Estado».

TABLA CRONOLOGICA DE DISPOSICIONES

Páginas en que se incluye o cita

Páginas en que se incluye o cita

	Páginas en que se incluye o cita
Acuerdo de 21 de julio de 1989 de la Sala de Gobierno del Tribunal Superior de Andalucía sobre normas de reparto entre las Salas de lo Contencioso-Administrativo	139
Acuerdo de 15 de septiembre de 1989 por el que se ordena insertar en el «Boletín Oficial del Estado» las normas de reparto entre las Salas de lo Contencioso-Administrativo del Tribunal Superior de Andalucía .... 116 y	139
Ley 3/1989, de 2 de diciembre, por la que se determina la capitalidad de los partidos judiciales ubicados en el territorio de la Comunidad Autónoma de Andalucía	148
Ley 5/1989, de 4 de diciembre, de la Asamblea Regional de Murcia, de capitalidad de los partidos judiciales	148
Ley 11/1989, de 5 de diciembre, de capitalidad de los partidos judiciales de la Comunidad de Madrid	148
Ley 12/1989, de 26 de diciembre, del Parlamento de Canarias, sobre fijación de la capitalidad del partido judicial número 7 de los de Las Palmas	148
Ley 13/1989, de 26 de diciembre, del Parlamento de Canarias, sobre fijación de la capitalidad del partido judicial número 11 de los de Santa Cruz de Tenerife, en Güimar	148
Ley 6/1989, de 27 de diciembre, por la que se fija la capitalidad de los partidos judiciales de La Rioja	148
Ley 3/1989, de 27 de diciembre, de la Asamblea de Extremadura, de capitalidad de los partidos judiciales	148
Ley 9/1989, de 29 de diciembre, de las Cortes Valencianas, de capitalidad de los partidos judiciales	148
Ley 1/1990, de 6 de abril, del Parlamento Vasco, sobre capitalidad de los partidos judiciales	148
Real Decreto 500/1990, de 20 de abril, por el que se desarrolla el capítulo primero del título sexto de la Ley 39/1988, de 28 de diciembre, reguladora de las Haciendas ocales en materia de presupuestos	194
Real Decreto legislativo 521/1990, de 27 de abril, por el que se aprueba el texto articulado de la Ley de Procedimiento Laboral	31
Ley Orgánica 8/1991, de 13 de marzo, de modificación de la Ley Orgánica del Régimen Electoral General .... 200 y	201
Acuerdo de 4 de abril de 1991, de la Comisión Permanente del Consejo General del Poder Judicial, haciendo públicos los acuerdos de la Sala de Gobierno del Tribunal Superior de Justicia de Galicia, de fecha 22 de febrero y 23 de marzo de 1991, sobre integración en Secciones de la Sala de lo Contencioso-Administrativo del expresado Tribunal, y normas de reparto entre las Secciones de la Sala .	116

	Páginas en que se incluye o cita
Real Decreto Legislativo 1/1992, de 26 de junio, por el que se aprueba el texto refundido de la Ley sobre el Régimen del Suelo y Ordenación Urbana	205
Acuerdo de 21 de julio de 1992, de la Comisión Permanente del Consejo General del Poder Judicial haciendo público el acuerdo de la Sala de Gobierno del Tribunal Supremo de fecha 14 de mayo, sobre reorganización de la Sección Primera de la Sala Tercera del mencionado Tribunal, con motivo de la entrada en vigor de la Ley 10/1992, de 30 de abril, de Medidas Urgentes de Reforma Procesal.......... 78 y	80
Real Decreto 983/1992, de 31 de julio, por el que se prorrogan los programas para la aplicación de la nueva planta judicial durante los años 1993 y 1994	147
Acuerdo de 20 de agosto de 1992, de la Comisión Permanente del Consejo General del Poder Judicial, haciendo público el acuerdo de la Sala de Gobierno del Tribunal Superior de Justicia de Asturias sobre distribución de materias entre las dos Secciones de la Sala de lo Contencioso-Administrativo	116
Ley 5/1992, de 16 de octubre, del Parlamento Vasco, sobre capitalidad de Partidos Judiciales	148
Ley 6/1992, de 6 de noviembre, de las Cortes Valencianas, de capitalidad del partido judicial número 13 de la provincia de Valencia ..	148
Sentencia de 16 de noviembre de 1992, del Tribunal Constitucional, sobre legitimación en el recurso contencioso-administrativo	43
Acuerdo de 17 de noviembre de 1992, de la Comisión Permanente del Consejo General del Poder Judicial, haciendo público el Acuerdo de la Sala de Gobierno del Tribunal Superior de Justicia de Madrid sobre redistribución de competencias, por razón de la matria, entre las distintas Secciones de lo Contencioso-Administrativo	116
Ley 30/1992, de 26 de noviembre, de Régimen Jurídico de las Administraciones Públicas y del Procedimiento Administrativo Común.	249

INDICE ANALITICO *

* Los números remiten a los artículos de la Ley, salvo que el epígrafe haga referencia a los apéndices, en cuyo caso se especifica debidamente.

A

B

C

D

E

G

H

I

L

M

N

Q

R

S

T

U

V

COLECCION «TEXTOS LEGALES» [1]

* CONSTITUCION ESPAÑOLA, 10.ª edición, 28 octubre 1992, 280 pp. 1.061 ptas..

1. REGIMEN JURIDICO Y ORGANIZACION DE LA ADMINISTRACION GENERAL DEL ESTADO. 13.ª edición, enero 1984, 108 pp., 300 ptas.
2. PROCEDIMIENTO ADMINISTRATIVO. 25.ª edición, mayo 1991, 288 pp., 939 ptas.
3. PROCEDIMIENTO LABORAL. 11.ª edición, enero 1991, 492 pp., 1.415 ptas.
4. IMPUESTO SOBRE TRANSMISIONES PATRIMONIALES Y ACTOS JURIDICOS DOCUMENTADOS. 2.ª edición, octubre 1986, actualizada a mayo 1988, 286 pp., 1.000 ptas.
5. ORGANIZACION DEL PODER JUDICIAL. 1.ª edición, febrero 1991, actualizada a 5 mayo de 1992, 908 pp., 1.887 ptas.
6. SECTOR ENERGETICO. REGIMEN JURIDICO. 4.ª edición, junio 1989, 912 pp., 2.264 ptas.
7. ARRENDAMIENTOS RUSTICOS. 11.ª edición, septiembre 1990, actualizada a marzo 1991, 176 pp., 519 ptas.
8. JURISDICCION CONTENCIOSO-ADMINISTRATIVA. 14.ª edición, diciembre 1992, 326 pp., 1.456 ptas.
9. IMPUESTOS SOBRE RENTA Y PATRIMONIO. 8.ª edición (en preparación).
10. LEY Y REGLAMENTO DE EXTRANJERIA. 1.ª edición, octubre 1991, 252 pp., 849 ptas.
11. EXPROPIACION FORZOSA. 10.ª edición, noviembre 1988, 516 pp., 1.472 ptas.
12. PROCEDIMIENTO ECONOMICO-ADMINISTRATIVO. 8.ª edición, septiembre 1985, actualizada a enero 1986, 192 pp., 600 ptas.
13. CODIGO CIVIL. 20.ª edición, septiembre 1991, actualizada a diciembre 1991, 688 pp., 1.557 ptas.
14. TRAFICO, CIRCULACION Y SEGURIDAD VIAL. 17.ª edición (en prensa).
15. CODIGO DE COMERCIO. 20.ª edición (en prensa).
16. SOCIEDADES ANONIMAS. 13.ª edición (en prensa).
17. LEYES CIVILES FORALES. 8.ª edición (en prensa).
18. MONTES. REGIMEN JURIDICO. 8.ª edición (en prensa).

---

[1] Precios sin IVA.

19. LEY GENERAL PRESUPUESTARIA. 4.ª edición, diciembre 1989, 472 pp., 1.132 ptas.
20. LEY DE REGIMEN LOCAL. 4.ª edición, abril 1984. Agotado.
21. REFORMA Y DESARROLLO AGRARIO. 2.ª edición, julio 1984. Agotado.
22. USO Y CIRCULACION DE VEHICULOS DE MOTOR. 9.ª edición, septiembre 1989, actualizada a marzo 1991, 324 pp., 505 ptas.
23. LEY Y REGLAMENTO HIPOTECARIOS. 9.ª edición, octubre 1988, actualizada a 15 de mayo de 1992, 648 pp., 1.700 ptas.
24. CODIGO PENAL. 23.ª edición, agosto 1991, actualizada a diciembre 1991, 352 pp., 1.038 ptas.
25. ACCIDENTES DE TRABAJO. 6.ª edición, agosto 1987, actualizada a diciembre 1987, 800 pp., 2.650 ptas.
26. ESTATUTO DE LOS TRABAJADORES. 4.ª edición, 1 mayo 1992, actualizada a agosto 1992, 904 pp., 2.311 ptas.
27. HIPOTECA MOBILIARIA. 5.ª edición, septiembre 1987, 206 pp., 800 ptas.
28. FUNCIONARIOS CIVILES DEL ESTADO. 1.ª edición 1964. Agotado.
29. LEY DE AGUAS. 8.ª edición, febrero 1990, actualizada a septiembre de 1990, 696 pp., 2.165 ptas.
30. PLANES Y FONDOS DE PENSIONES. 1.ª edición, febrero 1990, actualizada a septiembre de 1990, 224 pp., 660 ptas.
31. LEY GENERAL TRIBUTARIA. 15.ª edición (en prensa).
32. PROPIEDAD INDUSTRIAL. 5.ª edición, marzo 1987, actualizada a julio de 1992, 762 pp., 2.200 ptas.
33. PESCA. REGIMEN JURIDICO. 3.ª edición, junio 1987, actualizada a septiembre 1989, 472 pp., 1.924 ptas.
34. ARRENDAMIENTOS URBANOS. 10.ª edición, abril 1992, 400 pp., 1.226 ptas.
35. ENJUICIAMIENTO CIVIL. 11.ª edición, febrero 1989, actualizada a 15 de mayo de 1992, 848 pp., 1.600 ptas.
36. PATRIMONIO DE LAS ADMINISTRACIONES PUBLICAS. 6.ª edición, febrero de 1990, actualizada a junio de 1990, 800 pp., 2.453 ptas.
37. ACTIVIDADES MOLESTAS, INSALUBRES, NOCIVAS Y PELIGROSAS. 9.ª edición, febrero 1991, actualizada a mayo 1991, 564 pp., 1.245 ptas.
38. CONTRATOS DEL ESTADO. 11.ª edición, abril 1992. 768 pp., 1.698 ptas.
39. TRIBUNAL DE CUENTAS. 1.ª edición, mayo 1990, 408 pp., 1.759 ptas.
40. ENJUICIAMIENTO CRIMINAL. 14.ª edición (en prensa).
41. LEGISLACION DE CONSUMO. 1.ª edición, enero 1992, 592 pp., 1.792 ptas.
42. SEGURIDAD SOCIAL, 8.ª edición, septiembre 1980. Agotado.
43. REGIMEN DEL SUELO Y ORDENACION URBANA. 3.ª edición, septiembre 1985. Agotado.
44. DEFENSOR DEL PUEBLO. 1.ª edición, septiembre 1991, 264 pp., 943 ptas.
45. BIENES Y SERVICIOS DE LAS CORPORACIONES LOCALES, 1.ª edición, noviembre 1966. Agotado.
46. SEGURIDAD SOCIAL AGRARIA. 5.ª edición, julio 1982. Agotado.
47. VENTA A PLAZOS Y ENTIDADES DE FINANCIACION. 5.ª edición, agosto 1989, 376 pp., 1.200 ptas.

48. CORTES GENERALES. 1.ª edición, diciembre 1991, 254 pp., 1.156 ptas.
49. CONTRATACION DE LAS CORPORACIONES LOCALES. 1.ª edición, diciembre 1967. Agotado.
50. VIVIENDAS DE PROTECCION OFICIAL. 6.ª edición (en preparación).
51. CODIGO ALIMENTARIO. 6.ª edición, junio 1991, 548 pp., 1.415 ptas.
52. REGLAMENTO GENERAL DE RECAUDACION. 6.ª edición (en prensa).
53. PROPIEDAD HORIZONTAL. 11.ª edición, septiembre 1991, 340 pp., 849 ptas.
54. SERVICIO MILITAR. 5.ª edición (en preparación).
55. REGIMEN JURIDICO DE LA PUBLICIDAD. 4.ª edición (en preparación).
56. PROPIEDAD INTELECTUAL. 4.ª edición (en prensa).
57. CAZA, REGIMEN JURIDICO. 5.ª edición, enero 1990, actualizada a abril 1990, 740 pp., 2.066 ptas.
58. LEY GENERAL DE EDUCACION. 4.ª edición, abril 1975. Agotado.
59. MERCADO DE VALORES. 1.ª edición, octubre 1991, actualizada a junio 1992, 496 pp., 1.321 ptas.
60. PELIGROSIDAD Y REHABILITACION SOCIAL. 2.ª edición, enero 1975. Agotado.
61. REALES ACADEMIAS E INSTITUTO DE ESPAÑA. 2.ª edición, febrero 1988, actualizada a junio 1989, 212 pp., 1.600 ptas.
62. REGISTRO CIVIL. 6.ª edición, octubre 1989, actualizada a enero 1991, 488 pp., 1.038 ptas.
63. CODIGO DE JUSTICIA MILITAR. 1.ª edición, febrero 1976. Agotado.
64. INVERSIONES EXTRANJERAS EN ESPAÑA. 3.ª edición, noviembre 1989. Agotado.
65. COOPERATIVAS Y SOCIEDADES LABORALES. 4.ª edición, junio 1991, actualizada a diciembre 1991, 656 pp., 1.575 ptas.
66. LEY Y REGLAMENTO DE MINAS. 2.ª edición, noviembre 1985, 632 pp., 1.600 ptas.
67. ARMAS Y EXPLOSIVOS. 2.ª edición, noviembre 1986, actualizada a julio 1988, 632 pp., 2.000 ptas.
68. IMPUESTOS ESPECIALES. 2.ª edición (en preparación).
69. TRIBUNAL CONSTITUCIONAL. 3.ª edición, agosto 1986, actualizada a julio 1990, 180 pp., 700 ptas.
70. CONSEJO DE ESTADO. 2.ª edición, octubre 1984, actualizada a julio 1988, 216 pp., 800 ptas.
71. COSTAS Y PUERTOS. 2.ª edición, febrero 1990, 576 pp., 1.575 ptas.
72. SOCIEDADES LIMITADAS. 3.ª edición, agosto 1991, actualizada a octubre 1991, 280 pp., 1.038 ptas.
73. ESPACIOS NATURALES PROTEGIDOS. 1.ª edición, febrero 1986, actualizada a marzo 1989, 592 pp., 1.500 ptas.
74. IMPUESTO SOBRE EL VALOR AÑADIDO. 2.ª edición (en prensa).
75. DERECHO A LA EDUCACION Y SISTEMA EDUCATIVO. 3.ª edición (en preparación).
76. PATRIMONIO HISTORICO-ARTISTICO. 1.ª edición, junio 1989, 536 pp., 1.250 ptas.
77. JUEGO Y APUESTAS. 1.ª edición, mayo 1989, actualizada a julio 1991, 608 pp., 1.226 ptas.
78. LEGISLACION DEPORTIVA. 1.ª edición (en prensa).

79. SEGURIDAD PRIVADA. 1.ª edición, noviembre 1992, 142 pp., 684 ptas.
80. LEYES PENALES ESPECIALES. 1.ª edición (en prensa).
81. SUCESIONES Y DONACIONES. 1.ª edición (en prensa).
82. SEGURIDAD CIUDADANA. 1.ª edición (en prensa).

Nuevos títulos:

IMPUESTO SOBRE SOCIEDADES. 1.ª edición (en preparación).

CIRCULACION DE CAPITALES EN EL AMBITO COMUNITARIO. 1.ª edición (en preparación).

REGIMEN JURIDICO DE LAS ADMINISTRACIONES PUBLICAS Y DEL PROCEDIMIENTO ADMINISTRATIVO COMUN. 1.ª edición (en preparación).